MINERVA
はじめて学ぶ
子どもの福祉

1

倉石哲也/伊藤嘉余子
[監修]

子ども家庭福祉

［第2版］

伊藤嘉余子/澁谷昌史
[編著]

ミネルヴァ書房

監修者のことば

　本シリーズは、保育者を志す人たちが子どもの福祉を学ぶときに
はじめて手に取ることを想定したテキストです。保育やその関連領
域に関わる新進気鋭の研究者や実践者の参画を得て、このテキスト
はつくられました。

　保育をめぐる現在の情勢はまさに激動期です。2015年4月に「子
ども・子育て支援新制度」がスタートし、保育所と幼稚園の両方の
機能をもつ幼保連携型認定こども園が創設されました。養成校で
は、それに対応した保育士資格と幼稚園教諭免許の取得が必須とな
る「保育教諭」の養成が本格化しています。今後ますます、幼保連
携が進められると、すべての保育者に子どもの福祉に関する知識が
必要となるでしょう。

　また、近年では児童虐待をはじめとした、養育環境に課題を抱え
る子どもと保護者への対応が複雑かつ多様化しています。今春告示
される「保育所保育指針」には、新たに「子育て支援」という章が
設けられています。これからの保育者は、保護者の子育てを支援す
るために、子どもを育てる保護者や家族が直面しやすいニーズにつ
いて理解するとともに、相談援助に必要な姿勢や視点、知識やスキ
ル等を身につけていくことがさらに求められます。

　このテキストにおいては、上記で述べたようなこれからの保育に
対応するために必要な知識や制度についてやさしく、わかりやすく
解説しています。また、テキストを読んだあとで、さらに学習を進
めたい人のための参考図書も掲載しています。

　みなさんが卒業し、実際に保育者になってからも、迷いがあった
ときや学びの振り返りとして、このテキストを手元において読まれ
ることを期待しています。

　　2017年2月

　　　　　　　　　　　　　　　　　　　　　　倉石　哲也
　　　　　　　　　　　　　　　　　　　　　　伊藤嘉余子

はじめに

　本書『子ども家庭福祉〔第2版〕』を手に取っていただき、ありがとうございます。本書は、保育者（保育士や幼稚園教諭等）を目指す人たちが、初めて子ども家庭福祉を学ぶためのテキストとして活用していただくことを想定しています。

　『子ども家庭福祉』。このタイトルが目にとまり、こうして手に取ってくださった皆さんは、きっと子どもに関心があり、子どもとその家族の支援に携わるような仕事に関心があるのではないでしょうか。

　「子どもってかわいいな、おもしろいな」「子どもと遊んだり関わったりするのは楽しいな」というような思いが子どもや家族に関心をもつきっかけになった人もいるでしょうし、「自分が子どものとき、もっといろいろな助けがほしかったな」「気になる子どもやしんどそうな友だちが近くにいたけど、自分はその人のために何もできなかったな。何かできることはあったのかな」といった思いがきっかけになった人もいるかもしれません。

　本書では、保育者を目指す人がなぜ「子ども家庭福祉」を学ぶ必要があるのかを一緒に考えながら、支援を必要とする子どもとその家族のために国が整備しているさまざまな法制度や支援サービスの現状と課題について学びます。さらに、日本の子ども家庭福祉の法制度の現状と課題を踏まえたうえで、保育者としてこれらの知識を身につける必要性と保育者が果たすべき役割についても考えていただけるとうれしいです。

　保育者は、目の前の子どもの保育のみを担うのではなく、子どもの育ちを支える保護者・家族にも目を向け、保護者の子育てと子どもの育ちの両方を支える役割を担います。近年、子ども虐待、DV（ドメスティック・バイオレンス）、保護者の離婚・再婚とそれに伴う生活基盤の変化と子どもへの影響、子どもの貧困など、子どもと家庭を取り巻く環境はますます厳しくなっています。もし保育者となった皆さんが、保護者からの虐待が疑われる子どもや、経済的に厳しい状況のなかで子育てに向き合っている保護者と出会ったら何ができるでしょうか？　また、何をしなければいけないのでしょうか？

　本書が、こうした問いの答えを考えるうえでのヒント・手助けとなり、皆さんの「子ども家庭福祉に対する学習意欲」を向上させるきっかけとなれば、執筆者一同、大変幸せに思います。

　2022年2月

編著者を代表して　伊藤　嘉余子

第4章　子ども家庭福祉施策の現状と課題

第5章　子ども家庭福祉の援助活動

- - - - - - - - - - ●この科目の学習目標● - - - - - - - - - -

「指定保育士養成施設の指定及び運営の基準について」（平成15年12月9日付け雇児発
第1209001号、最新改正子発0427第3号）において5つの目標が明示されている。①
現代社会における子ども家庭福祉の意義と歴史的変遷について理解する。②子どもの人権
擁護について理解する。③子ども家庭福祉の制度や実施体系等について理解する。④子ど
も家庭福祉の現状と課題について理解する。⑤子ども家庭福祉の動向と展望について理解
する。これらの目標を達成するように、内容を考えている。

第1章

現代社会と
子ども家庭福祉

本章では、現代社会における「子ども家庭福祉」の概念を学んでいきます。
みなさんがこれから専門的に学んでいく保育の世界において、「子ども」と
はどのような存在なのかについて理解を深めることで、「保育」と「子ども
家庭福祉」の関係がみえてくるでしょう。

レッスン1

なぜ子ども家庭福祉を学ぶのか

本レッスンでは、これからみなさんが専門的に学ぶ「保育の世界」について、俯瞰(ふかん)してみたいと思います。広い視野で眺めてみると、子どもたちを見守る「保育の世界」が「子ども家庭福祉」という大きな世界のなかに存在していることがわかるでしょう。

1. 子どもの幸せを守る社会

1 子どもの幸せを実現したいと願うこと

あなたの頭のなかに、「子ども」を思い浮かべてください。笑っている子どもが目に浮かんだ人もいるでしょうし、すねたり、しょげたり、大泣きしたりしている子どもを想像した人もいるでしょう。なかには、ひとりぼっちで過ごしていたり、さみしい気持ちになっていたりする子どもがパッと浮かんできたという人もいるかもしれません。

これから**保育***にたずさわる時間が多くなれば、あなたはもっと多様な子どもたちの姿を、次から次へと思い浮かべるようになるはずです。そして、その子どもたちに「幸福感に満ちた時間」が流れてほしいと願うようになれば、あなたは保育の魅力から離れられなくなるでしょう。

では、どうしたら子どもに幸せな時間が訪れるのでしょうか。ここでは、2つの考え方を紹介します。

＊ 用語解説

保育
乳幼児を養護・教育すること。レッスン4でさらにくわしく解説する。

2 幸せは運命次第

「幸」という漢字を漢和辞典で調べると、もともとは手の自由を奪う「手かせ」をかたどったものだったと解説されています（図表1－1）。それが、だんだんと「手かせをはめられるだけですむ」という意味になり、さらにそれが「思いがけない恵み」という意味へと変わっていったということです。

これから勉強していく「福祉」も、「幸せ」を意味する「福」「祉」という2つの漢字から成り立っています。ですから、**「福祉」は「幸せ」と同義**[†1]のものとして理解することができます。ただ、「幸」とは異なり、「福」も「祉」も神を表す「しめすへん」を部首として用いていることから、「神から与えられた恵み」という意味合いが込められています。

出典

†1　山口翼編『日本語大シソーラス――類語検索大辞典』大修館書店、2003年、0538.03頁

　さて、こうしてみると、私たちの文化のなかでは「幸せ」も「福祉」も、「運命の人にめぐりあう」とか、「宝くじに当たる」といったような、人の力を超えた「めぐりあわせ」のようなものとして考えられてきたといえそうです。実際、「自分には幸せになる権利がある」など

図表1-1「幸」の字源

出典：白川静『字通』平凡社、1996年、503頁

と主張されると、ちょっとひいてしまう人も少なくないでしょう。それは、私たちの気持ちのなかに、「ないものねだりをしないで、幸せが舞い降りたとき、ありがたいことと感謝する」という態度を「美徳」とする文化が根づいているからかもしれません。

　しかし、保育現場における子どもたちの「幸せ」や「福祉」を、そんなふうに認識する人は多くありません。むしろ、子どもたちが幸せで、その福祉が守られているのは「当たり前だ」と考えるほうが自然です。いったい、なぜなのでしょうか。それは、もうひとつの「幸せ」の考え方を理解するとわかってきます。

3　よい暮らしを守るために

　人間は有史以来、ずっと自然のなかで暮らしてきました。多くの人々は、狩猟採集、農林漁業に従事し、「自然の恵み」を手にしながら生計を立ててきたのです。自然が相手ですから、天候不順や災害などによって、思うように生業を営むことができず、ときには深刻な食料不足に襲われることもありました。窮乏からの解放は、人間にとってとても大きなテーマだったのです。

　時代が大きく変わり、産業革命を経て工業化が進むと、労働の対価として定期的に賃金を得る人が増えました。最初は今でいう「**ブラック労働***」が珍しくなかったようですが、働く人の努力により徐々に給与水準を含めた労働条件の改善が図られ、「安心して働き、安定した収入を得ること」が、おおむね現実のものとなったのです。

　一般の人たちの暮らしが安定してくると、働くことが困難な人々（たとえば、病者や障害者）を窮乏から守ることが大事だ、と考えられるようになりました。最初は、宗教心を刺激された人々による「**慈善***」として行われていましたが、徐々に社会として人々の生活を守るしくみである「**社会福祉**」が発達し、第二次世界大戦後には、多くの先進国で全国民を対象とした**生活保障制度**が導入されるようになりました。

　そして今では、「（社会）福祉」という言葉に、「個人や家族の所得を

✴ 用語解説

ブラック労働
精神的・肉体的に劣悪な労働環境で働かされたり、長時間の労働を強いられたりしているにもかかわらず、報酬などが正当に支払われない労働のこと。

慈善
恵まれない人々に対して、経済的な援助を行うこと。キリスト教における「チャリティ」はこれにあたる。

一定水準まで引き上げ、医療、住宅、教育、レクリエーションなどの福祉を増大させようとする活動、制度」——もっとシンプルにいえば「よい暮らしを守るために国が組織しているサービス」——という意味合いが加わるようになりました[2]。だから、「○○福祉」というタイトルの教科書を開くと、法令・制度がたくさん出てくるのです。

▶出典
†2 「社会福祉」『ブリタニカ国際大百科事典　小項目』

　そのなかには「子どもの福祉を守ること」も含まれ、さらに子どもの福祉を守るための一領域として「保育」が組み込まれました。このような法制度化のなかで、保育の現場で子どもの幸せが守られることを「当然要求してよい権利」と考えるようになっていったのです。

4　保育実践と子ども家庭福祉・社会福祉の関係を俯瞰する

　抽象的な話なので、ここで1回整理しておきましょう。

　これまでに学んだことは、「幸せ」「福祉」には、2つの意味があるということでした。ひとつは「めぐりあわせ」、もうひとつは「人が生活に困らないようにすること」です。

　みなさんが子どもの幸せを願って保育をするときは、子どもに幸せがめぐってくることを願うだけでは不十分です。保育を、「乳幼児の生活が保障されるように特別に設計されたサービスのひとつ」として理解する必要があります（図表1-2）。

　なぜなら、みなさんが行う保育実践は、好き勝手にやってよいものではなく、法令に根拠づけられた保育制度により規定されているものだからです。そして、その保育制度は、子ども家庭福祉というさらに大きなしくみのなかの一領域として作られているものです。さらには、子ども家庭福祉というしくみを適切に理解するためには、社会福祉がどのようにして成り立っているのかを知らなければなりません。

参照
保育と子ども家庭福祉
→レッスン4

　だから保育士になるためには、保育理解に必須の知識として「社会福

図表1-2　保育と子ども家庭福祉の関係

祉」「子ども家庭福祉」を修得しておく必要があるのです。

2．保育だけでは子どもの幸せは守れない

1 保育の現場で出会う子どもたち

　ここまで学習してきて、「保育制度は勉強しないといけないかもしれないけど、子どもの福祉を守るしくみ全部を覚えなければならないのは、やりすぎだ」と思った人のために、子ども家庭福祉全域にわたって体系的に知識を得ておかなければならない意味を、もう少し具体的に説明しましょう。

　以下に、**保育所**を利用している2人の子どものことを簡単に描写しますので、保育の知識だけで2人の子どもの福祉保障が十分にできるか、考えてみましょう。

インシデント①　家庭内での虐待が疑われる事例

　ミホちゃんの保護者は、連絡帳にほとんど何も書いてきてくれません。ミホちゃんの送迎のときにも、保育士とほとんど話をしません。そのため保育所では、ミホちゃんの家庭でのようすを把握することに、かなりの困難を感じています。送迎の場面から見るに、ミホちゃんに対しても話しかけたり視線を合わせたりすることの少ない保護者のようですので、家庭でどういった生活をしているのか、保育士一同、とても心配しています。

　ある日、あなたはミホちゃんの体に大きなアザができているのを発見しました。通常の子育てではできないようなアザでした。保護者がお迎えに来たときにアザのことを尋ねると、保護者は「何も知らない」と答えるばかりか、「ほかの子につねられたりしたのではないのですか」と、保育所としての対応に問題があるかのような言い方をしてきました。

インシデント②　家族の状況が急変した事例

　アキラくんの母親は外国人留学生でした。日本人男性と結婚してアキラくんを出産し、幸せな家庭生活を送っていました。ところが、少し前、アキラくんの父親が病気で急逝してしまったことで、生活は一変しました。母親が知人を頼って、今の居住地に引っ越してきたのですが、母親自身がまだてんてこ舞いの状態で、アキラくんと

◆補足
保育所
一般的には「保育園」と呼ばれることが多いが、ここでは「児童福祉法」上の施設種別である「保育所」を使用する。
→レッスン17

ゆっくり過ごすことがなかなかできていないようです。

　あなたは、こんな事情を抱えて保育所に通い始めたばかりのアキラくんを担当することになりました。実際に担当してみると、アキラくんはちょっとしたことでイライラして、その気持ちを抑えることが難しいようでした。ほかの子とすぐにけんかになってしまうので、保育所全体でもアキラくんのことを心配しています。

　いかがでしょうか。「ミホちゃんの気持ちを大切にしながら保育をしてはどうか」「アキラくんが担当保育士に思いきり寄りかかれる時間をつくっていくことが大事ではないか」など、子どもが必要とする養護・教育面での工夫をあげることはできたでしょうか。たとえ今は具体的に思いつかなくとも、これから保育の勉強をしていけば、いくつかの工夫が思い浮かぶようになることでしょう。

　先ほどのインシデントで気づき、考えてほしいのは、「保育所内でみられる子どものようすが、所外（この場合は主に家庭）で起こっていることと関係しているらしい」ということです。子どもに異変が起こる主たる要因が保育所内にないとしたら、保育所のなかで保育士が子どもの保育をしているだけでは、子どもの福祉は保障されないことになります。子どもの幸せを願うあなたは、それを放置しておけるでしょうか。

2　子ども・保護者と社会の関係を理解する

　子どもは保育の現場で、保育士だけと暮らしているわけではありません。保育所の外で、まず保護者によって育まれています。また、親戚の人、近所の人、商店街の人などに声をかけられたりして、ときにはしばらく一緒に時間を過ごしている場合もあるでしょう。

　もっと視野を広くとるなら、テレビやインターネットなどから流れてくる情報にも取り囲まれています。年齢が上がるほど、子どもたちが実際にふれる世界はもっと広がります。子どもたちは、社会にある多種多様な環境のなかで育っているのです。

　子どもたちのまわりに「よい環境」が用意されていれば、子どもたちは安心してもっている能力をどんどん花開かせていくことができるでしょう。一方、「悪い環境」のなかに入ってしまうと、子どもたちは日々、不安や絶望と向き合う可能性が高くなります。

　あらためて先ほどのインシデントを見直すと、ミホちゃんもアキラくんも家庭環境が悪化して、ミホちゃんやアキラくんが当たり前にもっている欲求（傷つけられたくない、もっとかまってほしいなど）が満たさ

れていないとみてよいでしょう。保育や福祉の専門家が家庭環境にアプローチしない限り、ミホちゃんやアキラくんの福祉は守れない可能性が高いといえるのです。

　ミホちゃんやアキラくんの福祉を保障したい場合、一番手っ取り早いのは、あなた自身が動いて、2人の家庭環境を改善していくことでしょう。でも実際には、あなたは毎日、保育所でたくさんの子どもたちの保育をしなければならず、あなたが使える時間はきわめて限られています。そもそも保育のことしか勉強していなければ、家庭のなかで起こっている多種多様な問題に対応するノウハウをもっていないでしょう。

　その代わり、もしあなたが子ども家庭福祉のことを一通り学修していれば、保育現場の外の世界で、子どもたちの福祉が守れるようにするためにどんなしくみが用意されているのか、そのしくみを活用するためにどこに相談すればいいのか、などをすみやかに考えることができるでしょう。そして、ミホちゃんやアキラくんの家庭環境の改善について、一緒に考えアクションを起こせる人々とつながっていくことができるかもしれません。

　だからこそ、あなたが子どもの幸せを願う保育士になりたいのであれば、子ども家庭福祉という「大きなマップ」を読めるようにしておくことが不可欠です。実際に保育士が出会う子どもとその家族は、本当にいろいろな事情を個々別々に抱えています。

　ぜひこの本を通して、子どもの福祉を守るための考え方、しくみ、実践方法について学び、ミホちゃんやアキラくんのような事情を抱えた子どもと家族を支援する準備を整えてください。

◆補足
家庭環境を改善する関係機関とのネットワーク
たとえば、インシデント①では、市町村を介して、この親子に関係する人々や機関と情報を共有するしくみがある。
→レッスン14
インシデント②では、ひとり親家庭や外国人への支援のしくみを知っておくと、役に立つだろう。
→レッスン27

演 習 課 題

①あなたが保育士になったら、どんな保育をしたいですか。自由に話し合ってみましょう。
②新聞記事のデータベースにアクセスして、就学前の子どもたちが関係する社会問題について調べてみましょう。そして、その問題は保育だけで解決しそうか、解決しないとしたら、どんな社会的サービスを利用することが必要なのか、考えてみましょう。
③「児童福祉法」のなかから「保育」に関係する条文を探して、どういうことが書かれているのか、まとめましょう。

子ども家庭福祉とは何か

本レッスンでは、子どもについての理解を深めながら、現代の日本の子ども家庭
福祉が、「日本国憲法」の基本的人権の保障を根拠として成立していることを学び
ます。そして、子どもたち一人ひとりの人権保障と自己実現を目指して、親（保
護者）と社会と国のすべてが責任を果たさなければならないことを理解します。

1. 子どもをどのように理解するか

1 子どもの受動性と能動性

　子どもと大人の区分は、社会や時代によってはきわめて曖昧であると
いわれていますが、少なくとも現代日本においては、子どもは大人とは
区別される存在です。乳幼児を想起するとわかりやすいように、子ども
は現代社会を生き延びるための生産手段をもたないため、経済的な自立
ができません。そのため、親ないしそれに代わる人物に経済的に依存し、
心理的・社会的にも配慮された生活を送ることで、子どもは育まれてい
くのです。このように、子どもは大人とは区別されると同時に、大人に
対して依存し、育てられるという受動性を一つの特徴としています。

　しかし、子どもは保護者から守られているだけの存在ではありません。
子どもは一人ひとり固有の生命をもっており、発達し、自立をしていく
存在でもあります。すなわち、子どもも大人と同じように、他者から自
立してみずからの生を主体的に全うしようとして育ちゆく能動性を備え
た存在であるということも忘れてはいけません。

2 子どもの意見表明保障と最善の利益

　大人へ依存することは、子どもが基本的欲求を充足するために必要不
可欠な条件です。別の観点からいえば、大人は子どもが人として生きる
ために必要な環境を用意するとともに、子どもの基本的欲求にみずから
応答する責任があるといってよいでしょう。そのために、子どもに代わっ
て大人がさまざまな決定を下していくことも必要となります。

　しかし、この責任の果たし方はしばしば歪められることがあります。
子どもに対して、「子どもなんだから、大人の言うことを黙って聞きなさい」
という大人の発言は、この歪みを端的に表したものだといえます。こう

した歪みが発生すると、子どもの能動性が大人によって抑圧されることが起きたりします。ときには子どもの側から発せられる正当な依存欲求さえも拒絶されることが起こります。

このようなことが起きないよう、大人が子どもの自由に干渉し子どもに代わって何らかの決定をするときには、**子どもの最善の利益**[*]について常に考えるということが欠かせません。またその際に、子どもの能動性にも十分配慮をし、子どもがどのような意見や意向をもっているのかを聴き取ることが大切です。このような配慮を確実に行っていくことで、子どもが子どもとして生きていくために当然保障されるべきものが安易に制限されないようにしていくことができます。

このような考え方は、子どもに無条件で保障されるべき権利を示した**「児童の権利に関する条約」**[*]や、わが国の子ども家庭福祉の基本法である「児童福祉法」にも反映されています。

子どもの権利等に関して、「児童の権利に関する条約」には、図表2-1のように示されています。

図表2-1 「児童の権利に関する条約」における子どもの権利等

> 第3条　[児童に対する措置の原則]
> 1　児童に関するすべての措置をとるに当たっては、公的若しくは私的な社会福祉施設、裁判所、行政当局又は立法機関のいずれによって行われるものであっても、児童の最善の利益が主として考慮されるものとする。
>
> （中略）
>
> 第12条　[意見を表明する権利]
> 1　締約国は、自己の意見を形成する能力のある児童がその児童に影響を及ぼすすべての事項について自由に自己の意見を表明する権利を確保する。この場合において、児童の意見は、その児童の年齢及び成熟度に従って相応に考慮されるものとする。

さらに、「児童福祉法」には図表2-2のように示されています。

図表2-2 「児童福祉法」における児童福祉の原理

> 第1条　全て児童は、児童の権利に関する条約の精神にのっとり、適切に養育されること、その生活を保障されること、愛

✴ 用語解説

子どもの最善の利益
この概念は、子どもの権利保障の文脈で使用されるものである。1924年に国際連盟総会で採択された、「児童の権利に関するジュネーヴ宣言」のなかで言及され、その後、子どもの権利保障にかかる国際的な合意事項として現在まで引き継がれている。

「児童の権利に関する条約」
1989年に開催された国連総会で採択され、1990年に発効した国際条約。日本政府は1994年に批准。前文と本文54条からなるもので、その内容は、生きる権利、育つ権利、守られる権利、参加する権利の4つに整理されることが多い。

　　され、保護されること、その心身の健やかな成長及び発達並
　　びにその自立が図られることその他の福祉を等しく保障され
　　る権利を有する。

第2条　全て国民は、児童が良好な環境において生まれ、かつ、
　　社会のあらゆる分野において、児童の年齢及び発達の程度に
　　応じて、その意見が尊重され、その最善の利益が優先して考
　　慮され、心身ともに健やかに育成されるよう努めなければなら
　　ない。

②　児童の保護者は、児童を心身ともに健やかに育成すること
　　について第一義的責任を負う。

③　国及び地方公共団体は、児童の保護者とともに、児童を心
　　身ともに健やかに育成する責任を負う。

第3条　前二条に規定するところは、児童の福祉を保障するた
　　めの原理であり、この原理は、すべて児童に関する法令の施
　　行にあたつて、常に尊重されなければならない。

　このように、現在の「児童福祉法」では子どもには福祉が等しく保障される権利があることがまず述べられ、その権利を保持するにあたっては、「児童の権利に関する条約」にも登場する、子どもの最善の利益や意見表明の機会確保をしなければならないことが記されています。

3　親権のあり方について

　こうした子ども理解のしかたは、大人のなかでも子どもと密接な関係をもつ親のあり方に影響を及ぼしています。

　親権とは、未成年の子どもに対する親としての権利と責任のことで、日本の場合は「民法」の第4編第4章に規定されているものです。「成年に達しない子は、父母の親権に服する」（同法第818条第1項）とされていることから、親の権利という側面が重視されがちなところがありました。それが、子どもに対して虐待が行われているにもかかわらず、親が親権によって公的な介入を拒絶するようなことが社会問題化されるなか、2011（平成23）年に「民法」を改正して、「親権を行う者は、子の利益のために子の監護及び教育をする権利を有し、義務を負う」（同法第820条）との規定がなされた経緯があります。ここで「子の利益のため」という文言が使用されたことにより、子どもの権利を侵害してまで親権行使が可能であるとの理解が不合理なものであることが明らかにされたのです。

　なお、親権は安易に奪われるべきものではありませんが、もしも子どもの利益が親によって損なわれるような場合には、**親権喪失**あるいは**親権停止**の審判が行われることもあります。

4　子どもとみなされる時期

　ここまで述べてきたように、子どもが大人への依存段階を脱することになれば、子どもという区分からは離れ、大人へと移行することとなります。しかし、当たり前のことですが、子どもはある日突然大人へと変化するわけではありません。徐々に依存の度合いを低下させながら、時間をかけて自立をしていくのです。

　この「自立」というのは、「何でも一人でできる」という意味ではありません。身体的な成熟に加え、心理的にも自分がどのような人間であるのかを見定めることができるようになり、かつ社会的な義務や責任を果たせる諸能力が備わった状態を指すのです。子どもの場合、自分に関わることについて自分で決定していく身体的・心理的・社会的条件が確保されていないと考えられるため、大人によって、年齢や発達の程度に応じた自己決定支援を受けていくことになります。この自己決定支援を適切に行うためにも、子どもの能動性の側面について十分な理解をし、子どもを大人の支配下に置こうとしたり、あるいは過度な罰則によって子どもを縛りつけたりするような対応をしないことが大切になります。

　ただし、このように抽象的に子どもを理解しようとすると、法令によりサービス提供基準などを設定する場合には、不都合が生じます。そのため、個々の法令のなかで何歳までを子どもとみなすのかを定め、それによりサービスを提供したり、あるいは子どもに何らかの規制を課したりすることとなります。

　「児童福祉法」では、満18歳に満たない者を「児童」と称して大人と区分していますが、そのほかにも子どもに関連する法令はいろいろあります。その法令の目的に応じて、子どもの範囲が設定されています。いずれもそれぞれの法令が適用される文脈において、特別な保護をすべき範囲がどのくらいであるのかが考えられ、規定されているものと理解してよいでしょう。

　図表2-3に各種法令における年齢区分を示します。これをみると、子どもをどのように表記するかについて、実に多様であることがわかります。法令に慣れ親しむなかで、一つひとつ地道に覚えていきましょう。

◆補足

親権喪失、親権停止

「民法」に基づき、子の利益保障にかなうよう親権が行使されない場合は、司法が関与するなかで、親権が一時的に止められたり（親権停止）剥奪されたりする（親権喪失）ことがある。

図表2-3 各種法令における年齢区分

法律の名称	呼称等		年齢区分
少年法	少　年		20歳未満の者
刑　法	刑事責任年齢		満14歳
児童福祉法	児　童		18歳未満の者
		乳児	1歳未満の者
		幼児	1歳から小学校就学の始期に達するまでの者
		少年	小学校就学の始期から18歳に達するまでの者
児童手当法	児　童		18歳に達する日以後の最初の3月31日までの間にある者
母子及び父子並びに寡婦福祉法	児　童		20歳未満の者
学校教育法	学齢児童		満6歳に達した日の翌日以後における最初の学年の初めから、満12歳に達した日の属する学年の終わりまでの者
	学齢生徒		小学校の、義務教育学校の前期又は特別支援学校の小学部の課程を修了した日の翌日以後における最初の学年の初めから、満15歳に達した日の属する学年の終わりまでの者
民　法	未成年者		18歳未満の者
	婚姻適齢		男女ともに18歳
労働基準法	年少者		18歳未満の者
	児　童		15歳に達した日以後の最初の3月31日が終了するまでの者
青少年の雇用の促進等に関する法律	青少年		35歳未満。ただし、個々の施策・事業の運用状況等に応じて、おおむね「45歳未満」の者についても、その対象とすることは妨げない。（法律上の規定はないが、法律に基づき定められた青少年雇用対策基本方針（平成28年1月厚生労働省）において規定。）
公職選挙法	子　供		幼児、児童、生徒その他の年齢満18歳未満の者
道路交通法	児　童		6歳以上13歳未満の者
	幼　児		6歳未満の者
	第二種免許、大型免許を与えない者		21歳未満の者
	中型免許を与えない者		20歳未満の者
	準中型免許、普通免許、大型特殊免許、大型二輪免許及び牽引免許を与えない者		18歳未満の者
	普通二輪免許、小型特殊免許及び原付免許を与えない者		16歳未満の者
子どもの読書活動の推進に関する法律	子ども		おおむね18歳以下の者
未成年者喫煙禁止法	未成年者		20歳未満の者
未成年者飲酒禁止法	未成年者		20歳未満の者
風俗営業等の規制及び業務の適正化等に関する法律	年少者		18歳未満の者
児童買春、児童ポルノに係る行為等の規制及び処罰並びに児童の保護等に関する法律	児　童		18歳未満の者
インターネット異性紹介事業を利用して児童を誘引する行為の規制等に関する法律	児　童		18歳未満の者
青少年が安全に安心してインターネットを利用できる環境の整備等に関する法律	青少年		18歳未満の者
（参考）			
児童の権利に関する条約	児　童		18歳未満の者

出典：内閣府『令和3年版　子供・若者白書』2021年、342頁

2．子ども家庭福祉を理解する

1　子ども家庭福祉を定義する

　「子ども家庭福祉」とは何かという問いに対しては、レッスン1で引用した「社会福祉」の定義に準じて、「子どものいる世帯の所得を一定水準まで引き上げ、医療、住宅、教育、レクリエーションなどの福祉を増大させようとする活動、制度」と答えることができます。

　ただ、この定義は、医療や住宅など専門的なサービスとしてすでに展開されているものも含んだ「広義の社会福祉」を示したものであり、この科目で学ぶ範囲を超えています。また、所得保障を特に強調するあまり、保育のような対人支援サービスの重要性があいまいになっていることも弱点だといえます。そのため、「子ども家庭福祉の特徴」からつくり上げた定義として、図表2-4を提示しておきます。

図表2-4　子ども家庭福祉の定義

> 　子ども家庭福祉とは、心身ともに発達途上である子どもがその要保護性ゆえに、生存権を含む基本的人権が侵害されないようにすることを基本としながら、私的・社会的・公的な責任を調和的に機能させつつ、子どものよりよい育ちを実現していく政策的・臨床的実践である。「児童福祉法」に具現化された子ども家庭福祉の理念は、医療や住宅など、子ども・子育て家庭と関連する各種サービス提供にあっても尊重され、その結果、社会全体として子どもの尊厳を守ることを目標とする。

　この定義の特徴は、以下の4つです。これらは一般に子ども家庭福祉を理解するときに欠かせない特徴とされ、本書でも繰り返し取り上げられる事項となります。

①子どもの要保護性への対応を含んでいること。
②基本的人権の擁護と関連していること。
③私的・社会的・公的責任の適切な遂行によって達成される活動であること。
④子どもの尊厳が広く社会的に保障されるための原理を提示していること。

2　「日本国憲法」と子どもの福祉

　「日本国憲法」についてはレッスン9にも出てきますが、「子ども家庭

◆補足

「日本国憲法」と子どもの福祉
「日本国憲法」は日本国民に対する約束事を示したものだが、子ども家庭福祉サービスには国籍要件はない。外国人の子どもであっても、日本で暮らしている以上、「児童福祉法」に基づき適切な福祉保障が行われるしくみとなっている。外国から来た子どもと家族の福祉保障は、人の移動が国境を越えて活発に行われる時代にあって、ますます重要になってくるだろう。

図表 2 - 5　子ども家庭福祉と深く関連する「日本国憲法」の条文

> 第13条　すべて国民は、個人として尊重される。生命、自由及び幸福追求に対する国民の権利については、公共の福祉に反しない限り、立法その他の国政の上で、最大の尊重を必要とする。
> 第14条　すべて国民は、法の下に平等であつて、人種、信条、性別、社会的身分又は門地により、政治的、経済的又は社会的関係において、差別されない。
> 第25条　すべて国民は、健康で文化的な最低限度の生活を営む権利を有する。
> 　2　　国は、すべての生活部面について、社会福祉、社会保障及び公衆衛生の向上及び増進に努めなければならない。

福祉とは何か」を理解するうえで、憲法と福祉の関係を理解することは欠かせませんので、ここで少しそれを深掘りしておきます。

　憲法では、大人・子どもという区別は設けられておらず、年齢に関係なくすべての国民を対象として、さまざまな**基本的人権**が保障されています。子ども家庭福祉学界を牽引してきたひとりである網野武博*は、特に子ども家庭福祉と関連する憲法の条文として、いくつかあげています（図表 2 - 5）。第13条は、基本的人権が個々の子どもたちすべてに保障されるものであることを示し、第14条第 1 項（第 2 ～ 3 項は省略）は、「子ども」という社会的立場を理由として、差別や不平等があってはならないとしているものです。第25条は、「社会福祉とは何か」を説明するときに最も言及されるものです。

3　「健康で文化的な最低限度の生活」の意味

　一般的に、「日本国憲法」第25条は**国民の生存権**を規定したものとして理解されており、条文の「**健康で文化的な最低限度の生活**」というフレーズはぜひ覚えておいてほしいものです。

　このフレーズは、「健康で文化的な生活」と「最低限度の生活」とい

図表 2 - 6　生存権とは

| 健康で文化的な生活 | ＋ | 最低限度の生活 |

👤人物
網野武博
1942年〜
行政機関や調査研究機関での勤務を経て大学教員となる。日本子ども家庭福祉学会会長などを歴任。2002年に刊行された著書『児童福祉学──〈子ども主体〉への学際的アプローチ』（中央法規出版）は、子どもの福祉を保障する原理を明らかにしようとした書として、しばしば引用される。

う2つから成り立っています（図表2-6）。「最低限度の生活」というのは、文字通り「生活するには最低限これだけのものがなくてはならない」という水準を表しています。これを保障するため、わが国では「**生活保護法**＊」という法律があり、その第1条にも、「最低限度の生活を保障する」ことが法の目的のひとつとして明記されています。

　ところが、これだけでは「最低限度」というのがどの程度の水準を想定しているのか、よくわかりません。そこで、「健康で文化的」という言葉を適切に理解する必要がでてきます。「健康」というのは、身体的なことだけではなく、精神的にも知的にもよく発達して、全体的にバランスがとれているというニュアンスのある言葉として使われています。また「文化的」というのは、別に芸術のことを指しているわけではなく、「現代に生きる人間にとって大事な感性や知性を備えた」という意味です。

　すなわち、「最低限度」というのは、「最低限度のお金があればよい」ということではなく、現代日本に生きる人として「身体面・精神面・知性面・道徳面全体がバランスよく発達し、人間らしさが保たれている状態」だといえます。これを実現すべく、国は「すべての生活部面」について、社会福祉等の生活を支えるサービスを用意しているわけです。

　網野はこのような議論を通して、「健康で文化的な生活」というのは、本質的に「幸福を追求することができるような生活」を国が保障するもので、これからの子ども家庭福祉は、「日本国憲法」第25条の生存権保障と第13条の幸福追求権を切り離さずに理解し、最低限子どもとその家族に保障すべきものを考えていく必要があると説いています。

4　ウェルフェアからウェルビーイングへ

　こうした解釈は、決して網野個人の考え方だというわけではありません。このことを理解するうえで、かつての「**ウェルフェア**＊（welfare）」に代わって、「**ウェルビーイング（well-being）**」という言葉が使われるようになっていることを知っておくとよいでしょう。

図表2-7　ウェルビーイング概念とサービスの機能拡充

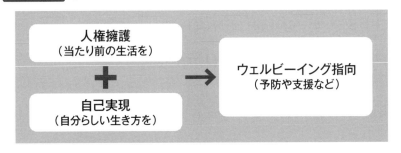

✚ **用語解説**
「生活保護法」
生活に困窮する国民に対し、国が必要な保護を行い、最低限度の生活を保障し、自立を助けることを目的に、1950年に制定された法律。

✚ **用語解説**
ウェルフェア
福祉という意味。ウェルビーイングとの違いは最低限の生活が保障されているという意味にすぎないという点である。

「ウェルビーイング」とは、人権擁護と自己実現をキーワードとする、社会福祉の理念を表す概念です（図表2-7）。この概念を使用する意義にいち早く気づいた**髙橋重宏**[*]は、子ども家庭福祉は子どもの人権擁護をめざしていくべきであり、そのときに子どもを権利の主体として考え、子どもがみずから声をあげていくことを支援する**アドボカシー**[*]が重要になると訴えたのでした。これは、子どもが自分に関係する事柄に関わって意見や意向を表明する機会を保障する方向へと、子ども家庭福祉を変えていくものとなりました。

　かくして、ウェルビーイングという海外発の言葉が、わが国の子どもの福祉保障についての基本方針の変更を引き起こすことになりました。そして、子ども家庭福祉サービスの機能を表す言葉として、「援護」「養護」「更生」といった従来使用されていた用語に加えて、「予防」や「支援」といった「問題の発生を予防し、本人主体でよりよい暮らしを実現するサービス」を指向するものが普及するようになりました。

　「福祉」というと「3 K」（きつい・きたない・危険）と結びつけられ、何かしら地味で暗いイメージが先行しがちですが、実はきわめてポジティブな（前向きで肯定的な）指向性をもったサービスなのです。

5　子ども家庭福祉の対象

　このような権利保障の考え方を理解すれば、子ども家庭福祉が子どもだけに関与していればよいという理解が誤りであることがわかるでしょう。子ども家庭福祉は、子どもの権利が保障されるよう子どもの育ちを支えると同時に保護者の支援も行い、さらには子どもと保護者を取り巻く地域社会をよりよいものにしていくことも引き受ける必要があります。

　だからこそ保育士は、子どものプロであると同時に、その環境にも目配りのできる専門的な力が求められる存在でなければなりません。すなわち、保護者に代わって子どものケアをするだけでなく、子どものウェルビーイング実現のための啓発や予防的取り組み、各種支援を充実させ、子育ち・子育てに適した社会を形成していくための実践力も身につけていかなければならないのです。

3．子ども家庭福祉の体系

1　私的責任と子どもの福祉

　これまで学んだことをもとに考えれば、子ども家庭福祉には国（＝法

律）が深く関与していることがわかります。しかし、実際のところ、私たちの暮らしのかなりの部分は、家族や近所の人々などとの自然発生的な人間関係で支えられています。特に現代社会において、**親は子どもを守り育てる最初の存在**として重要です。

「子どもは親子というプライベートな人間関係のなかで育つもの」という考え方は、親の**私的責任**に注目したものです。わが国においては、「民法」第818条に規定されている「**親権**」を親が適切に行使することで、子どもの最善の利益が守られることが期待されています。

2　社会的責任と子どもの福祉

核家族が主流となった現代社会では、親にかかる負担は大きなものとなっています。しかし、こうした保護者のみが子育てを担うという状況は、歴史的にきわめて特殊なものだということも事実です。わが国では、長い間、名づけ親、乳母*などの血縁関係にないものが、「社会的親」として子育てにさまざまな形で関わってきました。

生物学的な親のみに子育てをまかせず、さまざまな人たちがさまざまな形で子どもの育ちに関わるという考え方は、子どもの福祉に対する**社会的責任**に注目したものです。しかし、近年は、こうした社会のなかで子どもを育てることが難しくなっています。そこで、私的責任だけに子育てを委ねるのではなく、子ども家庭福祉の展開のなかで、社会的責任による子育てを考えていく必要があります。

3　公的責任と子どもの福祉

わが国では、私的責任や社会的責任だけに子どもの福祉保障を委ねることなく、国も責任をもつ体制がとられています。この「国の責任」のことを**公的責任**といいます。国が法律に基づいて、ときには親権者の意思に反して子どもを保護することは、公的責任が効いているからこそ可能になるものです。

ただし、この公的責任は、私的責任や社会的責任がうまく機能しないときにのみ登場するのではなく、すべての親の子育てを支援する基本的なしくみとして機能することが求められます。子育て支援サービスを提供するしくみを整備するのは、決して親を甘やかすのではなく、最終的に子どもに対する福祉が最もよく保障されるよう、国が責任を果たしているのだと考えるべきです。

✚ 補足

親は子どもを守り育てる最初の存在

子ども家庭福祉以外の社会福祉の分野では、家族や地域の助け合いを指して「社会的責任」とする場合がある。この考え方でいくと、「私的責任を負うのは子ども」ということになるが、このような考え方は、子ども家庭福祉では一般的ではない。

✳ 用語解説

乳母

実の母親に代わって、自分の乳を与えて育てる女性のこと。授乳をせず、教育・養育係を請け負う女性を指す場合もある。

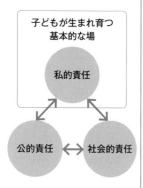

図表2-8

子ども家庭福祉の
3つの責任

子どもが生まれ育つ
基本的な場

私的責任

公的責任　←→　社会的責任

◆ 補足
**一義的な責任を負うの
は保護者**
国際連合「児童の権利に関
する条約（子どもの権利条
約）」のほか、「児童福祉
法」や「子ども・子育て支
援法」などにおいて、「保
護者に第一義的な養育責任
がある」という趣旨の規定
が設けられている。

4　私的責任に目を奪われないことの大切さ

　かくして、私的・社会的・公的責任がうまくかみ合うことで、子ども
であるがゆえに、「健康で文化的な最低限度の生活」が保障されないこ
とがないよう、またそれを超えて心身ともに健やかに育っていけるよ
うにするしくみが採用されています。そして、これは**「児童福祉法」**の
総則部分にも反映されています。子ども家庭福祉の定義に見られる3番
目の特徴について、これで理解できたでしょうか。なお、これら3つの
責任は、社会福祉全体のあり方を議論するときにも好んで使われますが、
特に子どもの福祉保障をめぐっては、一般に「子どもや子育てについて
一義的な責任を負うのは保護者」とされていることもあって、まず私的
責任が果たされなければならないということが強調されがちです。

　子どもが親から生まれ、親がつくる家庭の一員となっていることを前
提に考えれば、確かに私的責任が重要であるのは間違いありませんが、「私
的責任だけが果たされればよい」と考えるのではなく、「この3つの責
任を同時に機能させることで、子どもの福祉が保障される」と理解する
必要があります（図表2-8）。

　場合によっては、私的責任以上に、社会的責任や公的責任が発揮され
ることで、はじめて子どもの成長が守られることもありえます。3つの
責任すべてを大切に考えることを忘れず、子ども家庭福祉の諸問題の解
決策を探ってみてください。

演 習 課 題

①「日本国憲法」第13、14条および第25条のほかに、基本的人権と関わっ
　てどのような規定が設けられているか、それが子どもの福祉保障とど
　のような関わりをもつのか、話し合ってみましょう。

②近年、保育サービスの供給不足が社会問題化し、国および地方公共団
　体は、その対応を迫られています。もしも保育に関して公的責任がな
　かったら、どのようなことが起こるか考えてみましょう。

③社会的責任を形にしていくことは、現在の日本の子ども家庭福祉が直
　面している、とても大事な課題です。特に企業が子ども家庭福祉の増
　進に果たす社会的役割について、議論してみましょう。

現代社会と子ども家庭福祉ニーズ

本レッスンでは、現代社会のなかの子どもと子育て家庭の実態について、いくつかの統計調査結果を参照しながら学習を進めます。保育士になるうえで、さまざまな社会的要因を背景に、個々の子どもの家庭福祉問題が生みだされているという視点を養うことが求められます。

1．少子化

1 少子化の現状

わが国における子ども家庭福祉サービス拡充の契機として、少子化を忘れることはできません。

少子化の状況を見るための統計として、**合計特殊出生率**が使われます。これは、簡単にいえば、「一人の女性が一生の間に産む子どもの数」を推計したものです。

合計特殊出生率は、人口維持を前提に考えるなら、約2.1が必要だと考えられますが、ここ10年ほどのわが国の合計特殊出生率は約1.4となっており、人口減少傾向が続いています。

2 少子化の要因

少子化の直接的な要因として、未婚化（あるいは非婚化）・晩婚化があげられます。

まず、**未婚化**です。内閣府編『少子化社会対策白書（令和3年版）』にある2015（平成27）年のデータをみると、30代前半の男性では47.1%で婚姻経験がありません。50歳時点では23.4%、すなわち約4人に1人に婚姻経験がありません。同じく女性については、30代前半で34.6%、50歳時点では14.1%が未婚です。1980年代までは、50歳時点での未婚率が男女ともに5%を下回っていたので、男女とも未婚率が明らかに増加しているといってよいでしょう。たいていの子どもが婚姻関係にある夫婦から生まれるわが国の場合、未婚女性の増加は、子どもを産む女性の減少に直結します。

次に、**晩婚化**です。厚生労働省「人口動態統計（確定数）の概況」によると、2020（令和2）年の平均初婚年齢は、夫が31.0歳、妻が29.4歳です。

✚ 補足

合計特殊出生率
厚生労働省「人口動態統計（確定数）の概況」によれば、2018年は1.42、2019年は1.36であった。

参照

少子化の背景
→レッスン16

第1子を産んだ母親の平均年齢は、30.7歳です。1980（昭和55）年には、25歳で結婚して、第1子を26歳で産むというのが女性の平均的ライフコースだったことを考えると、晩婚化・晩産化していることが明らかです。

また晩婚化は、一人の女性が産む子どもの数とも関連していることがわかっています。たとえば、初婚からの結婚持続期間15〜19年の女性を対象にした調査結果に基づき、結婚年齢と平均出生子ども数との関係をみると、結婚年齢が21〜22歳では平均出生子ども数が2.29人でした。ところが、31歳以上では1.56人だったのです[1]。すなわち、結婚年齢の上昇（晩婚化）は、夫婦の平均出生子ども数を減少させる効果をもっていると考えられます。

▶ 出典
[1]　国立社会保障・人口問題研究所「第15回出生動向基本調査 結婚と出産に関する全国調査 夫婦調査の結果概要」2017年

3 仕事と子育ての両立をめざして

非婚化・晩婚化は、少子化という観点だけからは憂慮すべき事態ですが、それだけ人々の生き方が自由になり、多様化していることを示すものでもあります。特に、未婚化・晩婚化と関連が深いとされる女性の高学歴化と社会的地位の向上は、さらに促進される方向にあります。

これからの時代において検討すべきことは、家庭生活と職業生活の双方とも人々の自己実現にとって重要であり、その双方を充実させたいという欲求を満たす社会環境をいかにして保障するかということです。

したがって、これから保育をはじめとする子ども家庭福祉のしくみについて学んでいくとき、それらが第一義的には「子どもの福祉」を守るためにあることを踏まえつつ、同時に就労ニーズの充足をはじめとした「保護者の自己実現」にも資するものでなければならないことを、ぜひ忘れないでいてください。

2．子育てにかかる負担感

1 女性にかかる子育て負担

子育て負担をめぐってはいろいろな調査が行われていますが、ここでは子どもをもつ20〜40代の既婚者7,405人を対象に行われた調査から、子育ての負担感に関する結果を見ておきましょう（図表3-1）。

これを見ると、「特に負担に思うことや悩みはない」と回答するのは明らかに男性で多い一方、全体的に女性のほうが負担感を広い範囲で、しかも強く感じていることがわかります。こうした負担感にさいなまれ

図表 3 - 1 子どもを育てていて不安に思うことや悩み

	男性（%）	女性（%）
子育てで出費がかさむ	50.9	55.7
自分の自由な時間がもてない	40.3	48.1
子育てによる身体の疲れが大きい	23.8	34.3
気持ちに余裕をもって子どもと接することができない	16.4	35.5
仕事や家事が十分にできない	13.6	30.9
子どもが言うことを聞かない	13.9	19.7
目が離せないので気が休まらない	13.0	17.4
子どもを一時的に預けたいときに預け先がない	7.0	14.6
子どもの成長の度合いがきになる	10.0	9.7
しつけのしかたが家庭内で一致していない	6.8	9.3
子どもについてまわりの目や評価が気になる	3.8	11.9
配偶者が育児・子育てに参加してくれない	0.9	14.2
しつけのしかたがわからない	6.1	8.5
特に負担に思うことや悩みはない	23.7	14.6

出典：内閣府経済社会総合研究所「少子化と夫婦の生活環境に関する意識調査」2013年

図表 3 - 2 6歳未満児を持つ夫婦の家事・育児関連時間

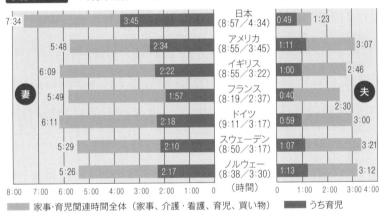

■■■ 家事・育児関連時間全体（家事、介護・看護、育児、買い物）　　■■■ うち育児

注：国名の下に記載している時間は、左側が「家事・育児関連時間」の夫と妻の時間を合わせた時間。右側が「うち育児の時間」の夫と妻の時間を合わせた時間。
出典：内閣府『男女共同参画白書（令和2年版）』2020年を一部改変

ている親にとって、「安心して子育てをすること」はそう簡単に達成できる課題ではありません。

2 ▶ 男性の育児参加

　子育て負担の大きさが話題になるなか、1999（平成11）年に厚生省（現・厚生労働省）が発行した『厚生白書（平成10年版）』の「母親だけが子育てをするのはあたりまえではない」というコラムが話題になりました。これは国として男女ともに子育てに関わる重要性を説いた、貴重な足跡として評価できるものです。

　ところが、それから20年以上が経過した今でも、いまだに男性の育児参加は十分とはいえません。図表3-2は、各国の夫婦の家事・育児関連時間を整理したグラフですが、日本の夫が家事・育児にかける時間の少なさが際だっています。

3 ▶ 経済的負担

　子育て負担のアンケート結果のトップにくるのが、経済的な不安です。ある試算によれば、出産から子どもが22歳になるまでの養育費（幼稚園や保育所の利用にかかる費用を含む）の総額は、平均で約2,000万円となっています[2]。

　これに加えて、教育を受けさせるための費用がかかります。子どもの学習費（学校教育費、学校給食費のほか、学習塾や習い事などの学校外活動費を含む）は、子どもの進路によって大きく変わりますが、小学校から高等学校まで通わせたとして、12年間の総額を算出すると最も低額でも約470万円、高額だと約1,670万円だとされます[3]。先ほどの養育費と合算すれば、現代日本において子ども一人を育てるのに、最低でもおよそ2,500万円のお金がかかることになります。さらに大学などへ進学すれば、授業料などの負担ものしかかります。

　そうした一方、わが国の子どもの**貧困率**の高さが注目されています。現在、「子どもの貧困対策の推進に関する法律」に基づいて、政府が子どもの貧困の状況を毎年公表していますが、2018（平成30）年の調査によれば、日本の子どもの貧困率は13.5％とされています[4]。

　特に、ひとり親世帯の貧困は深刻で、その貧困率は48.1％と発表されています。現在、わが国では毎年離婚が20万件を超えていますが、そのうち半数以上に20歳未満の子どもがいます。人々のライフコースが多様化しているこの時代にあって、離婚は増えることはあっても、おそらく減ることはないでしょう。親がどのような生き方を選ぼうとも、それが子どもの経済的苦境と結びつくことのないようにするのも、子ども家庭福祉にとって大事な課題だといえます。

4 ▶ 家庭養育と並び共同養育の充実を

　近年、動物の生態を研究している学者が、親だけに子育てを委ねる不自然さを指摘しています。親族や共同体のネットワークのなかで共同して養育することは、動物に限らず自然な状態で暮らしている狩猟採集民ではよくみられるといいます。そして、それは「遺伝子を残す」という生物学的な原則から見て、きわめて合理的な方法だと考えられています。

▶ **出典**
†2　前田菜緒監修「子育てに必要な費用ってどのくらい？　0歳～22歳までの合計金額とは」三井住友カードホームページ「Like U」（https://www.smbc-card.com/like_u/money/education_funding.jsp［2021年12月2日確認］）

†3　文部科学省「平成30年度子供の学習費調査の結果について」2019年

参照
子どもの貧困
→レッスン26

▶ **出典**
†4　内閣府「令和2年度子供の貧困の状況と子供の貧困対策の実施の状況」2021年

◆ **補足**
動物生態学者の指摘
たとえば、竹内久美子『本当は怖い動物の子育て』（新潮社、2013年）、長谷川眞理子「ヒトという不思議な生物」長谷川眞理子編著『ヒト、この不思議な生き物はどこから来たのか』（ウェッジ、2002年、9-71頁）で指摘されている。

　ひるがえって現代日本をみれば、地域のなかで子育てを支援する機能は決して普遍的ではありません。夫婦の親（祖父母）から子どもの面倒を見てもらっていない人が約30％、夫婦の親以外の友人・知人、近隣などからも支援をほとんど、あるいはまったく受けていない人が約60％を占めているという調査結果もあります[5]。今の日本は「子育てによって生じる負担を、血縁者や地域の人たちと共有しない社会」になっている状況にあるのです。

　こうして考えると、「子育て中の親を支援する」というのは、単に「子育て家庭がもっとしっかりがんばるように応援する」という意味ではなく、「家庭内外の人間関係の支援」へと広がりをもつものだといってよいでしょう。

▶ 出典
[5]　内閣府経済社会総合研究所「少子化と夫婦の生活環境に関する意識調査」2013年

3. 子育て・子育ちの失調

1　子ども虐待

　子育てをめぐるさまざまな負担によって、親が子育てに十分な力を発揮できず、結果的にわが子の利益を守れなくなることがあります。その最たる例が、**子どもへの虐待**です。

　一般には、この問題の社会的な広がりを認識するために、児童相談所で取り扱われた虐待相談対応件数の推移が使われています。1990（平成2）年度から集計されるようになった虐待相談対応件数ですが、当初は1年間に1,101件でした。その後、相談対応件数は増加を続け、「児童虐待の防止等に関する法律」が制定された2000（平成12）年度には1万7,725件、その10年後の2010（平成22）年には5万件、2020（令和2）年度には20万件を超えました[6]。

　この間、法で定められる「児童虐待」の定義が変わっている――すなわち、統計をとる側の意識が変わっている――ので、子ども虐待発生件数の増減について単純に比較することはできませんが、社会問題としての深刻さを増していることは間違いないでしょう。

2　非行・少年犯罪

　子育ての問題は、子どもの問題へと発展していくことがあります。世間的にも、子どもに問題があると、親の養育に問題があると疑われることが少なくありません。子どもの問題行動は、不適切な養育を受けている子どもが発信するSOSかもしれないという可能性を探ることは、保

参照
子ども虐待
→レッスン21

▶ 出典
[6]　厚生労働省「令和2年度 児童相談所での児童虐待相談対応件数（速報値）」2021年

✦ 補足
虐待の発生要因
子育ての負担感は、子ども虐待の発生に寄与する大きな要因であるが、子ども虐待は、決して親の子育て能力不足だけで起こるのではなく、経済的状況、夫婦・親族間の協力、地域のサポート状況など、社会的な相互作用のなかで起こることが知られている。

育士にとってはとても大事です。

　しかし、子どもの問題行動の一例として、非行のことを考えてみると、話はそんなに簡単ではありません。非行については、その種類や年齢など、切り口を変えることでいろいろな実態に迫ることができるのですが、ここでは少年による刑法犯、危険運転致死傷および過失運転致死傷などの**検挙**[*]人員の推移をたどってみましょう。

　第二次世界大戦後の検挙人員（検挙した事件の被疑者数）には、3つの大きな波（ピーク）があります。1951（昭和26）年の16万6,433人をピークとする波、1964（昭和39）年の23万8,830人をピークとする波、1983（昭和58）年の31万7,438人をピークとする波です。その後は、少々の増減はありながらも減少傾向を示し、2019（令和元）年には戦後最少の3万7,193人となりました[7]。刑法犯等として検挙される子どもたちがいかに少なくなっているのかがわかります。

　子育ての問題が子どもの問題へと必ず発展していくのだとしたら、虐待相談対応件数の増加とともに、少年犯罪が増加傾向になっても不思議はありません。しかし実際には、少年犯罪は減少しているのです。つまり、子育ての問題は子どもの育ちにも影響しうるのですが、子どもの育ちに何らかのつまずきがあるとしても、それがただちに子育ての問題と因果関係にあるというわけではないのです。ここでは扱わなかった不登校やいじめの加害・被害、高校中退などの問題についても、子育て家庭を含む「社会の問題」としてとらえる必要があり、実態はどうか、なぜそれが今問題とされているのか、問題の発生や予防に何が関わっているのかといったことを深く考え、安易に家庭に責任を帰さないようにしなければなりません。

✳ 用語解説
検挙
警察などが犯罪の被疑者を特定してその者に対する捜査を開始すること。

▶ 出典
†7　法務省『犯罪白書（令和2年版）』2020年

演 習 課 題

①少子化はなぜ起こるか、自由に話し合ってみましょう。

②貧困家庭で育つ子どもが経験していることをできるだけ多くあげたうえで、必要となる支援について考えてみましょう。

③このレッスンではふれなかった学校で起こっている諸問題について、そのひとつを取り上げ、その実態を表す統計資料を探してみましょう。

保育と子ども家庭福祉

本レッスンでは、「保育」についての定義を理解したのち、保育が「児童福祉法」のもとで、社会的サービスとして法制化された経緯を概略的に学びます。あわせて、保育士が「子どものプロ」として、子ども家庭福祉界で広く活躍する意義を理解します。

1. 乳幼児の発達保障と保育

1 保育とは

保育とは、「乳幼児を適切な環境のもとで、健康・安全で安定感をもって活動できるように**養護**するとともに、その心身を健全に発達させるように**教育**すること」です[†1]。まずは、保育を構成する二大要素である「養護」と「教育」について理解しておきましょう。

①養護とは

養護とは、「保護し、養育すること」です。別のいい方をすれば、「危険な状態にならないようにすること」と「生かすこと」を核とした用語といえます。健康・保健にかかる支援行為として理解する場合もありますが、子どもの暮らしについて考えるときは、「世話」「養育」「育児」「子育て」と同義と考えてよいでしょう。

ただし、**子どもの人権**に対する考え方が広まるなか、「それぞれの親子関係のなかで私的に行われる養育」ではなく、「**子どもの最善の利益を保障するように育てる**」という社会的な性格を帯びたものとして、理解されるようになっています。

②教育とは

教育とは「教え育てること」であり、「教化」「**陶冶**[*]」「育成」と互換的に使われることもあります。養護と同じように「人を育てること」に関わるものですが、養護が「生きること」「日々暮らすこと」に力点を置いているのに対し、教育は「どのように育てていくか」を視野に入れながら展開されます。

「**教育基本法**」第10条にもあるように、まず子どもに対して教育をする責任を負うのは親（保護者）です。親子関係のなかで私的に教育が行われていくわけですが、それを盾にして、親がわが子を好き勝手に教育

▶**出典**

†1 「保育」『ブリタニカ国際大百科事典——小項目事典』

✳ **用語解説**

陶冶
生まれながらの才能や性質を鍛え、よりよいものにすること。

◆ **補足**

教育の目的
「教育基本法」では、「人格の完成を目指し、平和で民主的な国家及び社会の形成者として必要な資質を備えた心身ともに健康な国民の育成」（第1条）を念頭に置いて行うものとされている。国連「児童の権利に関する条約（子どもの権利条約）」では、第29条で教育の目的と関わって、人権や共生を尊重することを強調している。

☑ **法令チェック**

「教育基本法」第10条第1項
「父母その他の保護者は、子の教育について第一義的責任を有するものであって、生活のために必要な習慣を身に付けさせるとともに、自立心を育成し、心身の調和のとれた発達を図るよう努めるものとする」。

図表 4 - 1　「保育所保育指針」における養護と教育

・養護：「子どもの生命の保持及び情緒の安定を図るために保育士等が行う援助や関わり」として、保育士との信頼関係や子どもの気持ち、ペース、やる気、自信などに配慮すべきことが述べられている。
・教育：「子どもが健やかに成長し、その活動がより豊かに展開されるための発達の援助」であり、「健康」、「人間関係」、「環境」、「言葉」及び「表現」の五領域から構成されるもの。その上で、各発達領域で子どものどのような力を引き出すことが期待されるかが述べられている。

出典：厚生労働省「保育所保育指針」2017年をもとに作成

図表 4 - 2　保育と養護・教育

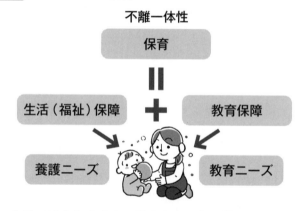

不離一体性

保育 ＝ 生活（福祉）保障 ＋ 教育保障

養護ニーズ　教育ニーズ

していいわけではありません。教育をする人が誰であっても、養護と同じく、子どもの最善の利益が守られるようにしなければならないことは、保育に関わる者として、よく理解しておく必要があります。

　以上、保育の核となる「養護」と「教育」について特徴を述べてきました。図表 4 - 1 に、「保育所保育指針」における「養護」と「教育」の説明についてまとめましたので、参考にしてください。

　養護も教育も、乳幼児だけが必要とするものではありません。ただし、特に乳幼児を育てるときは、養護と教育を明確に分離することが困難です。そのため、養護と教育を不離一体とした「保育」というフィールドが存在しているのです（図表 4 - 2）。

2　家庭保育と社会的な連携

　一般的にいって、子どもの養護・教育をするのは、父母に代表される

保護者です。つまり、子どもが家庭という場で、少数の大人と一緒に生活することにより、適切な保護のもとに、発達段階に即した適切な教育を受けながら成長し、就学の時期に達していくことができる「**家庭保育**」が、第一義的な役割を果たしていると考えられます。

しかし、子どもは年齢が上がると、家庭外で過ごす時間が増えていきます。たとえば、4歳になれば、ほとんどの子どもたちが、保育所や**幼稚園**などで保育を受けるようになります。すなわち、このあとでふれる**家庭外保育**のなかで過ごす時間が多くなります。

家庭保育と家庭外保育が並行して行われると、保育の連続性が分断されるおそれがあります。だからといって、家庭保育だけに頼ることは、かえって子どもの最善の利益を損なうことになりかねませんし、家庭外保育の充実だけに目を奪われると、家庭保育が形骸化(けいがいか)しかねません。

こうしたこともあって、家庭保育は、保育所・幼稚園など、ときに地域住民や小学校との連携（つながり）のなかで保障されることが必要と考えられています。

だからこそ、子どもの最善の利益が保護者および関係者の間で共通して尊重されるように、社会関係の調整をしたり、新しく社会関係をつくり上げたり、子どもと家庭に必要な新しいサービスをつくったりする**ソーシャルワーク**について、保育士も一定の理解をしなければならないのです。

3　家庭外保育の制度化

次に、家庭外保育について理解を深めていきましょう。

そもそも家庭保育は、いついかなるときでも保障されるものではありません。保護者が倒れてしまったりすれば、家庭保育はとたんに危機的状況に陥ります。また、家庭保育だけで育つことが必ずしも望ましいといえないのは、深刻な虐待事例を考えれば、容易に理解できるでしょう。

家庭外保育が最初に発達した領域は、**社会的養護**でした。乳幼児に限らず、子どもたちを養護する家庭がないとき、慈善事業家の手によってつくられた居住型施設が利用されたのです。やがて、日中は施設などの家庭外保育の場で過ごし、夕方以降は家庭保育のもとで育てられる、新たな**家庭代替型保育サービス**が発達してきました。

そこで、昼間に就学前の子どもたちの養護と教育を一体的に行う「保育」を行い、同時にその年上の兄や姉たちを子守りから解放する人たちが現れたのです。図表4-3はその一事例で、1909（明治42）年に民家を借りて貧困家庭の子どもたちを保育し始めた保育施設（愛染橋(あいぜんばし)保育所）の写真です。そのほか、**赤沢鍾美(あかざわあつとみ)**や**野口幽香(のぐちゆか)**らによって設立された保育

◆ 補足
家庭保育
一般的にいう「養育」「育児」などと同義と考えてよい。

幼稚園の位置づけ
幼稚園は「学校教育法」第22条に基づき、幼児に対する教育を含めた保育を提供する施設として位置づけられている。

参照
社会的養護
→レッスン23

◆ 補足
わが国の保育活動の歴史
白峰学園保育センター編『保育の社会史——神奈川近代の記録』筑摩書房、1987年、24-26頁、35-39頁、浦辺史ほか編『保育の歴史』青木書店、1981年、15-23頁などにくわしい。

参照
赤沢鍾美、野口幽香
→レッスン5

図表4-3 愛染橋保育所

出典：日本保育学会編『幼児保育百年の歩み──写真集』日本図書センター、2015年、89頁

参照
市町村の業務
→レッスン10

施設のこともよく言及されます。

　こうして就学前児童の保育が、子ども家庭福祉の一領域として発展していきました。今では、「**児童福祉法**」において**市町村の業務**の一部として、保育の実施が位置づけられるようになっています。

2.　子ども家庭福祉が求める保育士

1　就学した子どもの育ちを守るために

　保育士を養成する施設（学校）で学ぶのであれば、保育所を除く**児童福祉施設**（**児童養護施設**や**児童発達支援センター**など）で実習をしなければなりません。それは、①子どもの福祉を保障する各種サービスを適切に理解し、②多様なニーズを有する子どもとその家族を理解し、③保育士としての自己理解を深めると同時に、④保育士の職務を理解するためです[2]。

　こうした養成課程について、「保育士になりたいなら、保育を行っているところだけで実習すればいいではないか」「養護士という新たな資格をつくって、その資格保持者を乳幼児以外も利用する児童福祉施設に配置すればいいではないか」などと、疑問に思う人もいるでしょう。

　確かに、養護士の創設もひとつの選択肢と考えられますし、保育が乳幼児を対象として体系化されてきた領域である以上、保育士の専門性を保育に限るのが適当だと考えたくなるのもわかります。

　しかし現実を見渡すと、多くの児童福祉施設で、18歳に満たない子どもの福祉や成長発達を支える人材として、保育士のもつ能力を備えたスタッフが求められています（図表4-4）。このような雇用機会に応えるため、保育を中核としながらも、すべての子どもの成長発達に精通したプロとして、保育士が養成されているのです。

　ですから、保育士という資格を、乳幼児の養護・教育という特定の実

▶出典
†2　厚生労働省雇用均等・児童家庭局長通知「指定保育士養成施設の指定及び運営の基準について」2018年4月27日。

◆補足
資格の多様性について
専門資格保持者を、本来活躍が期待される場所と異なるところに配置する例としては、医療の専門家である医師を、児童相談所長や乳児院長などにする例がある。

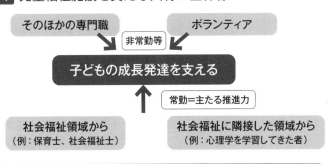

図表4-4　児童福祉施設を支える人材の全体像

践領域とだけ結びつけて理解すべきではありません。保育士は「**子ども
のプロ**」として、子どもの成長発達の支援について、広くそして深く学
ぶことが求められているのです。

2　保育士とは

最後に、保育士制度の概要について理解しておきましょう。

保育士とは、「**児童福祉法**」のなかで規定された国家資格です。都道
府県の保育士登録簿に登録されていることを要件としたうえで、「保育
士の名称を用いて、専門的知識及び技術をもつて、児童の保育及び児童
の保護者に対する保育に関する指導を行うことを業とする者」（「児童福
祉法」第18条の4）として定義されています。

保育士になるには、厚生労働大臣の指定する**保育士養成施設**（学校）
を卒業するか、保育士試験に合格しなければなりません。一定の専門知
識と実技能力が求められ、特に養成施設においては実習を行うことが義
務づけられています。

保育士として知りえた秘密を守ることを含め、保育士の信用を傷つけ
るような行為をすることは、当然認められていません。それだけ高い倫
理観も求められるということです。ちなみに、保育士の全国組織である
全国保育士会では、保育士の倫理綱領をつくり、みずからの倫理的責任
を明らかにしています（図表4-5）。

みなさんが保育士の資格をとるだけで満足することなく、技術的にも
倫理的にも高い水準で仕事ができるように、そして就学後の子どもの育
ちについても造詣の深い「子どものプロ」となれるように努力すること
で、今以上に保育士資格は価値あるものとなるはずです。

☑ **法令チェック**
「児童福祉法」第18条
の21
「保育士は、保育士の信用
を傷つけるような行為をし
てはならない」。

「児童福祉法」第18条
の22
「保育士は、正当な理由が
なく、その業務に関して知
り得た人の秘密を漏らして
はならない。保育士でなく
なつた後においても、同様
とする」。

図表4-5 全国保育士会倫理綱領

　　すべての子どもは、豊かな愛情のなかで心身ともに健やかに育てられ、自ら伸びていく無限の可能性を持っています。

　　私たちは、子どもが現在（いま）を幸せに生活し、未来（あす）を生きる力を育てる保育の仕事に誇りと責任をもって、自らの人間性と専門性の向上に努め、一人ひとりの子どもを心から尊重し、次のことを行います。

　　私たちは、子どもの育ちを支えます。

　　私たちは、保護者の子育てを支えます。

　　私たちは、子どもと子育てにやさしい社会をつくります。

※以下は条文を省略し、項目のみ紹介する。

- 子どもの最善の利益の尊重
- チームワークと自己評価
- 子どもの発達保障
- 利用者の代弁
- 保護者との協力
- 地域の子育て支援
- プライバシーの保護
- 専門職としての責務

出典：社会福祉法人全国社会福祉協議会、全国保育協議会、全国保育士会「全国保育士会倫理綱領」2003年

演 習 課 題

①一般に家庭外保育の事故は、認可外保育施設において起こりやすいといわれています。保育所と認可外保育施設を制度的側面から調べ、その理由を考えてみましょう。

②保育士がどういった児童福祉施設で働いているのかを、「社会福祉施設等調査」（厚生労働省）を使って調べてみましょう。

③保育士の信用失墜行為とはどのようなものなのか、保育士が直接関係していると思われる事件や事故を新聞で探して議論してみましょう。

参考文献……………………………………………………………………………

レッスン1

岡村重夫　『社会福祉原論』　全国社会福祉協議会　1983年

中塚久美子　『貧困のなかでおとなになる』　かもがわ出版　2012年

柳父章　『翻訳語成立事情』　岩波書店　1982年

レッスン2

網野武博　『児童福祉学──＜子ども主体＞への学際的アプローチ』　中央法規出版　2002年

柏女霊峰　『子ども家庭福祉学序説──実践論からのアプローチ』　誠信書房　2019年

髙橋重宏　『ウェルフェアからウェルビーイングへ──子どもと親のウェルビーイングの促進　カナダの取り組みに学ぶ』　川島書店　1994年

レッスン3

浅井春夫・丸山美和子編著　『子ども・家族の実態と子育て支援──保育ニーズをどう捉えるか』　新日本出版社　2009年

内閣府編　『少子化社会対策白書（令和3年版）』　2021年

前田菜緒監修「子育てに必要な費用ってどのくらい？　0歳〜22歳までの合計金額とは」三井住友カードWebサイト「Like U」https://www.smbc-card.com/like_u/money/education_funding.jsp（2021年12月2日確認）

三沢直子　『働くママ　専業ママ　子どものためにどっちがいいの？』　緑書房　2009年

レッスン4

柏女霊峰監修　『改訂版　全国保育士会倫理綱領ガイドブック』　社会福祉法人全国社会福祉協議会　2009年

森上史朗・大豆生田啓友編　『よくわかる保育原理（第4版）』　ミネルヴァ書房　2015年

山縣文治『現代保育論』　ミネルヴァ書房　2002年

おすすめの1冊

内閣府編　『少子化社会対策白書』

内閣府が毎年出している報告書。ここに掲載される統計資料は、「今の日本」を確実に映し出している。毎年この白書に目を通し、今の日本の子育ての状況について、確認してみるとよい。

見逃された SOS

　2012（平成24）年、東京都立川市で、母子家庭の親子がアパートの一室で誰にも気づかれず亡くなっていました。母親がくも膜下出血で急逝し、残された 4 歳の子どもが、手を付けていないお弁当を目の前にしながら餓死したということです。

　母子は、亡くなる 2 年ほど前に大阪から引っ越してきました。立川市を選んだのは、障害のある子どもの治療的教育ができる、日本有数の病院があったからだといわれています。子どもには知的障害を伴う発達障害があり、おそらく死亡当時、子どもの発達年齢は 8 か月から 1 歳 5 か月ほどであったであろうと推測されています。

　この母子は、周囲から完全に孤立していたわけではありませんでした。転居の際には、大阪市から立川市に「子どもの発達支援に関心がある母子が転居する」という連絡がなされていました。また、母親自ら、転居当初から積極的に行政サービスを利用しました。そして、さまざまなサービスを利用するなかで、確実にSOSは出されていました。

　たとえば、「自宅近くの援助会員だとプライバシーが保てない」とファミリー・サポート・センターの一時預かりに難色を示したという記録が残っています。また、3 歳児健診のときに対応した臨床心理士に、「母として精一杯やっているのに、病院などで『〜してください』『〜したほうがいい』と言われるのが、ストレスでつらいんです」と告白していました。それにもかかわらず、保育所への入所は辞退したそうです。保育所で行っている療育訓練には通っていましたが、半年もたたないうちに、「子どもが集団療育になじみにくい」といって、通うのを止めてしまっています。

　この母子に関わった対人支援職は、とても悔しい思いをしたでしょう。そんな思いを、みなさんにはしてほしくありません。ぜひ、「保育士は保育だけをしていればいい」と考えることなく、子どもと子育て家庭の支援の必要性に応じて、子ども家庭福祉およびその関連領域で活動する人たちと手を取り合い、包括的な支援をすることを忘れないでください。

※事例については、橘由歩「検証・孤立死：下　看取りなき別れ　衰弱死した 4 歳児、母子家庭の危うさ共有されず」『週刊朝日』（2012年 7 月27日発行）146頁掲載記事をもとに要約した。記事は朝日新聞社聞蔵Ⅱビジュアル（2016年 6 月20日参照）。

第2章

子ども家庭福祉の
歴史的展開

本章では、「子ども家庭福祉」の歴史について学んでいきます。
それぞれの時代ごとに、子どもの福祉のために尽力した人たちがいました。
その歴史を振り返り、現在国が進めている「子ども・子育て支援新制度」
までの流れを見ていきましょう。

子ども家庭福祉の歴史(1)古代〜大正

本レッスンでは、古代から大正時代にかけての子ども家庭福祉の歴史について学びます。それぞれの時代ごとに、子どもの福祉のために尽力した先覚者たちがいました。その実践や思想について学び、これからの子ども家庭福祉の発展に必要なことは何か、一緒に考えていきましょう。

1. 古代における子どもの救済

　古代において、身寄りのない子どもの保護・養育については、『日本書紀』に、雄略天皇による「**ちいさこべのすがる** *」（478年ごろ）の話が記されています。

　593年に、聖徳太子は**四箇院** *（敬田院、療病院、施薬院、悲田院）を設立しました。このうち悲田院では、身寄りのない捨て子（棄児）や孤児などの子どもを含めた生活困窮者を収容・保護していたといわれています。

　701年に「大宝律令」が制定され、このなかで、援助を必要とする者について「**不能自存**（自分自身で独立した自立生活が困難な者）」と定義され、さらに図表5-1のように分類されました。このなかの「孤」が子ども（孤児）にあたります。これらの不能自存の者については、まずは近親者が扶助することとされ、それが不可能な者については制度で救済するとされました。

　仏教伝来後は、困窮する子どもについては「仏の子」として慈悲・慈善の対象となり、仏教寺院や皇族、貴族たちの**篤志家**による私的な救済がなされていたといわれています。

　しかし、困窮する民衆の生活のなかでは、口減らしのために子どもが遺棄されたり間引きされたりすることが頻繁にありました。

　756年には、和気清麻呂の姉の和気広虫が、戦乱や疾病のために苦しむ棄児や孤児83名を、夫の葛木連戸主の戸籍に入れて養育したといわれています。これが、わが国における最初の「子どもの保護収容事業（施設）」という説もあります。

✴ 用語解説

ちいさこべのすがる
少子部蜾蠃、小子部栖軽とも記す。『日本書紀』に出てくる豪族で、雄略天皇に近侍したと伝えられる人物。雄略天皇が養蚕振興のため、蚕を集めるよう命じたところ、意味を取り違えて子を集めてしまい、その養育を命じられ、少子部連の姓を賜ったという説話が『日本書紀』や『新撰姓氏録』に記されている。

四箇院
聖徳太子が四天王寺を建てるにあたって、「四箇院の制」をとったことが『四天王寺縁起』に示されている。四箇院とは、敬田院、施薬院、療病院、悲田院の4つのことで、敬田院は寺院そのものであり、施薬院と療病院は薬局・病院にあたり、悲田院は病者や孤児、身寄りのない老人などのための社会福祉施設にあたる。

図表5−1 不能自存の分類

鰥（かん）	61歳以上で妻のない者
寡（か）	50歳以上で夫のない者
孤（こ）	16歳以下で父のない者
独（どく）	61歳以上で子どものない者
貧窮・老族	高齢者や傷病者、障害者

2．中世における子どもの救済

悲田院での救済事業は、中世においても細々とではありますが、継続していたといわれています。鎌倉時代になると、南都六宗による慈善活動が活発化しました。

華厳宗の高弁（明恵上人）は、貧窮者の救済を積極的に行いました。

律宗の叡尊は、被差別部落の人やハンセン病患者、孤児の救済活動を展開しました。同じ律宗の忍性は、叡尊に師事し、その事業を引き継いで、貧民、病人、孤児などの救済活動を行うとともに、ハンセン病患者救済施設である「北山十八間戸*」を奈良で開きました。

また、この時代には、こうした仏教関係者に感化された北条氏による救済事業が活発化したことが特徴的であるといえます。

室町時代になると、1549年にイエズス会のフランシスコ・ザビエルが、鹿児島に上陸し、わが国で初めてキリスト教の伝道を行いました。その後、キリスト教の布教とともに、キリシタンによる慈善事業が行われました。キリスト教への弾圧が厳しいなか、キリシタンによる慈善事業の範囲は、公益質屋などの救貧事業、孤児や寡婦の保護活動、病児病者への施薬など多岐にわたりました。

戦乱によって仏教による慈善事業が衰退していくなかで、キリシタンによる慈善事業は拡大していきました。代表的なものとして、イエズス会の**ルイス・デ・アルメイダ***が大分県に設立した育児院（1555年）があげられます。

3．近世における子どもの救済

江戸時代になり、1613年に「禁教令（キリシタン禁止令）」が出されて以降、キリスト教による子どもの救済事業は衰退しました。この時代

✳ **用語解説**

北山十八間戸

ハンセン病等の病者を収容し治療する病棟として使用されていたことがわかっている。誰が創建したかについては2つの説がある。ひとつは、光明皇后が行った貧窮者の病人救済事業の一環として建立したというもの。もうひとつは、僧・行基に深く帰依していた西大寺の僧・忍性が大乗仏教の菩薩道である利他行の実践を目的に創建したという説である。

👤 **人物**

ルイス・デ・アルメイダ
(Luis de Almeida)
1525年頃〜1583年
ポルトガル出身の商人で、日本最初の南蛮外科医。イエズス会宣教師とも交わりを結び、南蛮貿易で得た資金をもとに、大分に孤児院としての育児院のほか、一般病棟とハンセン病棟からなる病院を設立した。外科医として病を治すと同時に、修道士として心も癒やすなど、病人が理想とする医師であった。

の救済対象は主に、自然災害から生じる飢饉などによる被害者でした。飢饉や天災害、さらには幕府や藩からの搾取によって、農民の生活は困窮をきわめていました。こうした状況のなかで、子どもの身売りや間引きが頻繁に行われていました。

　こうした事態を受けて、江戸幕府は1687年に「捨て子養育令」を、1690年には「棄児禁止の布令」を、1767年には「間引き禁止令」を次々に制定しました。しかし、民衆の生活は困窮していたため、棄児や間引きが減ることはありませんでした。当時制度化された「五人組」の中では、相互扶助組織がつくられ、この中で捨て子の養育を行うことも推奨されましたが、間引きを含めた江戸時代の乳幼児死亡率は高く、人口停滞は幕末まで継続しました。

　江戸幕府としての、子どもの救済・保護に関する制度や施策が不十分ななか、独自で子どもの救済・保護に関する制度をつくる藩もありました。たとえば、三春藩（現在の福島県）では、捨て子禁止を実現するため、貧民に対して幼児養育のための手当を支給しました。

4. 明治期における子どもと家庭に対する社会事業

1 明治政府による子どもの保護・救済

　明治維新によって、新政府による近代国家体制が進められ、そのなかで、子どもの福祉に関する施策も整えられていきました。

　1872（明治5）年には「学制」が発布され、近代的な教育体制が整備されました。政府が子どもの教育体制強化に力を入れた背景には、近代国家となるための富国強兵がその目的としてありました。こうした情勢のなか、江戸時代と同様、明治になっても農村部の人々の生活は苦しく、間引きや捨て子は減りませんでした。

　明治政府は、1871（明治4）年、孤児や棄児に対する救済策として「棄児養育米給与方」を制定しました。1873（明治6）年には、三つ子を出産した貧困家庭を対象とした「三子出産ノ貧困者ヘ養育料給与方」を制定しました。

　1874（明治7）年には、わが国最初の救貧法である「恤救規則*」が制定されました。しかし、この「恤救規則」は「居宅救恤」（在宅者の救済）を原則としていたり、対象を「無告の窮民（身寄りのない者）」のみに限定していたりするなど、きわめて限定的な救貧制度でした。そのため、この制度で救済される子どもは非常に少なかったといえます。また、救

「恤救規則」
1929年の「救護法」制定まで、日本における救貧対策の中心的な法規であった。「恤救規則」による救済対象は「無告の窮民」のうち、①障害者、②70歳以上の高齢者、③病者で極貧の者、④13歳以下の孤児、に該当する者に限定されていた。

済方法は給与米の給付（のちに現金給付に変更）という不十分なもので
した。

2　子どもの保護施設の萌芽

　明治期にも、貧困のために孤児や棄児となる子どもは多く、間引きや
堕胎も頻繁にありました。さらに、富国強兵策のなかで、子どもは「安
価な労働力」として搾取されていました。こうした保護や救済を必要と
する子どもたちに対して、国の救済施策はほとんど整備されていなかっ
たため、個人の宗教的な心情や動機による慈善事業・社会事業が多く展
開されました。

　まず、孤児などを保護・養育する事業が広がっていきました。代表的
なものとして、フランス人修道女ラクロットが設立した養育施設の横浜
慈仁堂（1872［明治5］年、神奈川県）、岩永マキらによる日本人最初
の育児施設の浦上養育院（1874［明治7］年、長崎県）、仏教各宗徒によっ
て設立された福田会（1876［明治9］年、東京都）などがあげられます。

　なかでも、石井十次*が1887（明治20）年に設立した「岡山孤児院」は、
のちの児童養護施設のモデルとなったともいわれる最も有名な施設のひ
とつです（図表5-2）。

人物

石井十次
1865〜1914年
旧高鍋藩（現：宮崎県）出身。岡山医専（現：岡山大学医学部）の医学生としての実習中に、巡礼者の子どもを引き取り「孤児教育会」を設立。医師の道を断念し、その後に設立した岡山孤児院で孤児の教育に専念するに至った。孤児の養育においては、イギリスのバーナード博士の影響を受けていた。

図表5-2 岡山孤児院十二則

1）家族主義	子ども10人ほどの小舎制 家族ごとの個性ある生活を尊重する
2）委託主義	養育の困難な6歳以下の年少の虚弱児・乳幼児は農家に里子に出す 10歳以上の子どもは職業見習いを含め、商店主等に委託する
3）満腹主義	十分な食事は情緒の安定につながる 満腹感を味わうことができるようにする
4）実行主義	職員の積極的な養育姿勢を促す
5）非体罰主義	子どもに体罰を与えない 子どもに自分の行動・行為について考えさせる
6）宗教主義	子どもに祈りを強制しないが、宗教心の涵養を強調する
7）密室教育	悪行への指導は人前で行わず、子どもと密室で静かに話し合う
8）旅行教育	さまざまな生活体験を重ねるために、小グループで旅行する
9）米洗教育	子どもの養育は米を洗うのと同じで、幾度も洗うと澄んだ水になる
10）小学校主義	幼年期は遊ばせ、10歳から尋常小学校で普通教育を受けさせる
11）実業主義	子どもに適した、また本人の希望に応じた職業技術を習得させる
12）托鉢主義	施設経営は、民間の寄付により賄う

3　非行少年の感化事業

　明治時代には、非行少年に対する**感化事業**も発展しました。

　当初の感化院は、良風美俗を乱す者に対して「保護と教化」を行うという社会防衛的な考え方が強くありました。しかし、しだいに、非行少年に対しては、大人の犯罪者を懲罰するのと同様に扱うのではなく、非行を行うまでの子どもの家庭環境や家族関係、教育の有無などの背景について考慮する必要があると考えられるようになりました。つまり、非行を行った罰としての保護・教化ではなく、子どもの育ち直しを助けるような援助、保護、教育を行うことで、子どもの非行性をなくし「感化」しようと考えられるようになったのです。

　こうした非行少年のための施設として、池上雪枝（いけがみゆきえ）が大阪に設立した池上感化院（1883［明治16］年）、高瀬真卿（たかせしんけい）による東京私立感化院（1885［明治18］年）などがあげられます。**留岡幸助**（とめおかこうすけ）[*]が1899（明治32）年に東京の巣鴨に設立した巣鴨家庭学校は、のちの感化院や教護院（現在の児童自立支援施設）のモデルになりました。

　1900（明治33）年には国が「**感化法**」を制定し、各道府県に感化院の設置が義務づけられました。当時、街中には浮浪児が激増し、浮浪児たちによる放火などが頻発し、人々の生活を脅かすものとなっていたため、治安をよくするための法的整備が必要でした。こうした背景のもと、制定された「感化法」は、現在でいう「児童福祉法」と「少年法」との間に位置する内容となっており、公的責任によって子どもの保護（施設入所）を行うことが明記された日本で初めての法律です。

　法律も制度もないなかで、篤志家によって設立された数々の施設に対して、国があとを追う形で、法律や制度を整えていった時代といえます。

4　その他の明治期における子どもに関する社会事業

　保育事業として、1890（明治23）年に**赤沢鍾美**が、新潟に日本で最初の私立託児施設の新潟静修学校付設託児所を設立しました。また、1900（明治33）年には、**野口幽香**らが東京に貧困家庭の子どもを対象とした**二葉幼稚園**（のちの二葉保育園）を設立しました。

　盲ろうあ児を対象としたものとして、1878（明治11）年に京都盲唖院（もうあ）、1880（明治13）年に東京楽善会（らくぜんかい）東京訓盲院（くんもういん）が開設されました。

　石井亮一[*]が1891（明治24）年の濃尾大地震による孤児を保護するために東京都内に設立した孤女学院は、その後、知的障害児施設の**滝乃川学園**になりました。1909（明治42）年には、脇田良吉が京都に知的障害のある子どものための施設として白川学園を設立しました。

■人物
留岡幸助
1864～1934年
旧備中藩（現：岡山県）出身。同志社神学校（現：同志社大学）を卒業後、教会牧師を経て、北海道空知監獄の教誨師（きょうかいし）となる。アメリカで感化事業を学び、日本における未成年犯罪者の処遇に疑問を抱く。1898年に巣鴨監獄の教誨師となり、翌年アメリカでの学びを具現化する形で「巣鴨家庭学校」を創設した。

■人物
石井亮一
1867～1937年
旧鍋島藩（現：佐賀県）出身。築地立教学校（現・立教大学）卒業後、立教女学校の教諭となる。1891年に設立した「孤女学院」の中に知的障害児がいたことをきっかけに、その後、知的障害児の福祉・教育に専念することにした。

5　大正期における子どもと家庭に対する社会事業

　大正期に入った1914（大正3）年、第一次世界大戦の勃発が日本にも影響を及ぼし、庶民の生活はますます厳しいものになっていきました。1918（大正7）年には、富山県から始まった米騒動が全国へと広がり、労働運動や農民運動が盛んになっていきました。

　こうした状況を受け、1917（大正6）年には、内務省地方局に救護課が設けられ、翌年には大阪方面委員制度（現在の民生委員の前身）ができました。これにより、救貧民への救済活動が全国へと広がり、社会政策や社会事業も拡大していきました。

　1915（大正4）年には東京の本郷に、子どもの発育や保護の相談を受ける相談所が、日本で初めて開設されました。その4年後の1919（大正8）年には、現在の児童相談所の前身といえる大阪市立児童相談所が設立され、妊産婦の健康や育児知識の普及、子どもや家庭に関する幅広い相談事業が行われました。

　1920（大正9）年には東京府児童保護委員制度が開始され、不良児や浮浪児、未就学児、貧困児童、障害児童などを対象とした個別支援や保護が行われました。さらに翌年は東京府児童研究所が開設され、研究相談事業がスタートしました。また、この時代には、肢体不自由児に対する保護や援助活動が行われるようになりました。

　1916（大正5）年から、医師であった**高木憲次**＊が、肢体不自由児の巡回療育相談事業を開始しました。また、柏倉松蔵は1921（大正10）年、東京小石川に肢体不自由児の施設としてクリュッペルハイム柏学園を設立しました。

演習課題

①子ども家庭福祉の先覚者の中から1～2名を選び、その業績についてくわしく調べてみましょう。
②古代、明治期、大正期とそれぞれの時代において、「子どもがおかれていた状況」「子どもの生活状況」には、どのような特徴があるでしょうか。違いと共通点について考えてみましょう。
③明治期・大正期に成立した法律や制度等で、現在の日本の子ども家庭福祉施策につながっているものを選び、調べてまとめてみましょう。

■人物
高木憲次
1889～1963年
肢体不自由児施設の生みの親ともいわれる。当時の東京大学整形外科名誉教授。ドイツの身体障害児施設クリュッペルハイム訪問後、同様の施設を日本に設立する必要性を主張。1942年、東京に整肢療護園を開設した。また、1947年制定の「児童福祉法」の中に「肢体不自由児施設」が児童福祉施設として位置づけられるよう尽力した。

子ども家庭福祉の歴史（2）昭和以降

本レッスンでは、昭和期から平成前期にかけての子ども家庭福祉の歴史について学びます。その時代ごとに、子どもの立場や生活、子育て家庭を取り巻く状況がどのようなものだったのかを理解するとともに、子どもと家庭への福祉がどのように変化してきて現在につながっているのか、一緒に考えていきましょう。

1. 昭和前期

　昭和期に入ると、1929（昭和4）年に「恤救規則」に代わる、新たな救貧法として「**救護法**」が制定されました。しかし、厳しい財政事情により、施行は1932（昭和7）年になりました。この法律では、保護の対象として、13歳以下の幼者および妊産婦が規定されましたが、これまでの「恤救規則」と同様、扶助の対象者や内容は厳しく制限されたものでした。しかしながら、育児施設等がこの法律によって「救護施設」として指定され、国からの補助を受けることができるようになり、制度としては一歩前進しました。

　1933（昭和8）年には「**児童虐待防止法**」が制定され、子どもの酷使や虐待、人身売買など、子どもに対する不当で不適切な扱いを禁止することが法律として明文化されました。これらの禁止行為は、現在の「児童福祉法」にも継承されています。また、この法律では、入所施設としての「児童虐待防止施設」が規定されました。

　同じく1933（昭和8）年、「**感化法**」が「**少年教護法**」と改められ、感化院は「少年教護院」に改称されました。

　1937（昭和12）年には「母子保護法」が成立し、13歳以下の子どもをもつ貧困母子家庭に対する保護について規定されました。また、翌1938（昭和13）年には、社会事業における人的確保や育成のための課題を担う行政機関として**厚生省**が国に設置されました。

　大正期から昭和前期にかけて、子どもや子育て家庭に対する保護・救済制度は、少しずつ前進してきていました。しかし、日中戦争から太平洋戦争へと戦時体制が進むなかで、子どもへの福祉というよりは、戦争遂行のための小国民育成、労働力としての子ども育成といった点に焦点が当てられるようになっていきました。

◆ 補足

「児童虐待防止法」
ここでいう「児童虐待防止法」は、現行の「児童虐待防止法」とは異なり、14歳未満の児童に対する虐待を防止し、これを保護・救済することを目的とした法律である。児童の身売り、欠食児童や母子心中などの事件発生を背景に、1933（昭和8）年に公布されたが、戦後の「児童福祉法」の成立に伴い、1947（昭和22）年に廃止された。

2．第二次世界大戦後の混乱と子どもの福祉

　1945（昭和20）年8月15日、日本は第二次世界大戦の敗戦国となりました。この戦争によって親や保護者を失った**戦災孤児**が急増し、こうした子どもたちの保護・救済事業が、当時の日本にとっての危急の課題となりました。戦災孤児たちは、自分の命を守るために、物乞いをしたり、ときには盗みをはたらいたりするなどして、その日その日を生き抜いていました。彼らは「浮浪児」と呼ばれ、治安を悪くする存在として疎まれたりもしていました。

　こうした戦災孤児・浮浪児たちには、社会的養護による保護・養育が必要でした。戦前から運営されていた育児施設や感化施設などが、こうした戦災孤児たちの保護・収容を行いましたが、その資源は圧倒的に不足していました。政府は、戦災孤児などの緊急対策として、1945（昭和20）年9月に「戦災孤児等保護対策要綱」を決定し、翌年4月には厚生省が「浮浪児その他の児童保護等の応急措置実施に関する件」という通達を出しました。さらに同年9月には、大都市圏に「主要地方浮浪児等保護要綱」が通知されました。

　しかし当時、日本を占領していたGHQ（連合国軍最高司令官総司令部）による「公私分離の原則」に基づき、孤児たちを収容していた施設に対する国からの公的な財政援助などはありませんでした。そのため、**ララ（LARA：Licensed Agencies for Relief in Asia＝アジア救援連盟）**[*]による救済援助によって急場をしのぐ状況でした。

3．「児童福祉法」の制定

　戦災孤児など、保護を必要とする子どもに対する応急的な対策だけではなく、すべての子どもたちの福祉を実現することを目的として、1947（昭和22）年に「**児童福祉法**」が制定されました。この法律は、戦後、日本が新たな民主主義国家へ再建することをめざして制定された新憲法の理念に基づき、初めて「福祉」という言葉が用いられた法律です。

　この「児童福祉法」によって、戦前から運営されていた育児施設、「児童虐待防止法」による母子施設、疎開学童寮から転身した施設、戦後に孤児収容を始めた施設などが、「養護施設」として認可されることになりました。

✳ **用語解説**
ララ（LARA）
ララは、その活動を通して、1946年以降、施設で生活する子どものみならず、わが国の多くの子どもたちに食料や衣類、石けんなどの日用品をはじめ、当時入手困難だったものを救援物資として提供し、これらの物資は「ララ物資」と呼ばれた。また、現在の学校給食の前身は、ララによる施設や学校への給食支援であった。

4．「児童憲章」の制定

　1951（昭和26）年には、「対日講和条約」および「日米安保条約」が成立し、日本は独立を取り戻し、国として再出発しました。

　同年 5 月 5 日（こどもの日）には「**児童憲章**」*が制定されました。戦後復興期につくられたということもあり、子どもについて「守られるべき」「保護されるべき」と受動的権利について強調して書かれてはいますが、子どもを大切な存在として守っていこうという理念が明確に示された、画期的なものでした。

✺ **用語解説**
「児童憲章」
「日本国憲法」の精神に基づき、児童に対する正しい観念を確立し、すべての児童の幸福を図るために定められた児童の権利宣言。1951年 5 月 5 日、広く全国各都道府県にわたり、各界を代表する協議員236名が、児童憲章制定会議に参集して、3 つの基本綱領と12条の本文からなる「児童憲章」を制定した。

5．児童福祉の整備拡充

1 ▶ 健全育成と母子福祉の前進

　昭和30年代に入ると、「**高度経済成長期**」と呼ばれる時期に入り、社会福祉においても、戦後処理の段階から整備拡充への動きが見え始めてきました。

　しかし当時は、経済成長のゆがみから少年非行の増加や非行の低年齢化が進み、すべての子どもの健全育成対策（母子保健、非行防止、事故防止など）の必要性が指摘され始めました。

　離婚や親の家出・失踪^{しっそう}の増加等により、ひとり親家庭が増加するなか、1961（昭和36）年に、母子家庭を対象に金銭給付等を行う「**児童扶養手当法**」が制定されました。これに先駆けて1952（昭和27）年には、母子福祉資金貸与が制度化されていましたが、これを継承し、さらに内容を充実させた形で、1964（昭和39）年に「**母子福祉法**」が制定されました。これによって、母子福祉資金の内容の整備、母子相談員の常勤配置などが行われ、母子福祉施策は大きく前進しました。

　1965（昭和40）年には、「**母子保健法**」が制定されました。この法律は、母性保護の尊重、乳幼児の健康の保持・増進などを目的としています。

　1962（昭和37）年、「軽度の非行少年」への早期対応および予防的対応を目的に、情緒障害児短期治療施設（2017［平成29］年 4 月 1 日より児童心理治療施設に改称）が新たな児童福祉施設として設置されました。また、1971（昭和46）年には、「**児童手当法**」が制定され、子育て家庭と子どもに対する福祉が拡充しました。

✦ **補足**
「母子福祉法」
のち1981年に「母子及び寡婦福祉法」に、2014年に「母子及び父子並びに寡婦福祉法」に改められた。

2　障害児福祉の前進

1958（昭和33）年に草野熊吉が東京都東村山市に秋津療育園を、1961（昭和36）年には小林提樹が東京都多摩市に島田療育園を開設しました。さらに1963（昭和38）年には、糸賀一雄*が滋賀県草津市に「びわこ学園」を開設し、重度の障害児の保護に加えて専門的な療育・養護を展開しようとしました。こうした取り組みを受け、1967（昭和42）年には「児童福祉法」のなかで、新たに重症心身障害児施設が児童福祉施設として位置づけられることになりました。

1964（昭和39）年には「重度精神薄弱児扶養手当法」が制定されました。この法律は、その後、「**特別児童扶養手当等の支給に関する法律**」と改められ、重度の心身障害をもつ子どもなどに支給される各種手当について定められています。

さらに、1975（昭和50）年には障害児保育事業が開始されるなど、障害児のための福祉が大きく前進しました。

6．オイルショックから平成まで

1　幻の「福祉元年」

政府は、1973（昭和48）年を「福祉元年」として、西欧の福祉先進国をモデルとする福祉国家に向けて前進することを宣言しました。しかし、その年の後半には第一次オイルショックに見舞われ、日本経済はインフレーションと不況によって低成長期に移行し、社会福祉予算も大幅に縮減されることになりました。

2　保育制度の整備

1970年代半ばから、「ベビーホテル*」と呼ばれる認可外保育施設での乳幼児の死亡事件が相次ぎ、国会でも取り上げられるほどの社会的事件になりました。これに対応するために、1980（昭和55）年には、全国のベビーホテル実態調査が行われ、その結果を受けて、翌年から夜間保育や延長保育の制度化や、社会的養護関係施設における短期入所制度が開始されました。

また、女性の高学歴化にともなう社会進出が進み、子育てと就労の両立志向が顕著になりました。さらに、働き方の多様化やひとり親世帯の増加などもあり、保育ニーズは多様化し、延長保育や休日保育など、多様な保育サービスの需要が高まってきました。もともとベビーホテル対

👤人物

糸賀一雄
1914〜1968年
1946年に知的障害児施設「近江学園」を、1963年に重症心身障害児施設「びわこ学園」を設立。先駆的療育の実践と研究に尽力し「障害児福祉の父」と呼ばれた。著書『福祉の思想』の中で、重症心身障害児の権利保障の必要性を主張し、「この子らを世の光に」と訴え続けた。

✖用語解説

ベビーホテル
20時以降の夜間に及ぶ保育、あるいは宿泊をともなう保育を提供する認可外保育施設の通称。事業所内保育施設や院内保育所は除く。1960年代以降、都市部を中心に急増したが、法的な規制や施設設備基準等が未整備だったため、保育中の子どもの死亡事故が相次ぎ、社会問題となった。

策として開始された延長保育や夜間保育制度は、こうした保育ニーズの多様化に対応する制度として機能していくことになります。

その一方で、**バブル景気**（1980年代後半から1990年代前半）と呼ばれる実体をともなわない景気拡大や少子化傾向も影響して、保育所の利用者は減少傾向になりました。また、この時代は**サラ金問題**が社会問題化し、社会的養護を必要とする子どもの入所理由にも変化がみられた時期でした。加えて、一般家庭の子どもの高校進学率が9割を超えるなか、児童養護施設の子どもの高校進学率は5割に満たない実態であり、改善・対策が必要な状況でした。

3 少子化対策の始まり

1989（平成元）年には、日本の合計特殊出生率が1.57を記録しました。これは、戦後最低の出生率だった1966（昭和41）年（**丙午の年**[*]）を下回っており「**1.57ショック**」と言われました。同年の『厚生白書』には、初めて「**少子化**」という言葉が登場し、以後、少子化対策が日本において重要な政策課題のひとつになっていきました。

1994（平成6）年には「今後の子育て支援のための施策の基本的方向について（**エンゼルプラン**）」が策定されました。これは5か年計画だったため、5年後の1999（平成11）年には「重点的に推進すべき少子化対策の具体的実施計画について（**新エンゼルプラン**）」が、2004（平成16）年には「少子化社会対策大綱」とその具体的実施計画である「少子化社会対策大綱に基づく重点施策の具体的実施計画について（子ども・子育て応援プラン）」が策定されました。

4 「児童の権利に関する条約」批准（1994年）

1989（平成元）年に国際連合で採択された「児童の権利に関する条約（子どもの権利条約）」に、日本も1994（平成6）年に批准しました。その後、さまざまな分野から、子どもの権利に関する研究が進められました。

同じ時期の、国連の**国際児童年**[*]（1979［昭和54］年）、**国際障害者年**[*]（1981［昭和56］年）、**国際家族年**[*]（1994［平成6］年）などの動きも含め、国際動向が日本の子ども家庭福祉政策に大きな影響を与えた時期でした。

5 1997年「児童福祉法」改正

1997（平成9）年には、50年ぶりに「児童福祉法」の大幅な改正がなされました。この法改正のポイントは、以下の4つです。

①保育所の措置制度の廃止

　保育所の利用について、一定の社会的要件を満たしていると自治体が認めた保護者の申込みについて「市町村は保育を行わなければならない」と規定されるとともに、保護者が利用したい保育所を選ぶことのできる利用方式が導入されました。

②児童福祉施設の名称変更と目的の変更

　各種児童福祉施設の名称変更が行われるとともに、施設の目的として「子どもの自立支援」が明記されるなど、子どもの自立支援と権利擁護の視点が明確にされたことが特徴としてあげられます。名称変更により養護施設が児童養護施設となり、教護院は児童自立支援施設に、母子寮は母子生活支援施設になりました。虚弱児施設は廃止され、児童養護施設に統合されました。さらに、情緒障害児短期治療施設（現：児童心理治療施設）では満20歳まで入所が可能になりました。

③母子世帯の相談支援体制の拡充

　ひとり親、とりわけ母子世帯への支援体制の充実が図られました。

④地域の相談支援体制の拡充

　児童養護施設等に付設されるものとして児童家庭支援センターが創設されました。比較的軽微な子ども家庭に関する課題について、専門スタッフが相談・助言を行うものです。児童相談所よりも地域に密着した支援ができることが期待されました。

　また、放課後児童健全育成事業が国の補助金対象となり、共働き世帯の子育て支援施策が拡充されたといえます。

演 習 課 題

①子どものニーズや子育て家庭のニーズは、時代とともにどのように変化してきたのでしょうか。年表を作って確かめてみましょう。

②「児童の権利に関する条約」を調べてみましょう。条約に謳われている一つひとつの「子どもの権利」について、具体的にどのような内容なのか話し合ってみましょう。

③あなたの住んでいる地域には、どのような保育サービス、資源があるでしょうか。調べて発表してみましょう。

子ども家庭福祉に関わる国の施策

本レッスンでは、2000年から2021年頃までの日本における子ども家庭福祉施策について学びます。「児童福祉法」がどのように改正されてきたのか、少子化対策、子ども虐待対策、地域子育て支援施策などの充実を図りながら、現在の「子ども・子育て支援新制度」に至った経緯について、整理しながら理解していきましょう。

1. 「児童福祉法」の改正の経緯

1 2000（平成12）年「児童福祉法」の一部改正

「児童福祉法」は戦後間もない1947（昭和22）年に、すべての子どもたちの福祉の実現をめざして制定されたものでした。

それから50年以上が経過し、また2000（平成12）年に「**社会福祉法**[*]」が施行されたこともあり、この改正では、児童短期入所（ショートステイ）事業に係る事務を都道府県から市町村に委譲、児童居宅介護等事業、児童デイサービス事業、児童短期入所事業に対する支援費支給制度の導入、障害児相談支援事業の法定化、母子生活支援施設と助産施設の選択利用方式導入などが行われました。

2 2001（平成13）年「児童福祉法」の一部改正

当時、都市化の進行により家族の子育て力の脆弱化等が指摘されるようになっていました。そのため、この改正では、地域で子どもが安心して健やかに成長できるようにすることが目的とされました。

具体的には、児童委員の職務の明確化と資質向上、**主任児童委員**[*]の法定化を含めた児童委員活動の活性化等が行われました。また、認可外保育施設が提供するサービスに関する情報公開および監督強化、保育士資格の法定化、保育士の業務としての「子どもの保護者に対する保育に関する指導の責務」の規定、認可保育所整備促進のための公設民営方式の推進等にかかる措置等が行われました。

3 2003（平成15）年「児童福祉法」の一部改正

2003年に「**次世代育成支援対策推進法**」が成立したことにともない、「児童福祉法」についても、市町村における子育て支援事業の実施、市町村

⊕ 用語解説

「社会福祉法」
1951年制定の「社会福祉事業法」が2000年に改正されて生まれた。福祉サービスの利用について、それまで行政主体の「措置制度」から、利用者主体の「支援費制度」へと移行されたのが大きな変革といえる。

⊕ 用語解説

主任児童委員
主任児童委員は、民生委員・児童委員の中から指名され、子ども家庭福祉に関する事項を専門的に担当する者とされている。1994年「主任児童委員の選任について」（厚生省局長連名通知）に基づいて創設され、2001年の「児童福祉法」改正で法定化された。

保育計画の作成等が規定されました。また、乳児院、児童養護施設、母子生活支援施設等において、地域の子育て家庭における養育について相談・助言を行うことなどが新たに規定されました。

4　2004（平成16）年「児童福祉法」の一部改正

この改正では、次世代育成支援対策をさらに推進するために、児童虐待防止対策の推進、新たな**小児慢性特定疾患**（現：**小児慢性特定疾病**[*]）対策の確立等を目的とした改正が行われました。

具体的には、①市町村における子ども家庭相談の実施義務、②地方公共団体における**要保護児童対策地域協議会**[*]の設置、③乳児院および児童養護施設の入所児童に関する年齢の見直し、④児童自立生活援助事業における就業支援、⑤里親の定義規定の新設と権限の明確化、⑥要保護児童にかかる家庭裁判所の承認を得て行う措置の有期限化と保護者の指導に関する家庭裁判所の勧告、⑦慢性疾患児童の健全な育成を図るための措置、⑧保育料の収納事務の私人委託、⑨「児童の売春、児童買春及び児童ポルノに関する児童の権利に関する条約」の選択議定書の締結に必要な規定（国外犯処罰規定）の整備、などが新たに規定される大幅な改正でした。

5　2008（平成20）年「児童福祉法」の一部改正

2007（平成19）年に出された「**子どもと家族を応援する日本**」の重点戦略を踏まえ、新たな子育て支援サービスの創設、被虐待児童をはじめとする要養護児童を対象とした社会的養護の充実、仕事と生活の両立（ワーク・ライフ・バランス）実現のための取り組みなどが盛り込まれました。

具体的には、①**乳児家庭全戸訪問事業**、②**養育支援訪問事業**、③**地域子育て支援拠点事業**、④一時預かり事業、⑤家庭的保育事業などが法律上に位置づけられました（図表7-1）。また、社会的養護を拡充するために、養子縁組を前提とする里親と養育里親が区別化されるとともに、小規模住居型児童養育事業（ファミリーホーム）が創設されました。さらに、施設内虐待の発見者の通告義務が規定されました。

6　2017（平成29）年「児童福祉法」の一部改正

2017（平成29）年4月から施行された「改正児童福祉法」では、「児童福祉法」の理念として初めて国連の「子どもの権利条約」に関する内容が明記され、その理念が明確化されたほか、国・都道府県・市町村の

＊　用語解説

小児慢性特定疾病
子どもの慢性疾患のうち、小児がんなど、治療しないと子どもの発育や生命に重大な影響をもち、治療期間が長期で高額な治療費を要する特定の疾病。2021年現在16疾患群（738疾病）がその対象として国に認定されている。健康保険の自己負担分が全額、または所得に応じて一部、公費により給付される。

要保護児童対策地域協議会
2004年の「児童福祉法」改正によって法定化された、市町村における子ども家庭相談体制強化を図るための協議会。要保護児童の早期発見や援助、保護を図るため、地域の関係機関や民間団体等とで相互に情報や意見等を共有し、適切な連携のもとで援助を展開するためのネットワークである。
→レッスン21

参照
家庭的保育事業、一時預かり事業
→レッスン17

◆　補足
「児童福祉法」改正
2020（令和2）年4月から施行された「改正児童福祉法」では、児童虐待防止対策の強化を図るため、児童の権利擁護（体罰の禁止の法定化等）、児童相談所の体制強化、児童相談所の設置促進、関係機関間の連携強化などについて定められた。

図表7-1 2008年「児童福祉法」の一部改正より

乳児家庭全戸訪問事業

　通称「こんにちは赤ちゃん事業」。原則として、生後4か月までの乳児のいるすべての家庭を母子保健推進員や児童委員等が訪問し、子育てに関するさまざまな不安や悩みを聞き、子育てに関する情報提供や助言を行うとともに、支援が必要な家庭に対して適切なサービスにつなげるなどの支援を行う事業。実施主体は市町村。

養育支援訪問事業

　要支援児童の居宅等において、保育士や保健師などの専門知識や経験を有する者が養育に関する相談、指導、助言を行う事業。実施主体は市町村。

地域子育て支援拠点事業

　乳幼児およびその保護者が相互の交流を行う場所を開設し、子育てについての相談、情報提供、助言その他の援助を行う事業。実施主体は市町村。

役割が明確に位置づけられました。具体的には、「母子保健法」の改正とあわせた子育て世代包括支援センターの法定化、市町村における支援拠点整備の努力義務、専門職配置の促進等を含む要保護児童対策地域協議会の機能強化、児童相談所設置自治体の拡大の推進、児童相談所への①児童心理司、②医師又は保健師、③指導・教育担当児童福祉司の配置、弁護士の配置またはこれに準ずる措置等による児童相談所の機能強化について示されました。さらに、都道府県（児童相談所）の業務として、里親支援、養子縁組に関する相談・支援を位置づけました。また、社会的養護を必要とする子どもについて、原則、施設ではなく里親等家庭的な養育環境を保障するよう努めることと明記されました。

　社会的養護に関する内容については、情緒障害児短期治療施設が「児童心理治療施設」に名称変更されるとともに（第43条の2）、児童自立生活援助事業の対象年齢が「学校教育法」に規定する高等学校の生徒、大学の学生、その他厚生労働省の定める者は満22歳に達する日の属する年度末までに延長されるとともに、養子縁組里親が法定化されました（第6条の4）。

2．「少年法」の改正

　「**少年法**」は、少年の健全な育成を期し、非行のある少年に対して性格の矯正及び環境調整に関する保護処分を行うとともに、少年の刑事事件について、特別の措置を講じることを目的としています。

　2022（令和4）年4月から施行の改正少年法のポイントは以下の3点です。

　第一に、少年法の適用のあり方の変更です。改正少年法では、これまで法が適用されなかった18・19歳の少年についても「特定少年」として引き続き少年法が適用され、全件が家庭裁判所に送られ、家庭裁判所が処分を決定します。ただし、原則**逆送**対象事件の拡大や逆送決定後は20歳以上の者と原則同様に取り扱われるなど、17歳以下の者とは異なる取扱いがなされることになります。たとえば、「特定少年」の有期懲役刑の期間の上限は30年（17歳以下の少年の場合は15年）になります。

　第二に、原則逆送対象事件の拡大です。原則として逆送決定がされる原則逆送対象事件に、18歳以上の少年（特定少年）のときに犯した死刑、無期又は短期（法定刑の下限）1年以上の懲役・禁錮に当たる罪の事件が追加されます。例えば、現住建造物等放火罪、強盗罪、強制性交等罪、組織的詐欺罪などがこれに該当します。

　第三に、実名報道の解禁です。現在は、少年のとき犯した事件については、犯人の実名・写真等の報道が禁止されています。しかし、改正法では、18歳以上の少年（特定少年）のときに犯した事件について起訴された場合には、禁止が解除されます。ただし、略式手続（非公開の書面審理により一定額以下の罰金・科料を科す手続）の場合は実名報道解禁の対象外となります。

✦補足

逆送

「逆送」とは正確には検察官送致という。少年事件において、さまざまな事情（非行歴や心身の成熟度、性格や事件の内容等）を考慮して、保護処分ではなく刑事処分が妥当であると家庭裁判所が判断した場合に、その事件が家庭裁判所から検察官に送り返されて成人と同じ刑事裁判にかけられることをいう。改正前の少年法で、原則逆送対象となる事件は、16歳以上の少年のときに犯した故意の犯罪行為により被害者を死亡させた場合である。

3．「児童虐待の防止等に関する法律」の制定と改正

1　制定の背景と趣旨

　「児童虐待の防止等に関する法律（児童虐待防止法）」は、児童虐待の増加といった深刻な状況を踏まえ、2000（平成12）年に制定された法律です。この法律では、日本で初めて「**児童虐待**」が法的に定義されました。また、国や地方公共団体の責務、児童虐待の早期発見・通告、通告または送致を受けた場合の措置、立入調査などについて規定され、「児童福祉法」と一体となって運用されることが想定された画期的な法律でした。

2　2004（平成16）年の改正

この改正では、以下の5点が行われました。

①児童虐待の定義の見直し

　　1）配偶者等による"虐待を見て見ないふりをする行為"を**ネグレクト**に追加

　　2）子どもの前でのDV（**面前DV**[*]）を心理的虐待に追加

②国および地方公共団体の責務の強化

③児童虐待にかかる通告義務の拡大

④警察署長に対する援助要請

⑤施設入所中の面会・通信の制限

3　2007（平成19）年以降の改正

2007（平成19）年の改正では、児童虐待防止対策の強化を図るため、以下の内容が規定されました。

①通告があった場合の児童の安全確認のための立入調査等の強化

②保護者に対する面会・通信の制限

③保護者に対する指導に従わない場合の措置の明確化

④国および地方公共団体による重大な児童虐待事例の分析の実施

　なかでも、④の「**重大な児童虐待事件の分析**」については、「児童虐待防止法」施行後も、子どもが虐待によって死亡するという事例があとを絶ちませんでした。こうした事態を防止するために、2004年に改正された「児童虐待防止法」に基づき、社会保障審議会児童部会に設置された専門委員会において、子ども虐待死亡事例の検証が行われています。

　直近では、2021（令和3）年8月に第17次報告が公表されました。この報告では、2019（平成31）年4月1日から2020（令和2）年3月31日までに、発生あるいは表面化した子ども虐待による死亡事例72例（78人）を対象とした分析結果と、これまでの分析を踏まえた「子ども虐待による死亡事例等を防ぐためのリスクとして留意すべきポイント」等が盛り込まれています。

　2016（平成28）年に「児童福祉法」とともに改正された「児童虐待防止法」では、児童福祉法の理念、国・都道府県・市町村の役割の明確化に加え、満20歳未満の者への措置等の対象拡大が定められました。

　2018（平成30）年4月に施行された「児童虐待防止法」の一部改正では、虐待を受けている児童等の保護を図るため、里親委託・施設入所の措置の承認の申立てがあった場合に家庭裁判所が都道府県に対して保護者指導を勧告することができることとする等、児童等の保護についての司法

✴ 用語解説

面前DV

子どもが同居する家庭における、配偶者間の暴力のこと。子どもに直接暴力をふるわなくとも、父母間の暴力を日常的に見て生活することは、子どもの心に甚大な影響を及ぼすとして、心理的虐待に該当すると2004年の改正「児童虐待防止法」で定義された。直近の児童相談所における児童虐待の相談対応件数（令和2年度・速報値）は過去最多の20万5,029件に上った。そのうち最も多かったのが「心理的虐待」であったが、その背景にはこの面前DVの件数の多さがあるのではないかと指摘されている。

関与を強化する等の措置を講ずることとされました。

　2020年（令和2）年4月に改正児童福祉法とともに施行された改正児童虐待防止法では、親がしつけに際して**体罰**を加えることを禁止するとともに、児童相談所等の体制強化に関する内容が定められました。

参照
体罰
→レッスン30

4．「DV防止法」の制定と改正

　「配偶者からの暴力の防止及び被害者の保護等に関する法律」は、家庭内暴力（**DV＝ドメスティック・バイオレンス**）の防止および被害者の保護を目的として、2001（平成13）年に制定された法律で、「**DV防止法**」とも呼ばれます。配偶者からの暴力にかかる通報、相談、保護、自立支援などの体制を整備するための内容になっています。その後、数度にわたる改正により、暴力の定義の変更や保護命令制度の拡充などが行われました。

5．「次世代育成支援対策推進法」の制定

　次代の社会を担う子どもが健やかに生まれ、育成される環境を整備するために、2003（平成15）年に「次世代育成支援対策推進法」が制定されました。国や地方公共団体、事業主および国民が果たすべき責務について明らかにしています。

　具体的には、すべての都道府県および市町村は、2005年度から5年を1期とする「次世代育成支援前期行動計画」を策定することが義務づけられ、2010年度からは「後期行動計画」がすべての自治体で実施されました。

　また、国および地方公共団体等（特定事業主）ならびに従業員101名以上の事業主（一般事業主）も、行動計画策定指針に基づいた事業主行動計画を策定、公表しています（図表7-2）。

　なお、この法律は10年間の時限立法でしたが、法律の有効期限が2025（令和7）年3月31日まで10年間延長されました。

◆補足
「次世代育成支援対策推進法」
次世代育成支援にかかる国、地方公共団体、事業主及び国民の責務を明らかにするとともに、市町村と都道府県に具体的な行動計画を策定することを義務づけている（第8条と第9条）。

図表 7 - 2 行動計画の種類と盛り込むべき内容

	盛り込むべき内容
市町村行動計画	①地域における子育て支援 ②母性並びに乳児及び幼児の健康の確保及び増進 ③子どもの心身の健やかな成長に資する教育環境の整備 ④子育てを支援する生活環境の整備 ⑤職業生活と家庭生活との両立の推進 ⑥子ども等の安全の確保 ⑦要保護児童への対応等きめ細やかな取組の推進
都道府県行動計画	市町村行動計画と同様の内容であるが、市町村行動計画を踏まえて具体的な目標を設定
一般事業主行動計画	①子育てを行う労働者等の職業生活と家庭生活との両立を支援するための雇用環境の整備 ②働き方の見直しに資する多様な労働条件の整備 ③地域における子育て支援等行う労働者等

出典：才村純ほか編著『児童や家庭に対する支援と子ども家庭福祉制度（第 3 版）』ミネルヴァ書房、2015年、95頁

6．「少子化対策」から「子ども・子育て支援」へ

　エンゼルプラン、新エンゼルプランを経て、2004（平成16）年には「**少子化社会対策大綱**」とその具体的実施計画である「少子化社会対策大綱」に基づく重点施策の具体的実施計画について（子ども・子育て応援プラン）」が策定されました。さらに、2010（平成22）年に「**子ども・子育てビジョン**」が閣議決定され、以下の 3 つの基本理念が示されました。
①子どもが主人公（**チルドレン・ファースト**）
②「少子化対策」から「子ども・子育て支援」へ
③生活と仕事と子育ての調和
　2012（平成24）年には、子ども・子育て支援制度の実現を期して「**子ども・子育て関連 3 法**」（「子ども・子育て支援法」「就学前の子どもに関する教育、保育等の総合的な提供の推進に関する法律の一部を改正する法律」「子ども・子育て支援法及び就学前の子どもに関する教育、保育等の総合的な提供の推進に関する法律の一部を改正する法律の施行に伴う関係法律の整備等に関する法律」）が制定されました。そして、2015（平成27）年には新たな大綱として、「少子化社会対策大綱〜結婚、妊娠、子供・子育てに温かい社会の実現をめざして〜」が閣議決定され、日本の子ども家庭福祉は、「子ども・子育て支援新制度」へと進んでいくことになります。
　さらに、2020年 5 月には、2004年、2010年、2015年に続く第 4 次の大綱として「少子化社会対策大綱〜新しい令和の時代にふさわしい少子

図表7-3 新しい社会的養育ビジョン

①意義

●**平成28年児童福祉法改正の理念を具体化**
⇒「社会的養護の課題と将来像(H23.7)」を全面的に見直し、「新しい社会的養育ビジョン」に至る工程を示す

〈平成28年児童福祉法改正〉
◆子どもが権利の主体であることを明確にする
◆家庭への養育支援から代替養育までの社会的養護の充実
◆家庭養育優先の理念を規定し、実親による養育が困難であれば、特別養子縁組による永続的解決(パーマネンシー保障)や里親による養育を推進

②骨格

●**市町村におけるソーシャルワーク体制の構築と支援メニューの充実を図る**
◆保育園における対子ども保育士数の増加、ソーシャルワーカーや心理士の配置
◆貧困家庭の子ども、医療的ケアを要する子どもなど、状態に合わせてケアを充実
◆虐待、貧困の世代間連鎖を断つライフサイクルを見据えたシステムの確立
◆虐待の危険が高く集中的な在宅支援を要する家庭に対する分離しないケアの充実

●**代替養育の全ての段階において、子どものニーズに合った養育を保障**
◆代替養育は家庭での養育が原則、高度に専門的なケアを要する場合「できる限り良好な家庭的な養育環境」を提供し、短期の入所が原則
◆フォスタリング業務の質を高める里親支援事業等の強化、フォスタリング機関事業の創設
◆児童相談所は永続的解決を目指し、適切な家庭復帰計画を立て市町村・里親等と実行、それが不適当な場合は養子縁組等のソーシャルワークが行われるよう徹底

③実現に向けた工程

●29年度から改革に着手し、目標年限を目指し計画的に進める(市町村支援の充実による潜在的ニーズの掘り起こし、代替養育を要する子どもの数の増加可能性に留意)

〈市町村の子ども家庭支援体制の構築〉
・子どものニーズにあったソーシャルワークをできる体制の確保 概ね5年以内
・支援メニューの充実 30年度から開始、概ね5年後までに各地で行える
・在宅措置、通所措置の支援内容に応じた公費負担制度の構築 できるだけ早く

〈児童相談所・一時保護改革〉
・中核市による児童相談所設置が可能となるような計画的支援 法施行後5年目途
・養育体制の強化等により、子どもの権利が保障された一時保護 概ね5年以内
・養子縁組推進を図るソーシャルワークを行える十分な人材確保 概ね5年以内

〈里親への包括的支援体制(フォスタリング機関)の抜本的強化と里親制度改革〉
・フォスタリング機関による質の高い里親養育体制の確立 32年度には全国実施
・フォスタリング機関事業実施のためのプロジェクトチームの発足 29年度中
・新しい里親類型(一時保護里親、専従里親等)の創設 33年度を目途

〈永続的解決(パーマネンシー保障)としての特別養子縁組の推進〉
・「特別養子縁組制度の利用促進の在り方」報告に沿った法制度改革 速やかに
・児童相談所と民間機関が連携した養親・養子支援体制の構築 一日も早く
・年間1,000人以上の特別養子縁組成立 概ね5年以内

〈乳幼児の家庭養育原則の徹底と、年限を明確にした取組目標〉
・全年齢層にわたる里親委託率向上に向けた取組 今から
・3歳未満:75%以上 概ね5年以内 3歳以上・就学前:75%以上 概ね7年以内
学童期以降:50%以上 概ね10年以内

〈子どものニーズに応じた養育の提供と施設の抜本改革〉
・ケアニーズに応じた措置費・委託費の加算制度の創設 できるだけ早く
・小規模化、地域分散化、常時2人以上の職員配置 概ね10年以内

〈自立支援(リービング・ケア、アフター・ケア)〉
・ケア・リーバー(社会的養護経験者)の実態把握、自立支援指針の作成 30年度まで
・代替養育機関、アフターケア機関の自立支援の機能を強化 概ね5年以内

〈担う人材の専門性の向上など〉
・社会的養護に係る全機関の評価を行う専門的評価機構の創設 概ね5年以内
・業務統計や虐待関連統計の整備、データベースの構築 概ね5年以内
・防げる死から子どもを守る制度、Child Death Review制度の確立 概ね5年以内

〈都道府県計画の見直し、国による支援〉
・「社会的養護の課題と将来像」に基づく都道府県計画について、「新しい社会的養育ビジョン」に基づく見直し 30年度末まで

出典:選挙ドットコム「貴重な(里親)の皆さまの生の声。子どもたちのために、社会的養護のさらなる充実を」https://go2senkyo.com/seijika/143644/posts/88127(2022年2月21日)をもとに作成

化対策へ〜」が閣議決定されました。

ここでは、「令和の時代にふさわしい環境を整備し、あらゆる人が結婚、妊娠・出産、子育てに希望を見出せるとともに、男女が互いの生き方を尊重しつつ、主体的な選択により、希望する時期に結婚でき、希望するタイミングで希望する数の子どもをもてる社会をつくる」ことを基本的な目標と定め、地域の実情に応じたきめ細やかな取組を進める等の基本的な方針が示されています。

2016(平成28)年の児童福祉法改正の理念を具現化することを意図して、2017(平成29)年8月に、「新しい社会的養育ビジョン」(図表7-3)が策定・発表されました。これは、それまでに示されていた「社会的養護の課題と将来像」を全面的に見直した内容となっており、さまざまな新しい目標が示されました。

今後さらに、子どもの安全・安心な生活環境の整備に関する政策の推進や子育て家庭への支援体制の構築のほか、いじめや虐待の防止に向けた体制の整備など、子ども家庭政策の司令塔としての政策の充実をめざ

した政府の対応が検討されています。

演	習	課	題

①「児童福祉法」の近年の改正内容のポイントを整理し、それぞれタイ
　トルをつけてみましょう。
②児童虐待死亡事例分析結果の第 1 次から第17次報告書までをグループ
　で分担して調べ、各年次の報告内容のポイントをまとめてみましょう。
③住んでいる地域の「次世代育成支援行動計画」を調べてみましょう。

レッスン **8**

....

近年の子ども家庭福祉の課題

....

本レッスンでは、2015（平成27）年4月にスタートした「子ども・子育て支援新制度」と、近年の子ども家庭福祉の課題について学習します。新しい制度の全体像と、現在、子どもとその家族を取り巻く状況、必要な支援や対策等について、一緒に考えていきましょう。

1. 「子ども・子育て支援新制度」の創設

「**子ども・子育て支援新制度**」とは、2012（平成24）年8月に成立した「子ども・子育て支援法」「認定こども園法の一部改正法」「子ども・子育て支援法及び認定こども園法の一部改正法の施行に伴う関係法律の整備等に関する法律」の3つの法律（**子ども・子育て関連3法**）に基づく制度のことで、2015（平成27）年4月から実施されています。

この新制度は「**全世代型社会保障の実現***」を意図していて、**介護保険制度***にならってつくられましたが、さらに以下の3つの視点が加えられているのが特徴です。

①質の高い幼児期の学校教育および保育の総合的な提供
②保育の量的拡大・確保（待機児童解消、地域の保育支援など）
③地域の子ども・子育て支援の充実

2. 「子ども・子育て支援新制度」のポイント

1 ▶ **認定こども園、幼稚園、保育所を通じた共通の給付（施設型給付）および小規模保育等への給付（地域型保育給付）の創設**

まず、施設型給付として、市町村が主体となり認定こども園、幼稚園、保育所などへの共通の財政支援を行う点がポイントです。地域型保育給付では、都市部における保育所待機児童解消とともに、子どもの数が減少傾向にある過疎地域における保育機能の確保に対応します。

2 ▶ **認定こども園制度の改善（幼保連携型認定こども園の改善等）**

幼保連携型認定こども園について、認可・指導監督を一本化し、学校

参照

子ども・子育て関連3法の正式名称
→レッスン7

⊠ 用語解説

全世代型社会保障の実現
「介護が必要になったら介護給付、子育てを始めたら子ども・子育て支援給付」というように、人生の必要なステージで必要な給付を受けられるようにするしくみのこと。

介護保険制度
少子高齢化、核家族化にともない、介護を社会全体で支えるために生まれた制度で、2000年に始まった。

および児童福祉施設として法的に明確に位置づけました。また、認定こ
ども園の財政措置を「施設型給付」に一本化しました。

3 ▶ 地域の実情に応じた子ども・子育て支援

　保育を必要とする子育て家庭だけでなく、すべての家庭を対象として、
地域のニーズに応じた多様な子育て支援を提供することにしました。具
体的には、利用者支援事業、地域子育て支援拠点事業、放課後児童クラ
ブ等の「地域子ども・子育て支援事業」の充実を図りました。

　教育・保育施設を利用する子どもの家庭だけでなく、在宅の子育て家
庭を含むすべての家庭および子どもを対象とする事業として、市町村が
地域の実情に応じて実施していくことになりました。

4 ▶ 市町村が実施主体

　国の基本方針に基づいて、市町村は地域のニーズを踏まえて「市町村
子ども・子育て支援事業計画」を策定し、給付・事業を実施すること
とされました。国・都道府県は、実施主体である市町村を重層的にサポー
トします。

5 ▶ 社会全体による費用負担

　消費税率の引き上げによる、国および地方の恒久財源の確保を前提と
しています。ちなみに、内閣府のホームページによると「幼児教育、保
育、子育て支援の質・量の拡充を図るためには、消費税率の引き上げに
より確保する0.7兆円程度を含め追加財源が必要」（2019年6月）と書か
れています。

6 ▶ 政府の推進体制

　制度ごとにバラバラな政府の推進体制を整備するために、内閣府に「子
ども・子育て本部」を設置しました。

7 ▶ 子ども・子育て会議の設置

　有識者、地方公共団体、事業主代表、労働者代表、子育て当事者、子
育て支援当事者などが、子育て支援の政策プロセスなどに参画・関与す
ることができるしくみとして、国（内閣府）に「子ども・子育て会議」
を設置しました。市町村等においても「地方版子ども・子育て会議」の
設置努力義務が課せられました。

図表8-1 「子ども・子育て支援法」に基づく給付・事業の全体像

子ども・子育て支援給付	地域子ども・子育て支援事業
1）施設型給付 　①認定こども園 　②幼稚園 　③保育所 ※私立保育所については、現行どおり、市町村が保育所に委託費を支払い、利用者負担の徴収も市町村が行う。 2）地域型保育給付 　①小規模保育 　②家庭的保育 　③居宅訪問型保育 　④事業所内保育 ※施設型給付・地域型保育給付ともに、早朝・夜間・休日保育にも対応。 3）児童手当	①利用者支援事業 ②地域子育て支援拠点事業 ③妊婦健康診査 ④乳児家庭全戸訪問事業 ⑤養育支援訪問事業、子どもを守る地域ネットワーク機能強化事業 ⑥子育て短期支援事業 ⑦子育て援助活動支援事業 　（ファミリー・サポート・センター事業） ⑧一時預かり事業 ⑨延長保育事業 ⑩病児保育事業 ⑪放課後児童クラブ（放課後児童健全育成事業） ⑫実費徴収に係る補足給付を行う事業 ⑬多様な事業者の参入促進・能力活用事業

3．給付の全体像と新たな事業

　子ども・子育て支援給付は、**市町村**が主体となって実施します。

　給付には「子どものための現金給付」と「子どものための教育・保育給付」があり、前者には「児童手当法」に基づく児童手当があてられます。

　後者は、就学前の子どもが「子ども・子育て支援法」に規定される教育・保育関連事業を利用する場合に、市町村の認定を受けたうえで、保護者に支給されるもので、「施設型給付」と「地域型保育給付」とに分けられます（図表8-1）。

　また、「地域子ども・子育て支援事業」として、利用者支援事業や地域子育て支援拠点事業など、13の事業が行われます。なお、⑪の放課後児童クラブ（放課後児童健全育成事業）については、小学校卒業までに利用が拡大され、設備および運営に関する省令基準も定められました。この基準に基づき、市町村が条例を定めることになります。

4．認定こども園

1　認定こども園の定義

　認定こども園とは、幼稚園と保育所を一体化した総合施設の名称で、**「認定こども園法」**によって規定されています。認定こども園は、親の就労状況にかかわらず、教育・保育を一体的に提供すること、子育て相

◆補足

「認定こども園法」

正式名称は、「就学前の子どもに関する教育、保育等の総合的な提供の推進に関する法律」。

談等地域での子育て支援の2つが提供すべき主たる事業になります。

　認定こども園の制度そのものは、2006（平成18）年に創設されましたが、「学校教育法」に基づく幼稚園と、「児童福祉法」に基づく保育所という2つの制度を前提としていたため、認可や指導監督等に関する二重行政の弊害がありました。しかし、この新制度ではこの二重行政を改め、指導監督について一本化し、制度改善を図りました。

2　認定こども園の類型と機能

　認定こども園は、必ず3つの機能（保育機能・教育機能・子育て支援機能）を有することになっています。

　実施施設はその特徴と地域の実情に応じて、4つの類型に分けることができます（図表8-2、8-3）。

　認定こども園の設置状況は、2020（令和2）年4月1日時点で8,016施設となっています。

　類型別にみると、半数以上が「幼保連携型」、約15％が「幼稚園型」となっていて、約3割が幼稚園から移行した施設となっています。

図表8-2 認定こども園の位置づけ

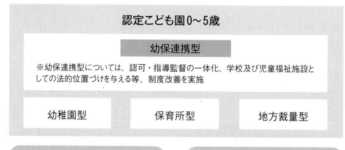

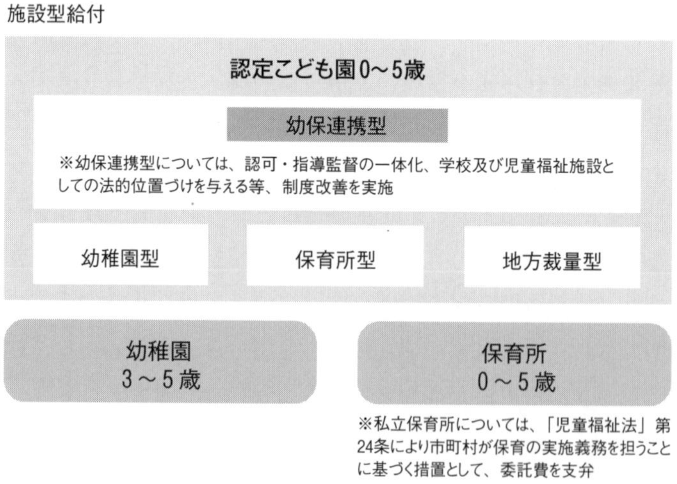

出典：内閣府「子ども・子育て支援新制度ハンドブック（施設・事業者向け）平成27年7月改訂版」2015年

図表8-3 認定こども園の類型

幼保連携型	認可幼稚園と認可保育所が連携して、一体的運営を実施する
幼稚園型	認可幼稚園に保育所的機能を付加して実施する
保育所型	認可保育所に幼稚園的機能を付加して実施する
地方裁量型	幼稚園・保育所のいずれの認可もない地域の教育・保育施設が機能を果たす

5．利用者支援事業

　子ども・子育て支援の推進にあたって、子どもおよびその保護者等や妊婦が、教育・保育施設や地域の子育て支援事業等を円滑に利用することができるよう、身近な実施場所で情報収集と情報提供を行い、必要に応じて相談・助言等を行います。

参照
利用者支援事業
→レッスン16

　この事業には、以下の3つの類型があります（図表8-4）。
①基本型：「利用者支援」に加えて「地域連携」を実施する。
②特定型：主に「利用者支援」を実施する。
③母子保健型：保健師等の専門職が全妊産婦を対象に「利用者支援」と「地域連携」を実施する。

図表8-4 利用者支援事業の目的と内容

事業の目的	○子育て家庭や妊産婦が、教育・保育施設や地域子ども・子育て支援事業、保健・医療・福祉等の関係機関を円滑に利用できるように、身近な場所での相談や情報提供、助言等必要な支援を行うとともに、関係機関との連絡調整、連携・協働の体制づくり等を行う
実施主体	○市区町村とする。ただし、市区町村が認めた者への委託等を行うことができる。 　地域子育て支援拠点事業と一体的に運営することで、市区町村における子育て家庭支援の機能強化を推進
3つの事業類型	**基本型** ○「基本型」は、「利用者支援」と「地域連携」の2つの柱で構成している。 **【利用者支援】** 地域子育て支援拠点等の身近な場所で、 ○子育て家庭等から日常的に相談を受け、個別のニーズ等を把握 ○子育て支援に関する情報の収集・提供 ○子育て支援事業や保育所等の利用に当たっての助言・支援 　→当事者の目線に立った、寄り添い型の支援 **【地域連携】** ○より効果的に利用者が必要とする支援につながるよう、地域の関係機関との連絡調整、連携・協働の体制づくり ○地域に展開する子育て支援資源の育成 ○地域で必要な社会資源の開発等 　→地域における、子育て支援のネットワークに基づく支援 《職員配置》専任職員（利用者支援専門員）を1名以上配置 ※子ども・子育て支援に関する事業（地域子育て支援拠点事業など）の一定の実務経験を有する者で、子育て支援員基本研修及び専門研修（地域子育て支援コース）の「利用者支援事業（基本型）」の研修を修了した者等 **特定型（いわゆる「保育コンシェルジュ」）** ○主として市区町村の窓口で、子育て家庭等から保育サービスに関する相談に応じ、地域における保育所や各種の保育サービスに関する情報提供や利用に向けての支援などを行う 《職員配置》専任職員（利用者支援専門員）を1名以上配置 ※子育て支援員基本研修及び専門研修（地域子育て支援コース）の「利用者支援事業（特定型）」の研修を修了している者が望ましい **母子保健型** ○主として市町村保健センター等で、保健師等の専門職が、妊娠期から子育て期にわたるまでの母子保健や育児に関する妊産婦等からの様々な相談に応じ、その状況を継続的に把握し、支援を必要とする者が利用できる母子保健サービス等の情報提供を行うとともに、関係機関と協力して支援プランの策定などを行う 《職員配置》母子保健に関する専門知識を有する保健師、助産師等を1名以上配置

出典：厚生労働省「「利用者支援事業」の概要」https://www.mhlw.go.jp/file/06-Seisakujouhou-11900000-Koyoukintoujidoukateikyoku/riyoshasien.pdf（2021年12月23日確認）をもとに作成

6.「子ども・子育て支援新制度」の課題

1 待機児童解消と保育の質の確保

保護者にとって、**待機児童の解消**は切実な要請であり、保育の量的整備を急いでほしいという声は少なくありません。しかし、その一方で、保育所等の運営主体として、株式会社や民間団体等、多様な運営主体の参入を認めていくことによって、保育の質が低下するのではないかという懸念もあります。

待機児童問題を解決するにあたって、保育の「量」と「質」をいかにバランスよく確保できるかは非常に重要な課題です。

2 保育士不足の問題

保育所や認定こども園を増設したいと考えても、そこで働く保育士が不足しているという課題があります。保育士が不足している背景には、大学等における保育士養成や就職・採用のあり方の問題だけではなく、保育所や認定こども園等における保育士の労働条件や待遇の厳しさが指摘されています。

保育士の専門性や業務の重要性がもっと広く社会に認められ、保育士の社会的地位を向上させることも、保育士不足という課題だけでなく、子育て支援全般の課題解決への近道になります。

演 習 課 題

①「認定こども園ってなに？」と聞かれたとき、どう答えることができるでしょうか。写真や資料を整理して、グループごとに発表してみましょう。

②地域子ども・子育て支援事業の13事業の中からひとつを選び、くわしく内容を調べてみましょう。

③自分が住んでいる市町村における「子ども・子育て支援」に関する事業内容を調べてみましょう。お互いに発表し合って、ほかの市町村と比べてみましょう。

参考文献

レッスン5

網野武博編著　『児童福祉の新展開』　同文書院　2004年

池田敬正・池本美和子　『日本福祉史講義』　高菅出版　2002年

鈴木力編著　『新しい社会的養護とその内容――生活事例からはじめる』　青踏社　2012年

服藤早苗　『平安朝の母と子――貴族と庶民の家族生活史』　中央公論社　1991年

室田保夫　『キリスト教社会福祉思想史の研究――「一国の良心」に生きた人々』　不二出版　1994年

吉田久一・長谷川匡俊著　『日本仏教福祉思想史』　法蔵館　2001年

レッスン6

網野武博編著　『児童福祉の新展開』　同文書院　2004年

京極高宣　『この子らを世の光に――糸賀一雄の思想と生涯』　日本放送出版協会　2001年

才村純・芝野松次郎・松原康雄編著　『児童や家庭に対する支援と子ども家庭福祉制度（第3版）』　ミネルヴァ書房　2015年

鈴木力編著　『新しい社会的養護とその内容――生活事例からはじめる』　青踏社　2012年

レッスン7

才村純・芝野松次郎・松原康雄編著　『児童や家庭に対する支援と子ども家庭福祉制度（第3版）』　ミネルヴァ書房　2015年

林浩康　『子どもと福祉――子ども・家族支援論（第2版）』　福村出版　2013年

松村和子・澤江幸則・神谷哲司編著　『保育の場で出会う家庭支援論――家族の発達に目を向けて』　建帛社　2010年

レッスン8

大阪保育研究所編　『「幼保一元化」と認定こども園』　かもがわ出版　2006年

才村純・芝野松次郎・松原康雄編著　『児童や家庭に対する支援と子ども家庭福祉制度（第3版）』　ミネルヴァ書房　2015年

松村和子・澤江幸則・神谷哲司編著　『保育の場で出会う家庭支援論――家族の発達に目を向けて』　建帛社　2010年

松本峰雄　『保育者のための子ども家庭福祉』　萌文書林　2007年

おすすめの1冊

日本子どもを守る会編　『子ども白書2021』　かもがわ出版　2021年

「児童憲章」が制定された翌年の1952年に発足した民間団体「日本子どもを守る会」が1964年から毎年刊行し続けてきた白書。毎年、その年に考えるべきトピックについて幅広く取り上げられており、有識者や子ども家庭福祉の現場職員による政策提言や事例検討等の形でまとめられている。

日本における「子ども観」「子育て観」の変遷

　「子ども観」とは、「おとな・社会」がとらえる「子ども像」「子どもの定義」のようなものです。その内容は、子どもはどうあるべきか、子どもに何を期待しているのかといった価値観や先入観、イメージ等が交錯して形成されているといえます。ここでは「子ども観や子育て観の変遷」について考えてみましょう。

　江戸時代は、大多数の農民や町民にとって、けっして生活しやすい時代とはいえませんでした。しかし、大きな戦争等はなく、徳川幕府の統制のもと、天下泰平で安定した時代だったといえます。そうした時代背景もあり、江戸時代には「子ども組」や「寺子屋」が発達し、子どもに対する教育機能を発揮していました。つまり、江戸時代には「子どもに教育を受けさせること」の必要性や重要性が、社会のなかで浸透しつつあったといえます。子どもを単なる労働者として家業を手伝わせるのではなく、「将来に向けて必要な力が身につくよう育む」という「子育て観」が存在したのです。

　明治時代には、天皇を頂点とした統一国家が成立し、それまでの鎖国をやめ、先進国の文化に多くふれることになり、国をあげて先進諸国に追いつくことをめざしていくことになります。そのため、経済力や軍事力の強化が重要課題となり「富国強兵策」がとられることになりました。この目的を達成するには国民教育が重要だとされ、1872年には「国民皆学制」が敷かれました。国民が一体となってまとまるために、天皇への「忠」、親への「孝」が大切だと子どもに教育することに重点が置かれました。

　明治時代には「子どもは、大人の教えや秩序をよく守り、国の発展のために次代を担うもの」という子ども観が形成され、それに基づいた教育が行われました。子どもの天真爛漫さや自由な発想を尊重しようという発想や価値観が登場し浸透するのは、もう少し先の時代になります。

　みなさんは子ども時代におとなからどのような価値観を伝えられたと感じていますか。そして、今、みなさんは「おとな」ですか、「子ども」ですか。

　日本には、「三つ子の魂、100まで」「かわいい子には旅をさせよ」「子は、かすがい」……など、子どもにまつわることわざがたくさんあります。それぞれのことわざには、どのような子ども観や子育て観が隠れているのでしょうか。考えてみましょう。

第3章

子ども家庭福祉に
関する法制度と実施体制

本章では、「児童福祉法」を中心とした子ども家庭福祉の制度を支える法律
と実施体制について学んでいきます。
それぞれの法律の目的、対象、内容について、また、それを実施するさま
ざまな行政機関とその業務内容、そこで働く職員の職務内容などについて
理解を深めていきましょう。

子ども家庭福祉の制度と法体系

「児童福祉法」をはじめとして、たくさんの法律が子ども家庭福祉の制度を支えています。本レッスンでは、まず児童福祉六法と呼ばれる、子ども家庭福祉の制度を推進していくにあたって、基本的な役割を果たしている法律を概観します。さらに、社会福祉、保育・教育、労働、司法に関する法律についても学びます。それぞれの法律の目的、対象、内容などについて理解を深めていきましょう。

1．子ども家庭福祉の法体系

1 「日本国憲法」

子ども家庭福祉の制度は、ひとつの法律によって推進されているわけではなく、「日本国憲法」を基本として、さまざまな法律によって総合的に推進されています。

「日本国憲法」第25条には「すべて国民は、健康で文化的な最低限度の生活を営む権利を有する」「国は、すべての生活部面について、社会福祉、社会保障及び公衆衛生の向上及び増進に努めなければならない」と、子ども家庭福祉を含む社会福祉の推進に関する国の責任が規定されています。

また、「日本国憲法」には、個人の尊重と幸福追求権（第13条）、法の下の平等（第14条）、奴隷的拘束および苦役からの自由（第18条）、家族生活における個人の尊厳と両性の平等（第24条）、教育を受ける権利（第26条）など、基本的人権に関わる事項も規定されています。

参照
日本国憲法
→レッスン2

2 子ども家庭福祉を支える法律

子ども家庭福祉の制度を推進していくにあたって、基本的な役割を果たしている法律は、①「児童福祉法」、②「母子及び父子並びに寡婦福祉法」、③「児童手当法」、④「児童扶養手当法」、⑤「特別児童扶養手当等の支給に関する法律」、⑥「母子保健法」で、これら6つの法律を**児童福祉六法**と呼んでいます。

児童福祉六法以外にも、子ども家庭福祉を支える法律はたくさんあり、社会福祉、保育・教育、労働、司法など多岐の分野にわたっています（図表9-1）。さらに、子ども家庭福祉の制度は、政令、省令、通知等によって細かく規定されており、体系的に推進されています。

図表9-1 子ども家庭福祉を支える法律

児童福祉六法	**児童福祉法**　**母子及び父子並びに寡婦福祉法**　**児童手当法**　**児童扶養手当法**　**特別児童扶養手当等の支給に関する法律**　**母子保健法**
社会福祉に関する法律	社会福祉法　生活保護法　民生委員法　少子化社会対策基本法　**次世代育成支援対策推進法**　**児童虐待の防止等に関する法律（児童虐待防止法）**　**配偶者からの暴力の防止及び被害者の保護等に関する法律（DV防止法）**　障害者基本法　**発達障害者支援法**　障害者の日常生活及び社会生活を総合的に支援するための法律（障害者総合支援法）　精神保健及び精神障害者福祉に関する法律（精神保健福祉法）
保育・教育に関する法律	教育基本法　学校教育法　特別支援学校への就学奨励に関する法律　**子ども・子育て支援法**　就学前の子どもに関する教育、保育等の総合的な提供の推進に関する法律
労働に関する法律	**労働基準法**　男女共同参画社会基本法　**育児休業、介護休業等育児又は家族介護を行う労働者の福祉に関する法律（育児・介護休業法）**　青少年の雇用の促進等に関する法律（若者雇用促進法）
司法に関する法律	民法　少年法　少年院法　売春防止法　児童買春、児童ポルノに係る行為等の規制及び処罰並びに児童の保護等に関する法律（児童買春・児童ポルノ禁止法）
その他	**子どもの貧困対策の推進に関する法律（子どもの貧困対策法）**　子ども・若者育成支援推進法　地域保健法　母体保護法

注：1）これらは便宜的な分類であり、複数の分野にわたる法律もある。
　　2）本レッスンで解説しているものは太字にしている。

2．児童福祉六法

1 「児童福祉法」

　「児童福祉法」は、子ども家庭福祉に関する基本的な法律で、①総則、②福祉の保障、③事業、養育里親及び養子縁組里親並びに施設、④費用、⑤国民健康保険団体連合会の児童福祉法関係業務、⑥審査請求、⑦雑則、⑧罰則の8つの章から構成されています。

　「児童福祉法」では、子ども家庭福祉の理念について「全て児童は、児童の権利に関する条約の精神にのつとり、適切に養育されること、その生活を保障されること、愛され、保護されること、その心身の健やかな成長及び発達並びにその自立が図られることその他の福祉を等しく保障される権利を有する」（第1条）と規定されています。

　さらに「国及び地方公共団体は、児童の保護者とともに、児童を心身ともに健やかに育成する責任を負う」（第2条第3項）と子どもの育成の責任が保護者だけでなく、国や地方公共団体にもあると規定されています。

　「児童福祉法」には、子ども家庭福祉を推進していく機関・施設や人について、児童福祉審議会、市町村・都道府県の業務、児童相談所、児童福祉司、児童委員、保育士、児童福祉施設、里親などが規定されています。また、福祉の保障について、療育の指導、障害児通所給付費、障害児入所給付費、保育所等への入所、要保護児童の保護措置、被措置児童等虐待の防止などが規定されています。

これらを具体的に実施するために、「児童福祉法」に基づいて、「児童福祉法施行令」、「児童福祉法施行規則」、「児童福祉施設の設備及び運営に関する基準」などが定められています。

2 「母子及び父子並びに寡婦福祉法」

「母子及び父子並びに寡婦福祉法」は、1964（昭和39）年に「母子福祉法」として制定され、1981（昭和56）年に対象に**寡婦**[*]を加えて「母子及び寡婦福祉法」となり、さらに父子家庭を対象に含めて2014（平成26）年に現行法名となりました。

「母子及び父子並びに寡婦福祉法」は、「母子家庭等及び寡婦の福祉に関する原理を明らかにするとともに、母子家庭等及び寡婦に対し、その生活の安定と向上のために必要な措置を講じ、もつて母子家庭等及び寡婦の福祉を図ること」（第1条）を目的としています。

具体的な福祉の措置としては、自立促進計画、母子・父子自立支援員、福祉資金の貸付け、日常生活支援事業、母子・父子福祉施設などが規定されています。

3 「児童手当法」

「児童手当法」は、家庭生活の安定および子どもの健全育成のために支給される児童手当について規定している法律です。「児童手当法」は「父母その他の保護者が子育てについての第一義的責任を有するという基本的認識の下に、児童を養育している者に児童手当を支給することにより、家庭等における生活の安定に寄与するとともに、次代の社会を担う児童の健やかな成長に資すること」（第1条）を目的としています。

4 「児童扶養手当法」

「児童扶養手当法」は「父又は母と生計を同じくしていない児童が育成される家庭の生活の安定と自立の促進に寄与するため、当該児童について児童扶養手当を支給し、もつて児童の福祉の増進を図ること」（第1条）を目的としています。

「児童扶養手当法」は、ひとり親家庭の家庭生活の安定のために支給される児童扶養手当について規定している法律で、当初、児童扶養手当の支給対象は、母子家庭のみとされていましたが、2010（平成22）年の改正によって父子家庭も加えられました。

✳ **用語解説**

寡婦

「配偶者のない女子であつて、かつて配偶者のない女子として民法第877条の規定により児童を扶養していたことのあるものをいう」（「母子及び父子並びに寡婦福祉法」第6条第4項）。

参照

ひとり親家庭福祉サービス
→レッスン24

5 「特別児童扶養手当等の支給に関する法律」

「**特別児童扶養手当等の支給に関する法律**」は、障害のある子どもなどの福祉の増進を図るために支給される、①特別児童扶養手当、②障害児福祉手当、③特別障害者手当について規定している法律です。

特別児童扶養手当は、精神または身体に障害のある子どもを対象として支給されます。さらに、重度の障害のある子どもには障害児福祉手当が支給されます。特別障害者手当は、精神または身体に著しく重度の障害がある20歳以上の者に支給されます。

6 「母子保健法」

「**母子保健法**」は「母性並びに乳児及び幼児の健康の保持及び増進を図るため、母子保健に関する原理を明らかにするとともに、母性並びに乳児及び幼児に対する保健指導、健康診査、医療その他の措置を講じ、もつて国民保健の向上に寄与すること」（第1条）を目的としています。

具体的な母子保健の向上に関する措置としては、保健指導、健康診査、妊娠の届出、母子健康手帳、妊産婦の訪問指導等、低体重児の届出、未熟児の訪問指導、養育医療などが規定されています。

参照
障害のある子どもへの支援
→レッスン19

参照
母子保健サービス
→レッスン18

3. 子ども家庭福祉を支える法律

1 社会福祉に関する法律

社会福祉に関する法律としては、図表9-1に示したように、たくさんの法律があります。このうち、特に重要なものを以下に解説します。

① 「**次世代育成支援対策推進法**」

2003（平成15）年に、次代の社会を担う子どもが健やかに生まれ、育成される社会を形成することを目的として制定され、2005（平成17）年度から10年間の時限立法として施行されました。その後、2014（平成26）年の改正によって、法律の有効期限が2024（令和6）年度末まで10年間延長されました。

この法律には、基本理念、国および地方公共団体の責務、事業主の責務、国民の責務、行動計画などについて規定されています。都道府県、市町村、および101人以上の従業員を抱える事業主は、国の指針に基づいて行動計画を策定することが義務づけられています。

◆補足
児童（子ども）虐待
その定義は、保護者がその監護する児童に対して、①身体的虐待、②性的虐待、③養育放棄（ネグレクト）、④心理的虐待、を行う行為と定められている（「児童虐待防止法」第2条）。

参照
子ども虐待対策
→レッスン21

◆補足
「DV防止法」
2001年の制定当初は「配偶者からの暴力の防止及び被害者の保護に関する法律」で、「保護」のあとに「等」の文字がなかった。

参照
DVへの対応
→レッスン22

用語解説
発達障害
主に先天性の脳機能障害によって、乳幼児期に生じる発達の遅れ。コミュニケーションをとったり対人関係を築いたりするのが苦手で、知的障害や精神障害をともなう場合もある。

特別支援学校
学齢期にある視覚障害者、聴覚障害者、知的障害者、肢体不自由者や病弱者（身体虚弱者を含む）に対して、幼稚園、小学校、中学校、高等学校に準ずる教育を行うとともに、自立や社会参加に向けた取り組みを支援する学校。2007年の「学校教育法」の改正で、盲学校、聾学校、養護学校が「特別支援学校」の名称に一本化された。

②「児童虐待の防止等に関する法律（児童虐待防止法）」

　児童（子ども）虐待の対応について規定している法律です。この法律は「児童虐待の防止等に関する施策を促進し、もって児童の権利利益の擁護に資すること」（第1条）を目的としています。

　具体的には、子ども虐待の定義、国および地方公共団体の責務等、子ども虐待の早期発見等、通告、出頭要求、臨検、警察署長に対する援助要請等、子ども虐待を行った保護者に対する指導等、面会等の制限等などについて規定されています。

③「配偶者からの暴力の防止及び被害者の保護等に関する法律（DV防止法）」

　配偶者からの暴力に係る通報、相談、保護、自立支援等の体制を整備することによって、配偶者からの暴力の防止および被害者の保護を図ることを目的としています。

　2013（平成25）年の法改正によって、生活の本拠を共にする交際相手からの暴力およびその被害者についても、配偶者からの暴力およびその被害者に準じて法の適用対象とされることになり、現行法名となりました。「DV防止法」では、基本方針、都道府県基本計画、配偶者暴力相談支援センター、被害者の保護、保護命令などについて規定されています。

④「発達障害者支援法」

　発達障害*の早期発見、早期の発達支援、学校教育における発達障害者への支援、発達障害者の就労の支援、発達障害者支援センターなどについて規定している法律です。

　この法律では、発達障害を「自閉症、アスペルガー症候群その他の広汎性発達障害、学習障害、注意欠陥多動性障害その他これに類する脳機能の障害であってその症状が通常低年齢において発現するものとして政令で定めるもの」（第2条）と規定しています。

2　保育・教育に関する法律

　保育・教育に関する法律としては、「教育基本法」「学校教育法」「特別支援学校*への就学奨励に関する法律」「子ども・子育て支援法」などがあります。

①「教育基本法」

　教育に関する基本的な法律で、教育の目的および理念、教育の機会均等、義務教育、学校教育、社会教育、政治教育、宗教教育、教育行政、教育振興基本計画などについて規定されています。

② 「学校教育法」

　幼稚園、小学校、中学校、高等学校、特別支援学校、大学、高等専門学校など、各学校に関する内容について規定している法律です。

③ 「子ども・子育て支援法」

　2012（平成24）年8月に成立した、新たな子ども・子育て支援のしくみを規定している法律です。具体的には、子ども・子育て支援給付、地域子ども・子育て支援事業、子ども・子育て支援事業計画、**子ども・子育て会議**などについて規定されています。

参照
「子ども・子育て支援法」
→レッスン8

子ども・子育て会議
→レッスン10

3 労働に関する法律

　労働に関する法律としては、「労働基準法」「男女共同参画社会基本法」「育児休業、介護休業等育児又は家族介護を行う労働者の福祉に関する法律（育児・介護休業法）」「**青少年の雇用の促進等に関する法律（若者雇用促進法）**」などがあります。

① 「労働基準法」

　労働基準に関する基本的な法律で、子どもの労働については、**最低年齢**、未成年者の労働契約、深夜業、危険有害業務の就業制限などが規定されています。

② 「**男女共同参画社会基本法**」

　男女共同参画社会の形成を総合的かつ計画的に推進することを目的として制定された法律です。具体的には、積極的改善措置、男女の人権の尊重、男女共同参画基本計画の策定、男女共同参画会議の設置などについて規定されています。

③ 「**育児休業、介護休業等育児又は家族介護を行う労働者の福祉に関する法律（育児・介護休業法）**」

　育児休業、子の看護休暇、子育てする者の所定外労働の制限、介護休業、介護休暇などについて規定している法律です。

補足
最低年齢
「使用者は、児童が満15歳に達した日以後の最初の3月31日が終了するまで、これを使用してはならない」（「労働基準法」第56条）。

4 司法に関する法律

　司法に関する法律としては、「民法」「少年法」「少年院法」「売春防止法」「児童買春、児童ポルノに係る行為等の規制及び処罰並びに児童の保護等に関する法律（児童買春・児童ポルノ禁止法）」などがあります。

① 「少年法」

　「少年の健全な育成を期し、非行のある少年に対して性格の矯正及び環境の調整に関する保護処分を行うとともに、少年の刑事事件について特別の措置を講ずること」（第1条）を目的とする法律です。

参照
少年非行への対応
→レッスン25

② 「売春防止法」

　売春の防止を図ることを目的とする法律で、売春を助長する行為等の処罰、売春を行うおそれのある女子に対する補導処分、および婦人相談所、婦人相談員、婦人保護施設などの保護更生の措置について規定しています。

③ 「児童買春・児童ポルノに係る行為等の処罰及び児童の保護等に関する法律（児童買春・児童ポルノ禁止法）」

　「児童買春、児童ポルノに係る行為等を規制し、及びこれらの行為等を処罰するとともに、これらの行為等により心身に有害な影響を受けた児童の保護のための措置等を定めることにより、児童の権利を擁護すること」（第1条）を目的とする法律です。

5 その他の法律

　近年、社会問題となっている子どもの貧困に対応するため、2013（平成25）年に「子どもの貧困対策の推進に関する法律（子どもの貧困対策法）」が成立しました。この法律は、子どもの将来がその生まれ育った環境によって左右されることのないよう、**子どもの貧困**対策を総合的に推進することを目的としています。基本的施策としては、「子供の貧困対策に関する大綱」の策定、子どもの貧困対策計画の策定、教育の支援などが規定されています。また、「医療的ケア児及びその家族に対する支援に関する法律」が2021年6月に成立しており、**医療的ケア**[*]が必要な子どもの支援体制が今後拡充されていくことが予想されます。

◆ 補足
子どもの貧困
2018年の子どもの貧困率は14.0%となっている。
→レッスン26

✚ 用語解説
医療的ケア
日常生活において、医療職ではない者が行う痰（たん）の吸引や経管栄養、気管切開部の衛生管理などをいう。こうした医行為は、2012（平成24）年から看護師等でない者も、研修を修了し、都道府県知事に認められた場合には、実施できることとなった。国及び地方公共団体は、保育所や学校でも医療的ケア児に対する体制の拡充が図られるよう、必要な措置を講ずるものとされている。

┌─────────┐
│ 演 習 課 題 │
└─────────┘

①それぞれの法律に規定されている「児童」の定義について、調べてみましょう。

②2000年以降の「児童福祉法」改正の内容について調べてみましょう。

③児童手当、児童扶養手当、特別児童扶養手当の違いについて整理してみましょう。

子ども家庭福祉を実施する行政機関

子ども家庭福祉を推進していくにあたっては、さまざまな行政機関の存在が欠かせません。本レッスンでは、子ども家庭福祉を支える行政機関について学びます。それぞれの機関がどのような業務を行っているのかについて、理解を深めましょう。

1. 国の子ども家庭福祉行政のしくみ

1 厚生労働省

　子ども家庭福祉を所管している国の行政機関は厚生労働省で、主な担当部局は**子ども家庭局**です。

　子ども家庭局は、①子どもの福祉に関する基本的な政策の企画・立案・推進、②成育医療等基本方針の策定・推進、③子どもの保育、養護、虐待の防止、④子どもの福祉のための文化の向上、⑤母子、父子、寡婦の福祉の増進、⑥子どもの保健の向上、⑦妊産婦その他母性の保健の向上、⑧ＤＶ被害者の保護、などに関する業務を行っています。

2 社会保障審議会

　社会保障審議会は、厚生労働省に置かれる審議機関で、子ども家庭福祉を含む社会保障全体のあり方などについて調査・審議しています。

　具体的には、①厚生労働大臣の諮問に応じて、社会保障に関する重要事項を調査・審議する、②厚生労働大臣や関係各大臣の諮問に応じて、人口問題に関する重要事項を調査・審議する、③先の2つの重要事項に関して、厚生労働大臣や関係行政機関に意見を述べる、などを行っています。

　これらの業務を行うために、社会保障審議会には、分科会や部会が置かれていて、子ども家庭福祉に関することは、主に児童部会で調査審議されています。

3 内閣府子ども・子育て本部

　内閣府子ども・子育て本部は、①子ども・子育て支援のための基本的な政策や少子化の進展への対処にかかる企画立案・総合調整、②少子化

補足
子ども家庭局
2017年の組織再編に伴って、従来の雇用均等・児童家庭局が「雇用環境・均等局」と「子ども家庭局」に分割され新設された。厚生労働省の社会福祉関係の担当部局には、この子ども家庭局のほかに、社会・援護局、老健局がある。

に対処するための施策の大綱の作成および推進、③子ども・子育て支援給付等の「子ども・子育て支援法」に基づく事務、④認定こども園制度に関することを所管している機関です。

　本部を中心として、厚生労働省や文部科学省などの関係省庁が緊密な連携を図りつつ、少子化対策や子ども・子育て支援施策を推進しています。

4　子ども・子育て会議

　子ども・子育て会議は、「子ども・子育て支援法」に基づいて内閣府に置かれ、子ども・子育て支援の施行に関する重要事項などについて調査・審議しています。会議の委員は、子どもの保護者、都道府県知事、市町村長、事業主代表、労働者代表、子ども・子育て支援に関する事業に従事する者、学識経験者のうちから、内閣総理大臣が任命します。

　なお、市町村、都道府県においても地方版の子ども・子育て会議といわれる審議会や合議制の機関の設置が努力義務とされており、子ども・子育て支援事業計画の策定などを行っています。

2．地方の子ども家庭福祉行政のしくみ

1　都道府県

　都道府県は、市町村（特別区を含む）が行う子どもの福祉に関する業務が適正かつ円滑に行われるよう、市町村に対する必要な助言および適切な援助を行うとともに、子どもが心身ともに健やかに育成されるよう、①市町村相互間の連絡調整、②市町村に対する情報提供、専門的な知識・技術を必要とする相談、調査、判定、指導、③小児慢性特定疾病医療費の支給、④障害児入所給付費の支給、⑤要保護児童の保護措置、⑥その他子どもの福祉に関する業務を適切に行わなければならないとされています（「児童福祉法」第3条の3第2項）。これらの業務は、児童相談所長に委託することができるとされているため、多くの場合、実質的には児童相談所で行われています。

2　市町村

　市町村（特別区を含む）は、子どもが心身ともに健やかに育成されるよう、基礎的な地方公共団体として、①子どもや妊産婦の福祉についての実情把握、情報提供、相談、調査、指導、②障害児通所給付費の支給、

③保育の実施、④その他子どもの身近な場所における子どもの福祉に関する支援に関する業務を適切に行わなければならないとされています（「児童福祉法」第3条の3第1項）。2004（平成16）年の「児童福祉法」改正により、市町村は子ども家庭福祉に関する相談の第一義的な窓口として位置づけられています。

　また、「**子ども・子育て支援新制度**」では、市町村を実施主体としており、子ども・子育て支援給付、保育の必要性の認定などの業務を行っています。

参照
「子ども・子育て支援新制度」
→レッスン8

3　児童福祉審議会

　児童福祉審議会は、都道府県や市町村に置かれる審議機関で、子ども家庭福祉行政に関する事項を調査・審議しています。都道府県には設置が義務づけられていますが、市町村の場合は任意で設置できることとされています。

　都道府県児童福祉審議会は都道府県知事の、市町村児童福祉審議会は市町村長の管理に属し、それぞれその**諮問**＊に答えたり、関係行政機関に意見を**具申**＊したりすることができるとされています。

3．児童相談所

1　設置・運営

　児童相談所は、「児童福祉法」に規定されている子ども家庭福祉に関する中核的な相談機関であり、都道府県と**政令指定都市**＊に設置が義務づけられています。また、**中核市**＊および特別区（東京23区）などの人口規模の大きな市も児童相談所を設置できることになっています。児童相談所の運営は「児童相談所運営指針」に基づいて行われています。

　なお、法律上の名称は児童相談所ですが、地域によっては「児童相談センター」「子ども家庭センター」「こども家庭相談センター」といった名称が使われているところもあります。

2　業務の内容

　児童相談所の主な業務としては、①子どもに関する家庭等からの相談のうち専門的な知識・技術を必要とする相談、②必要な調査、医学的・心理学的・教育学的・社会学的・精神保健上の判定、③調査・判定に基づいた必要な指導、④児童福祉施設等への措置、⑤子どもの一時保護、

✳ 用語解説

諮問
ある事案に関して、有識者で構成された審議会などのような機関に対して、質問をしたり、見解を求めたりすること。なお、諮問を受けた機関が回答することは「答申」などと呼ばれることが多い。

具申
上役や上位の機関に対して意見や事情を詳しく述べること。多くの場合、改善要求のような内容が多い。「意見具申」ということもある。

政令指定都市
政令で指定する人口50万人以上の市のことで、2021年現在、全国に20市ある。市の中に「行政区」を設けているが、これはあくまで市の区割としての機能であり、東京都に23ある「特別区」のような独立した自治体ではない。

中核市
政令で指定する人口20万人以上の市のことで、2021年現在、全国に62市ある。政令指定都市に次ぐ権限が委譲される。

⑥市町村に対する情報提供、助言等があります。

　2004（平成16）年の「児童福祉法」改正により、子ども家庭福祉に関する相談に応じることが市町村の業務として位置づけられたことにともない、児童相談所の役割は専門的な知識・技術を必要とする相談への対応や、市町村の後方支援に重点が置かれることになりました。

◆補足
相談内容
養護相談（児童虐待相談など）、保健相談（未熟児、虚弱児、疾患等を有する子どもの相談）、障害相談（各種障害のある子どもに関する相談）、非行相談（虞犯行為、触法行為があった子どもに関する相談）、育成相談（不登校、しつけなど子どもの育成上の諸問題に関する相談）。

3　相談内容と相談援助活動の流れ

　2019（令和元）年度の児童相談所の相談対応件数は約54万件で、この10年間をみると増加傾向にあります。**相談内容**としては、①養護相談、②保健相談、③障害相談、④非行相談、⑤育成相談に大きく分けられます。近年、社会的な問題となっている子ども虐待の相談は養護相談に含まれます。

　2019（令和元）年度の相談対応件数の内訳は、養護相談が49.2％で最も多く、次いで障害相談が34.8％、育成相談が7.8％、非行相談が2.3％、保健相談が0.3％となっています。

図表10-1　児童相談所における相談援助活動の体系・展開

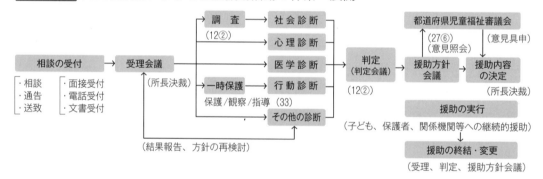

＊援助

1　在宅指導等
（1）措置によらない指導（12②）
　　ア　助言指導
　　イ　継続指導
　　ウ　他機関あっせん
（2）措置による指導
　　ア　児童福祉司指導（26①Ⅱ、27①Ⅱ）
　　イ　児童委員指導（26①Ⅱ、27①Ⅱ）
　　ウ　市町村指導（26①Ⅱ、27①Ⅱ）
　　エ　児童家庭支援センター指導（26①Ⅱ、27①Ⅱ）
　　オ　知的障害者福祉司、社会福祉主事指導（26①Ⅱ、27①Ⅱ）
　　カ　障害児相談支援事業を行う者の指導（26①Ⅱ、27①Ⅱ）
　　キ　指導の委託（26①Ⅱ、27①Ⅱ）
（3）訓戒、誓約措置（27①Ⅰ）

2　児童福祉施設入所措置（27①Ⅲ）
　　指定発達支援医療機関委託（27②）
3　里親、小規模住居型児童養育事業委託措置（27①Ⅲ）
4　児童自立生活援助の実施（33の6①）
5　福祉事務所送致、通知（26①Ⅲ、63の4、63の5）
　　都道府県知事、市町村長報告、通知（26①Ⅳ、Ⅴ、Ⅵ、Ⅶ）
6　家庭裁判所送致（27①Ⅳ、27の3）
7　家庭裁判所への家事審判の申立て
　　ア　施設入所の承認（28①②）
　　イ　特別養子縁組適格の確認の請求（33の6の2①）
　　ウ　親権喪失等の審判の請求又は取消しの請求（33の7）
　　エ　後見人選任の請求（33の8）
　　オ　後見人解任の請求（33の9）

（数字は児童福祉法の該当条項等）

出典：厚生労働省児童家庭局長「児童相談所運営指針について」子発0901第1号、2021年9月1日

　児童相談所における相談援助活動の流れは図表10-1に示したように、受理会議、判定会議、援助方針会議などを経て援助内容が決定されます。子どもや保護者の意向が児童相談所の措置と一致しないときは、都道府県児童福祉審議会の意見を聴かなければならないとされています。

4 ▶ 組織と職員

　児童相談所の組織は、①総務部門、②相談・判定・指導・措置部門、③一時保護部門の3つの部門をもつことが標準とされています。規模が大きい児童相談所は、相談・判定・指導・措置部門などが細分化されていることがあります。

　また、必要に応じて地区別構成（地区チーム制など）や、相談種類別構成（養護チーム、障害チーム、非行チーム、育成チームなど）をとり、相談援助活動の体制を強化しています。さらに、子ども虐待等の相談に対して迅速な対応が行えるように、養護チームのなかに子ども虐待専従チーム等を設置することもあります。

　児童相談所の職員としては、所長、児童福祉司、児童心理司、医師（精神科医、小児科医）、看護師、保健師、児童指導員、保育士、栄養士などが配置されています。また、2016（平成28）年の「児童福祉法」改正により弁護士の配置についても規定されました。

4．福祉事務所、家庭児童相談室

　福祉事務所は社会福祉行政の第一線機関として、**社会福祉六法**[*]に規定されている援護、育成、更生の措置に関する業務などを行っています。

　1993（平成5）年度から「老人福祉法」と「身体障害者福祉法」の入所に関する業務などが、2003（平成15）年度からは「知的障害者福祉法」の入所に関する業務などが市町村に移管され、また2005（平成17）年度からは子ども家庭福祉に関する相談が市町村の業務になるなど、福祉事務所の業務が大きく変化してきています。

　多くの福祉事務所には、子ども家庭福祉に関する機能を強化するために**家庭児童相談室**が設置されています。家庭児童相談室には、**家庭相談員**が配置されていて、児童相談所等と連携しながら地域の子どもとその家庭からの相談などにあたっています。

◆補足

福祉事務所

「社会福祉法」に規定されている「福祉に関する事務所」を一般的に「福祉事務所」と呼んでいる。都道府県と市に設置が義務づけられ、町村は任意で設置できる。

✳用語解説

社会福祉六法

「生活保護法」「児童福祉法」「身体障害者福祉法」「知的障害者福祉法」「老人福祉法」「母子及び父子並びに寡婦福祉法」の6つの法律のこと。

5．その他の関連機関

1　保健所

　保健所は、「地域保健法」に規定されている、地域保健に関する中核的な機関であり、都道府県、政令指定都市、中核市その他の政令で定める市・特別区に設置されています。

　保健所の業務は多岐にわたりますが、子ども家庭福祉に関連する業務としては、①子どもの保健についての正しい衛生知識の普及、②子どもの健康相談、健康診査、保健指導、③身体に障害のある子どもや長期にわたり療養を必要とする子どもに対する療育指導、④児童福祉施設に対する栄養の改善その他衛生に関する必要な助言、などがあります。

2　市町村保健センター

　市町村保健センターは、住民に対して健康相談、保健指導、健康診査その他地域保健に関して必要な事業を行うことを目的とする機関で、市町村に任意で設置されています。

　市町村保健センターの子ども家庭福祉に関連する業務としては、①健康診査（1歳6か月児健診、3歳児健診など）、②保健指導（妊産婦、乳幼児の保護者など）、③母子健康手帳の交付、④訪問指導（妊産婦、未熟児など）などがあります。

3　母子健康包括支援センター

　母子健康包括支援センターは、2016（平成28）年の「母子保健法」の改正により新たに創設された機関です。必要な実情把握、母子保健に関する相談、保健指導などを行うことにより、母性、乳幼児の健康の保持および増進に関する包括的な支援を行うことを目的としています。

4　家庭裁判所

　家庭裁判所は、「裁判所法」に規定されている裁判所のひとつです。家庭裁判所では、①家庭に関する事件の審判および調停、②少年の保護事件の審判などの業務を行っています。

　家庭裁判所の業務は多岐にわたりますが、子ども家庭福祉に関連する業務としては、①犯罪少年等の通告先、②都道府県知事からの送致、③保護者が児童福祉施設への入所措置に同意しない場合の審判、④親権喪失・親権停止の審判、⑤未成年後見人の選任・解任、⑥養子縁組・特別

参照
母子健康包括支援センター
→レッスン14、18

養子縁組の手続き、などがあります。

　家庭裁判所には、裁判官、書記官、家庭裁判所調査官などが配置され
ています。

5　婦人相談所

　婦人相談所は、「売春防止法」に規定されている、**要保護女子**の保護
更生に関する業務を行う機関で、都道府県に設置が義務づけられています。

　婦人相談所の主な業務としては、①要保護女子に関する相談、②要保
護女子とその家庭に対する必要な調査や医学的、心理学的、職能的判定、
必要な指導、③要保護女子の一時保護、などがあります。

6　配偶者暴力相談支援センター

　配偶者暴力相談支援センターは、「配偶者からの暴力の防止及び被害
者の保護等に関する法律（**DV防止法**）」に規定されている機関で、配
偶者からの暴力の防止および被害者の保護のための業務を行っています。

　配偶者暴力相談支援センターの主な業務としては、①被害者に関する
相談、婦人相談員などの紹介、②被害者の心身の健康を回復させるため
の医学的、心理学的な指導、③被害者の一時保護、④被害者の自立生活
を促進するための情報提供、助言、関係機関との連絡調整、⑤保護命令
の制度の利用についての情報の提供、助言、関係機関への連絡、⑥保護
施設の利用についての情報の提供、助言、関係機関との連絡調整、など
があります。

　配偶者暴力相談支援センターは、単独で設置されていることはあまり
なく、婦人相談所がその機能を果たしている場合が多くなっています。

◆補足

要保護女子
「性行又は環境に照して売
春を行うおそれのある女子」
のこと（「売春防止法」第
34条第3項）。

参照
「DV防止法」
→レッスン22

［演　習　課　題］

①それぞれの相談機関の相談件数の推移を調べてみましょう。

②自分が住んでいる地域の相談機関の所在地などを調べてみましょう。

③子ども虐待の対応における児童相談所の課題を話し合いましょう。

児童福祉施設等

子ども家庭福祉を推進していくにあたって、児童福祉施設は大きな役割を果たしています。本レッスンでは、「児童福祉法」「母子及び父子並びに寡婦福祉法」等に規定されている施設について学びます。それぞれの施設がどのような目的で支援を行っているのかについて理解を深めましょう。

1. 児童福祉施設とは

1 児童福祉施設の種類

　「児童福祉法」では**児童福祉施設**として、助産施設、乳児院、母子生活支援施設、保育所、幼保連携型認定こども園、児童厚生施設、児童養護施設、障害児入所施設、児童発達支援センター、児童心理治療施設、児童自立支援施設、児童家庭支援センター、の12種類が規定されています（第7条）。

　さらに、法律等により児童厚生施設は児童館と児童遊園に、障害児入所施設、児童発達支援センターはそれぞれ医療型と福祉型に細分化されています。

2 児童福祉施設の運営

　児童福祉施設の運営は、「児童福祉施設の設備及び運営に関する基準」に基づいて行われています。この基準は「児童福祉施設に入所している者が、明るくて、衛生的な環境において、素養があり、かつ、適切な訓練を受けた職員の指導により、心身ともに健やかにして、社会に適応するように育成されることを保障する」（第2条）ことを目的として定められています。

　具体的には、**一般原則**、職員の一般的要件、虐待等の禁止、懲戒に係る権限の濫用禁止、衛生管理、食事、健康診断、秘密保持、苦情への対応などが定められています。

　さらに、個々の施設については、設備や職員の資格、配置の基準などが定められています。それぞれの施設は「最低基準を超えて、常に、その設備及び運営を向上させなければならない」（第4条）とされています。

　なお、幼保連携型認定こども園の運営については、別途、「幼保連携

◆ 補足
一般原則
児童福祉施設の一般原則として、人権に対する配慮、人格の尊重、地域社会との交流および連携、自己評価などが定められている。

型認定こども園の学級の編制、職員、設備及び運営に関する基準」に基づいて行われています。

2. 社会的養護の施設等

1　社会的養護の施設の概要

　社会的養護とは、保護者がいない子や虐待を受けた子どもなどの家庭環境上養護を必要とする子どもを、公的責任で社会的に保護・養育することです。社会的養護を行うのは、乳児院、児童養護施設、児童心理治療施設、児童自立支援施設、母子生活支援施設といった児童福祉施設のほかに、自立援助ホーム（**児童自立生活援助事業**[*]）、里親、ファミリーホーム（**小規模住居型児童養育事業**[*]）があります。

　日本では、社会的養護の対象となる子どもは約4万5,000人いますが、里親等への委託よりも児童養護施設などの施設への入所が中心となっています。

　社会的養護の施設の運営については、施設種別ごとに運営指針および運営ハンドブックが作成されています。また、2012（平成24）年度からは**第三者評価**[*]を3年に1回以上、受審することが義務づけられました。

2　乳児院

　乳児院は「乳児（保健上、安定した生活環境の確保その他の理由により特に必要のある場合には、幼児を含む。）を入院させて、これを養育し、あわせて退院した者について相談その他の援助を行うことを目的とする施設」（「児童福祉法」第37条）です。また、地域の育児相談やショートステイなどの子育て支援、児童相談所からの乳（幼）児の一時保護などの役割も担っています。

　2020（令和2）年3月末現在、全国に144施設あり、現員数は2,760人（定員充足率70.7%）となっています。

3　児童養護施設

　児童養護施設は「保護者のない児童（乳児を除く。ただし、安定した生活環境の確保その他の理由により特に必要のある場合には、乳児を含む。）、虐待されている児童その他環境上養護を要する児童を入所させて、これを養護し、あわせて退所した者に対する相談その他の自立のための援助を行うことを目的とする施設」（「児童福祉法」第41条）です。

✴ **用語解説**

児童自立生活援助事業
児童養護施設などを退所した者等に対して、共同生活をする住居（自立援助ホーム）において、相談、日常生活上の援助、生活指導、就業の支援などを行う事業のこと。

小規模住居型児童養育事業
養育者の住居において6人程度の要保護児童の養育を行う事業。一般的に「ファミリーホーム」と呼ばれている。

第三者評価
提供されている福祉サービスの質に対して、事業者および利用者以外の公正・中立的な第三者が、専門的かつ客観的に評価するもの。

◆ **補足**

乳児
「児童福祉法」では、乳児を「満1歳に満たない者」と定義している。

児童養護施設
1997年の「児童福祉法」改正により、「養護施設」から名称が変更された。

近年、児童養護施設では虐待を受けた子どもや、障害のある子どもの入所が増えており、専門的なケアの必要性が増しています。また、できる限り家庭的な環境で生活できるように、施設のケア単位の小規模化（小規模グループケア）やグループホームへの移行などが推進されています。

2020（令和2）年3月末現在、全国に612施設あり、現員数は2万4,539人（定員充足率77.9%）となっています。

4　児童心理治療施設

児童心理治療施設は「家庭環境、学校における交友関係その他の環境上の理由により社会生活への適応が困難となつた児童を、短期間、入所させ、又は保護者の下から通わせて、社会生活に適応するために必要な心理に関する治療及び生活指導を主として行い、あわせて退所した者について相談その他の援助を行うことを目的とする施設」（「児童福祉法」第43条の2）です。

児童心理治療施設は、心理的・精神的な問題を抱えて日常生活に支障をきたしている子どもに対して、生活支援を基盤とした**心理治療**を行い、家庭復帰や里親、児童養護施設での養育につなぐ役割を担っています。治療はできるだけ短期間で終え、家庭復帰や児童養護施設等へ措置変更することが望ましいとされていますが、入所期間が長期化する子どももいます。

2020（令和2）年3月末現在、全国に51施設あり、現員数は1,370人（定員充足率68.8%）となっています。

5　児童自立支援施設

児童自立支援施設は「不良行為をなし、又はなすおそれのある児童及び家庭環境その他の環境上の理由により生活指導等を要する児童を入所させ、又は保護者の下から通わせて、個々の児童の状況に応じて必要な指導を行い、その自立を支援し、あわせて退所した者について相談その他の援助を行うことを目的とする施設」（「児童福祉法」第44条）です。

「少年法」に基づく家庭裁判所の保護処分等により入所する場合もあります。非行問題を中心に対応していますが、①虐待など不適切な養育を行った家庭や多くの問題を抱える養育環境で育った子ども、②乳幼児期の発達課題である基本的信頼関係の形成ができていない子ども、③トラウマを抱えている子ども、④知的障害や発達障害のある子ども、⑤抑うつ・不安といった問題を抱えている子どもなども少なくありません。また、ほかの施設では対応が難しくなった措置変更ケースも増加傾向に

◆補足
児童心理治療施設
2016年の「児童福祉法」改正により、「情緒障害児短期治療施設」から名称が変更された。

◆補足
心理治療
児童心理治療施設での心理治療は、施設での生活を治療的な経験にできるように、日常生活、学校生活、個人心理治療、集団療法、家族支援、施設外での社会体験などを有機的に結びつけた総合的な治療・支援（総合環境療法）とされている。

◆補足
児童自立支援施設
1997年の「児童福祉法」改正により、「教護院」から名称が変更された。

参照
少年非行への対応
→レッスン25

あり、その受け皿としての役割も果たしています。

2019（令和元）年10月１日現在、全国に58施設あり、現員数は1,201人（定員充足率34.7％）となっています。

6　母子生活支援施設

母子生活支援施設は「配偶者のない女子又はこれに準ずる事情にある女子及びその者の監護すべき児童を入所させて、これらの者を保護するとともに、これらの者の自立の促進のためにその生活を支援し、あわせて退所した者について相談その他の援助を行うことを目的とする施設」（「児童福祉法」第38条）です。近年では、ＤＶ（配偶者等からの暴力）の被害を理由とする入所が多くなってきています。また、**緊急一時保護事業**や**小規模分園型（サテライト型）施設**の設置など、さまざまな事業を実施しています。

2020（令和２）年３月末現在、全国に221施設あり、現員数は3,767世帯（定員充足率73.3％）となっています。

3．障害児施設

1　障害児施設・事業の一元化

2010（平成22）年の「**障害者自立支援法**」の見直し、および「児童福祉法」改正によって、障害児の施設体系の再編が行われました（2012［平成24］年４月施行）。図表11－1に示したように、知的障害児施設などの入所による支援を行っていた施設は**障害児入所施設（障害児入所支援）**に、知的障害児通園施設など通所による支援を行っていた施設は、**児童発達支援センター（障害児通所支援）**に一元化されました。

2　障害児入所施設

障害児入所施設は、障害のある子どもを入所させて支援を行う施設で、福祉型と医療型に分けられます。**福祉型障害児入所施設**は障害児を入所させて「保護、日常生活の指導及び独立自活に必要な知識技能の付与」（「児童福祉法」第42条）を行う施設です。**医療型障害児入所施設**は、これに加えて治療を行います。

3　児童発達支援センター

児童発達支援センターは、障害のある子どもを日々保護者の下から通

◆補足

母子生活支援施設
1997年の「児童福祉法」改正により、「母子寮」から名称が変更された。

緊急一時保護事業
「平成28年度全国母子生活支援施設実態調査」によると、70.1％の施設で実施している。

小規模分園型（サテライト型）施設
地域の住宅地などに設置し、本体施設との十分な連携のもと、一定期間、地域社会の中で母子保護を実施することにより、母子の自立を促進することを目的としている。

◆補足

「障害者自立支援法」
2005年に、市町村を提供主体としたサービスの一元化、支給決定手続きの明確化などを特徴として成立した法律。2012年に「障害者自立支援法」に代わる法律として、「障害者の日常生活及び社会生活を総合的に支援するための法律（障害者総合支援法）」が成立している。

◆補足

利用料の無償化
2019（令和元）年10月からの幼児教育・保育の無償化により、就学前の障害児の発達支援を利用する３～５歳までの子どもの利用料が無料となった。

図表11-1 障害児施設・事業の一元化

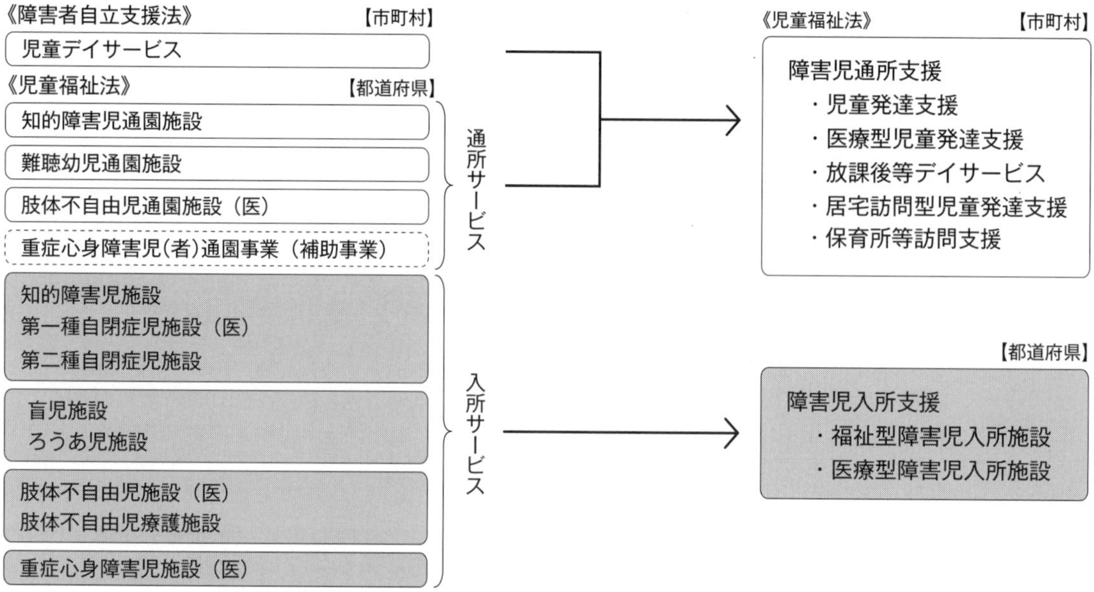

注：(医) とあるのは医療の提供を行っているもの。
出典：厚生労働省編『厚生労働白書（平成24年版）』資料編、2012年、225頁

所させて支援を行う施設で、福祉型と医療型に分けられます。**福祉型児童発達支援センター**は「日常生活における基本的動作の指導、独立自活に必要な知識技能の付与又は集団生活への適応のための訓練」（「児童福祉法」第43条）を行う施設です。**医療型児童発達支援センター**は、これに加えて治療を行います。

4．その他の児童福祉施設

1　保育所

　保育所は「保育を必要とする乳児・幼児を日々保護者の下から通わせて保育を行うことを目的とする施設」（「児童福祉法」第39条）です。全国で 2 万か所以上あり、保育所を利用している子どもは200万人を超えています。保育所は児童福祉施設のなかで最も多く設置されている施設ですが、都市部を中心に保育所を利用できない、いわゆる「**待機児童**」が5,600人以上おり（2021年 4 月）、さらなる対応が求められています。

◆補足

待機児童
厚生労働省の調査によると、待機児童数は2020年の 1 万2,439人から半減している。これは保育の受け皿の拡大に加え、新型コロナ感染症を背景とする利用控えの影響もあると考えられる。今後再び保育ニーズが増加する可能性もあるため、待機児童解消に向けた取り組みをさらに進めていく必要がある。

2 ▶ 幼保連携型認定こども園

　幼保連携型認定こども園は、学校就学前の子どもの教育、保育、および保護者等に対する子育て支援を一体的に提供する施設です。子ども・子育て支援新制度の施行にともなって、新たに「児童福祉法」に規定されました。職員としては、幼稚園教諭免許と保育士資格の両方をもつ**保育教諭**が配置されています。

3 ▶ 児童厚生施設

　児童厚生施設は「児童遊園、児童館等児童に健全な遊びを与えて、その健康を増進し、又は情操をゆたかにすることを目的とする施設」（「児童福祉法」第40条）です。**児童遊園**は屋外の児童厚生施設で、広場、遊具などを設置することになっています。また、**児童館**は屋内の児童厚生施設で、集会室、遊戯室、図書室などを設置することになっています。

4 ▶ 助産施設

　助産施設は「保健上必要があるにもかかわらず、経済的理由により、入院助産を受けることができない妊産婦を入所させて、助産を受けさせることを目的とする施設」（「児童福祉法」第36条）です。

5 ▶ 児童家庭支援センター

　児童家庭支援センターは、1997（平成9）年の「児童福祉法」改正によって制度化された施設で、地域の子どもの福祉に関する各般の問題について、専門的な知識・技術を必要とする相談の対応等を行っています。多くは児童養護施設等に附置されています。

5. 児童福祉施設以外の施設

1 ▶ 母子・父子福祉施設

　「母子及び父子並びに寡婦福祉法」には、母子・父子福祉施設として、母子・父子福祉センターと母子・父子休養ホームが規定されています。
　母子・父子福祉センターは、「無料又は低額な料金で、母子家庭等に対して、各種の相談に応ずるとともに、生活指導及び生業の指導を行う等母子家庭等の福祉のための便宜を総合的に供与することを目的とする施設」（第39条第2項）です。2019（令和元）年10月現在、全国の設置数は58施設となっています。

✦ 補足

幼保連携型認定こども園
「児童福祉法」第39条の2に「義務教育及びその後の教育の基礎を培うものとしての満3歳以上の幼児に対する教育及び保育を必要とする乳児・幼児に対する保育を一体的に行い、これらの乳児又は幼児の健やかな成長が図られるよう適当な環境を与えて、その心身の発達を助長することを目的とする施設」と規定されている。

参照
保育教諭の特例措置
→レッスン13

◆ 補足
母子・父子休養ホーム
熊本県母子寡婦福祉連合会
が運営している「母子休養
ホームしらゆり会館」には
宿泊室、会議室、和室広間、
浴室などが整備されている。

参照
要保護女子
→レッスン10

母子・父子休養ホームは、「無料又は低額な料金で、母子家庭等に対して、レクリエーションその他休養のための便宜を供与することを目的とする施設」（第39条第3項）です。2019（令和元）年10月現在、全国の設置数は2施設となっています。

2 婦人保護施設

婦人保護施設は「売春防止法」に規定されている施設で、「要保護女子を収容保護するための施設」（第36条）と規定されています。近年は、要保護女子だけでなく、DVの被害者の保護も行っています。「配偶者からの暴力の防止及び被害者の保護等に関する法律」には「婦人保護施設において被害者の保護を行うことができる」（第5条）と規定されています。

演 習 課 題

①社会的養護のそれぞれの施設の運営指針、運営ハンドブックの内容を調べてみましょう。
②障害児入所施設に入所している子どもの年齢、入所理由などを調べてみましょう。
③保育所および幼保連携型認定こども園の施設数、利用している子どもの数の推移を調べてみましょう。

子ども家庭福祉の費用

子ども家庭福祉を推進していくためには、財源が必要となります。これらの財源は、公費（税金）、利用者負担（保護者負担）、事業主負担、保険料などによって賄われています。本レッスンでは、子ども家庭福祉を推進するための財源、児童福祉施設の整備にかかる費用、児童福祉施設等の運営にかかる費用、利用者負担について学びます。

1．子ども家庭福祉を推進するための財源

1 ▶ 国庫補助金等と地方交付税交付金

子ども家庭福祉を推進するために必要な財源は、**公費（税金）**、利用者負担（保護者負担）、事業主負担、保険料などによって賄われていますが、主要な財源は公費となっています。これは、「児童福祉法」第2条第3項に、国および地方公共団体による**子どもの育成の責任**が定められているからです。

国から支出される公費は、①国庫補助金によるもの、②地方交付税交付金によるものに大きく分けられます。**国庫補助金**は、特定の目的のために予算化されている財源です。この補助金は、目的の達成のために効果的に使われなければならないため、目的の事業以外に使用することは認められていません。

これに対して、**地方交付税交付金**は、使途が限定されない一般財源です。子ども家庭福祉の分野では、児童相談所の運営費や公営保育所の運営費、民生委員・児童委員の活動の費用などが対象となっています。

2 ▶ 子ども家庭福祉の財政の動向

社会保障・税一体改革の一環として**消費税率**を10％へ引き上げ、その多くを社会保障を充実させるための財源にあてることになっています。そのうち約7,000億円を子ども・子育て支援にあてることとされていて、これを含めて1兆円程度の財源を確保して、子ども・子育て支援新制度に基づいてさらなる充実を図ることとされています。

しかしながら、日本の子ども家庭福祉の財政規模は、諸外国と比較して小さいことが指摘されています。それぞれの国の状況は異なるので単純に比較することはできませんが、図表12－1の**家族関係社会支出***の

⊞ **補足**
子どもの育成の責任
「児童福祉法」第2条第3項には「国及び地方公共団体は、児童の保護者とともに、児童を心身ともに健やかに育成する責任を負う」と規定されている。

⊞ **補足**
消費税率の引き上げ
2019年10月から消費税率が10％に引き上げられた。

✱ **用語解説**
家族関係社会支出
家族を支援するために支出される現金給付および現物給付（サービス）を計上したもの。

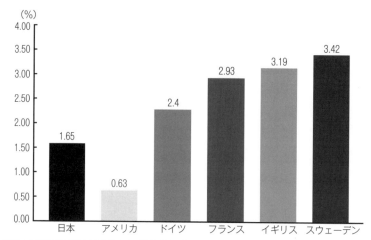

図表12-1 各国の家族関係社会支出の対ＧＤＰ比の比較

出典：内閣府『少子化社会対策白書（令和3年版）』2021年

対ＧＤＰ比をみると、日本は1.65で欧州諸国よりも大幅に低くなっています。

2．児童福祉施設の整備にかかる費用

1 次世代育成支援対策施設整備交付金

　児童福祉施設の整備については、従来の社会福祉施設等施設整備補助金が再編され、2005（平成17）年度からは**次世代育成支援対策施設整備交付金**による助成制度で行われることになりました。

　この交付金は、「次世代育成支援対策推進法」に基づく行動計画に従い、地域の実情に応じた次世代育成支援対策に資する児童福祉施設等の施設整備を支援することを目的としています。

2 保育所等整備交付金

　保育所の整備については、2015（平成27）年に保育所の待機児童の解消を図ることを目的として、新たに創設された**保育所等整備交付金**による助成制度で行われています。

3 社会福祉施設整備補助金

　障害児入所施設および児童発達支援センター等については、**社会福祉施設整備補助金**による助成制度で行われており、社会福祉法人が施設を整備する場合、その整備費について国が2分の1、都道府県（政令指定都市・中核市を含む）が4分の1を補助することになっています。

3. 児童福祉施設等の運営にかかる費用

1 児童入所施設措置費等

児童入所施設措置費等は、児童福祉施設（乳児院、児童養護施設、児童心理治療施設など）や里親への措置、助産施設、母子生活支援施設への入所、**保育の措置**、児童自立生活援助事業の実施、一時保護を行った場合の養育等を保障するための費用です。これらの費用は、一般に**措置費**と呼ばれており、事務費（職員の人件費など、施設を運営するために必要な諸経費）、事業費（子どもの生活に直接必要な諸経費）に大きく分けられます。

児童入所施設措置費等については、「児童福祉法」の規定によって図表12-2に示したような負担区分に従って、国、都道府県、市町村がそれぞれ負担することになっています。

2 子ども・子育て支援新制度にかかる費用

子ども・子育て支援新制度にかかる費用は、子どものための教育・保育給付負担金と子ども・子育て支援交付金に大きく分けられます。

子どものための教育・保育給付負担金は、**施設型給付**と地域型保育給付にかかる費用で、国が2分の1、都道府県が4分の1、市町村が4分の1を負担することになっています。

子ども・子育て支援交付金は、地域子ども・子育て支援事業の実施に係る費用で、国が3分の1、都道府県が3分の1、市町村が3分の1を負担することになっています。

◆ 補足

保育の措置
市町村は、保育を受けることの勧奨・支援等を行っても、なおやむを得ない事由により保育を受けることが著しく困難であると認めるときは、保育所等で保育を行わなければならないとされている（「児童福祉法」第24条第5項、第6項）。

◆ 補足

施設型給付
施設型給付のうち、公立の認定こども園、保育所、幼稚園の費用については、地方交付税交付金の中に含まれているため、市町村が一般財源の中から負担することになっている。

図表12-2 児童入所施設措置費等の負担区分

経費の種別	措置等主体の区分	児童等の入所先等の区分	措置費等の負担区分		
			市町村	都道府県	国
母子生活支援施設及び助産施設の措置費等	市及び福祉事務所を管理する町村	市町村立施設及び私立施設	1／4	1／4	1／2
		都道府県立施設		1／2	1／2
	都道府県、指定都市、中核市、児童相談所設置市	都道府県立施設、市町村立施設及び私立施設		1／2	1／2
その他の施設、里親の措置費等	都道府県、指定都市、児童相談所設置市	都道府県立施設、市町村立施設及び私立施設		1／2	1／2
一時保護所の措置費等	都道府県、指定都市、児童相談所設置市	児童相談所（一時保護施設）		1／2	1／2
保育の措置費	市町村（指定都市、中核市及び児童相談所設置市含む。）	特定教育・保育施設及び特定地域型保育事業所	1／4	1／4	1／2

出典：厚生労働事務次官「児童福祉法による児童入所施設措置費等国庫負担金について」厚生労働省発子0310第7号、2021年3月10日をもとに作成

3 ▶ 障害児を対象とするサービスにかかる費用

「児童福祉法」に基づく障害児を対象とするサービスにかかる費用は、①障害児入所給付費（障害児入所施設での支援に要する費用）、②障害児通所給付費（児童発達支援センター等での支援に要する費用）、③障害児相談支援給付費（障害児相談支援に要する費用）に大きく分けられます。それぞれの費用は、利用者（保護者）に支給されるしくみになっていますが、実際には多くの場合、**法定代理受領**[*]により施設・事業者に支給されています。

✳ 用語解説

法定代理受領
施設・事業者が、利用者（保護者）に代わって費用を受け取る方法。

4．利用者負担

1 ▶ 子ども家庭福祉サービスの利用者負担

子ども家庭福祉サービスの費用については、「児童福祉法」第56条の規定に基づいて、厚生労働大臣や都道府県知事、市町村長が、利用者（本人もしくは保護者等）から負担能力に応じて、その費用の全額またはその一部を徴収できることになっています。

子ども家庭福祉サービスの利用者負担には、応益負担と応能負担の2つがあります。**応益負担**は、利用者の所得額等に関係なく利用したサービスの内容に応じて、その費用の一部を定額負担する方法です。**応能負担**は、利用者の所得額や税額に応じて費用を負担する方法です。

子ども家庭福祉サービスでは、多くの場合、後者の応能負担によって利用者が負担する費用が定められており、非課税世帯や生活保護受給世帯の利用者負担は無料となっています。

◆ 補足

応益負担
保育所の延長保育料についても非課税世帯や生活保護受給世帯は免除・減免されている。

2 ▶ 児童福祉施設入所の利用者負担

児童福祉施設へ入所した場合の利用者負担は、応能負担となっています。国が定める利用者負担額（費用徴収額）の基準は、図表12−3に示したように、個々の世帯の所得税、市町村民税の課税階層区分ごとに金額が定められています。実際には、この基準をもとにそれぞれの地方自治体が家計に与える影響などを考慮しながら定めることになっています。

3 ▶ 特定教育・保育施設等の利用者負担

子ども・子育て支援新制度における利用者負担は応能負担となっていますが、2019（令和元）年10月より幼児教育・保育の無償化制度が始まったことにより、特定教育・保育施設等を利用する3歳から5歳までの教

図表12-3 児童入所施設の徴収金基準額（月額）

各月初日の措置児童等の属する世帯の階層区分			入所施設	母子生活支援施設 児童自立支援施設通所部 児童心理治療施設通所部 自立援助ホーム
階層 区分	定義		徴収金基準額（月額）	徴収金基準額（月額）
A	生活保護法による被保護世帯（単給世帯含む）及び中国残留邦人等の円滑な帰国の促進並びに永住帰国した中国残留邦人等及び特定配偶者の自立の支援に関する法律による支援給付受給世帯		0円	0円
B	A階層を除き当該年度分の市町村民税非課税世帯		2,200円	1,100円
C	A階層を除き当該年度分の市町村民税の課税世帯であって、その市町村民税の額が均等割の額のみの世帯（所得割の額のない世帯）		4,500円	2,200円
D1	A階層及びC階層を除き当該年度分の市町村民税の課税世帯であって、その市町村民税所得割の額の区分が次の区分に該当する世帯	9,000円以下	6,600円	3,300円
D2		9,001円から27,000円まで	9,000円	4,500円
D3		27,001円から57,000円まで	13,500円	6,700円
D4		57,001円から93,000円まで	18,700円	9,300円
D5		93,001円から177,300円まで	29,000円	14,500円
D6		177,301円から258,100円まで	その月のその措置児童等にかかる措置費等の支弁額（全額徴収。ただし、その額が41,200円を超えるときは41,200円とする。）	20,600円
D7 〜 D14		258,101円から1,426,500円まで	その月のその措置児童等にかかる措置費等の支弁額（全額徴収。ただし、世帯の階層区分によって上限額が定められる。）	その月のその入所世帯にかかる措置費等の支弁額（全額徴収。ただし、世帯の階層区分によって上限額が定められる。）

注：2019（令和元）年7月1日からの徴収基準額
出典：「児童福祉法による児童入所施設措置費等国庫負担金について」厚生労働省発0310第7号、2021年3月10日をもとに作成

育標準時間認定（1号認定）および保育認定（2号認定）の子どもの利用者負担が無料になりました。

　0歳から満3歳未満の保育認定（3号認定）を受ける子どもについては、図表12-4に示した国が定める基準を限度として、それぞれの市町村が地域の事情などを考慮しながら定めることとなっています。

4 障害児を対象とするサービスの利用者負担

　障害児を対象とするサービスの利用者負担は、応能負担となっています。図表12-5には国が定めた基準を示していますが、所得に応じて4区分の負担上限月額が設定されていて、1か月に利用したサービス量にかかわらず、それ以上の負担は生じないことになっています。

図表12-4 特定教育・保育施設等の利用者負担（月額）

保育認定の子ども（3号認定：満3歳未満）

区分		利用者負担	
		保育標準時間	保育短時間
多子カウント年齢制限なし	生活保護世帯及び市町村民税非課税世帯（～約260万円）	0円	0円
	所得割課税額48,600円未満（～約330万円）	19,500円（9,000円）	19,300円（9,000円）
	所得割課税額57,700円未満〔77,101円未満〕（～約360万円）	30,000円（9,000円）	29,600円（9,000円）
多子カウント（小学校就学前）年齢制限有り	所得割課税額97,000円未満（～約470万円）	30,000円	29,600円
	所得割課税額169,000円未満（～約640万円）	44,500円	43,900円
	所得割課税額301,000円未満（～約930万円）	61,000円	60,100円
	所得割課税額397,000円未満（～約1,130万円）	80,000円	78,800円
	所得割課税額397,000円以上（1,130万円～）	104,000円	102,400円

注：1）（　）書きは、ひとり親世帯、在宅障害児（者）のいる世帯、その他の世帯（生活保護法に定める要保護者等特に困窮していると市町村の長が認めた世帯）の額。
　　2）満3歳に到達した日の属する年度中の2号認定の利用者負担額は、3号認定の額を適用する。
　　3）小学校就学前の範囲において、特定教育・保育施設等を同時に利用する最年長の子どもから順に2人目は上記の半額、3人目以降（年収約360万円未満相当のひとり親世帯等については2人目以降）については0円とする。ただし、年収約360万円未満相当の世帯においては多子のカウントにおける年齢制限を撤廃する。
　　4）給付単価を限度とする。
出典：内閣府子ども・子育て本部「子ども・子育て支援新制度について　令和3年6月」2021年
https://www8.cao.go.jp/shoushi/shinseido/outline/pdf/setsumei_p1.pdf（2021年11月14日確認）

図表12-5 障害児を対象とするサービスの利用者負担（月額）

区分	世帯の収入状況		負担上限
生活保護	生活保護受給世帯		0円
低所得	市町村民税非課税世帯		0円
一般1	市町村民税課税世帯（所得割28万円注未満）	通所施設、ホームヘルプ利用の場合	4,600円
		入所施設利用の場合	9,300円
一般2	上記以外		37,200円

注：収入がおおむね890万円以下の世帯が対象となる。
出典：厚生労働省「障害者福祉：障害児の利用者負担」https://www.mhlw.go.jp/bunya/shougaihoken/service/hutan2.html（2022年2月18日確認）

┌─────────────┐
│ 演 習 課 題 │
└─────────────┘

①国の予算について子ども家庭福祉と高齢者福祉を比較してみましょう。

②子ども家庭福祉サービスの利用者負担の多くが応能負担になっている理由を考えてみましょう。

③自分が住んでいる市町村の特定教育・保育施設（保育所など）の利用者負担を調べて、発表し合いましょう。

レッスン13

子ども家庭福祉の専門職

子ども家庭福祉には、保育士をはじめとする社会福祉分野の専門職、医師や看護師などの関連分野の専門職、さらには里親や児童委員など幅広い人々が関わっています。本レッスンでは、子ども家庭福祉を支えるさまざまな専門職の役割について理解しましょう。

1．子ども家庭福祉の関係機関の専門職

1 児童福祉司

　児童福祉司は児童相談所の中核的な職員で、①子ども、保護者等から子どもの福祉に関する相談に応じる、②必要な調査や社会診断を行う、③子ども、保護者、関係者等に必要な支援・指導を行う、④子ども、保護者等の関係調整を行う、などの業務を行っています。

　児童福祉司は、要保護児童の数や交通事情等を考慮して、人口おおむね4万人に1人の配置が標準とされていて、担当区域制がとられています。児童福祉司の**任用資格***は、①大学において心理学、教育学、社会学を専修する学科を卒業した者で、1年以上子どもの福祉に関する相談等に応じ、助言、指導その他の援助を行う業務に従事した者、②医師、③社会福祉士、④社会福祉主事として2年以上児童福祉事業に従事した者、などとなっています。

2 児童心理司

　児童心理司は、児童相談所に配置されている心理専門職で、児童福祉司とともに児童相談所において中核的な役割を果たしています。

　具体的には、①子ども、保護者等の相談に応じ、診断面接、心理検査、観察等によって子ども、保護者等に対し心理診断を行う、②子ども、保護者、関係者等に心理療法、カウンセリング、助言指導等を行う、などの業務を行っています。

　児童心理司の任用資格は、大学において心理学を専修する学科またはこれに相当する課程を修めて卒業した者などとなっており、実際に心理学専攻の大学院修了者や臨床心理士なども多く採用されています。

✚補足

児童福祉司
「児童福祉法」第13条第4項に「児童福祉司は、児童相談所長の命を受けて、児童の保護その他児童の福祉に関する事項について、相談に応じ、専門的技術に基づいて必要な指導を行う等児童の福祉増進に努める」と規定されている。

✳用語解説

任用資格
その職業に任用されるための資格のこと。定められた任用資格基準を満たすことで得られるが、その仕事に就かないと、資格の効力が発生しない。

3　社会福祉主事、家庭相談員

社会福祉主事は、福祉事務所に配置される職員で、社会福祉に関する相談業務を行っています。**家庭児童相談室**には、子ども家庭福祉の業務に従事する社会福祉主事が配置されることになっています。

家庭相談員は、家庭児童相談室に配置される職員で、社会福祉主事とともに子ども家庭福祉に関する相談業務を行っています。家庭相談員は、原則として非常勤職員となっています。

4　母子・父子自立支援員

母子・父子自立支援員は、「母子及び父子並びに寡婦福祉法」に基づいて福祉事務所などに配置される職員で、母子家庭等に対する相談業務を行っています。具体的には、母子家庭、父子家庭、寡婦に対する相談、情報提供、指導、職業能力の向上および求職活動に関する支援などの業務を行っています。

母子・父子自立支援員の任用資格は、社会的信望があり、かつ上記の職務を行うために必要な熱意と識見をもっている者となっています。

5　婦人相談員

婦人相談員は「売春防止法」に基づいて配置される職員で、要保護女子の発見、相談、必要な指導などの業務を行っています。また、「配偶者からの暴力の防止及び被害者の保護等に関する法律」には「婦人相談員は、被害者の相談に応じ、必要な指導を行うことができる」（第4条）と規定されており、この規定に基づいてDV問題に関する相談、必要な指導なども行っています。

婦人相談員の任用資格は、社会的信望があり、かつ上記の職務を行うために必要な熱意と識見をもっている者となっています。多くの場合、都道府県では**婦人相談所**に、市町村では福祉事務所に配置されています。

6　保健師

保健師は「厚生労働大臣の免許を受けて、保健師の名称を用いて、保健指導に従事することを業とする者」（「保健師助産師看護師法」第2条）と規定されています。保健師は、市町村保健センターや保健所などに配置されており、子どもや妊婦の健康相談、健康診査、保健指導などの業務を行っています。

◆ 補足

家庭児童相談室
身近な相談場所として親しみやすくするために、市町村ごとに「こども家庭相談室」「子ども何でも相談室」などの異なる名称になっていることもある。

2．子ども家庭福祉の関係施設の専門職

1　保育士

保育士は「登録を受け、保育士の名称を用いて、専門的知識及び技術をもつて、児童の保育及び児童の保護者に対する保育に関する指導を行うことを業とする者」（「児童福祉法」第18条の4）と規定されています。2001（平成13）年の「児童福祉法」改正により、保育士は名称独占の資格として「児童福祉法」に位置づけられました。法定化に合わせて、**信用失墜行為の禁止**や秘密保持義務などに関する規定も設けられました。

保育士の業務は、配置される施設によって異なりますが、保育所では子どもの保育や保護者支援、地域子育て支援などの業務を行っています。児童養護施設などの入所施設では、洗濯や掃除などの家事も含めて入所している子どもの日常的な支援を行うとともに、学習指導や生活指導、自立支援など幅広い業務を行っています。

✚補足
信用失墜行為の禁止
「児童福祉法」第18条の21には「保育士は、保育士の信用を傷つけるような行為をしてはならない」と規定されている。

2　保育教諭

保育教諭は、2015（平成27）年度から新たに制度化された**幼保連携型認定こども園**において、子どもの教育および保育を行う職員で、幼稚園教諭免許と保育士資格の両方をもつ者とされています。ただし、新たな幼保連携型認定こども園への円滑な移行を進めるために、制度が実施されてから5年間は、いずれか一方の資格・免許をもっていれば保育教諭になることができるという特例措置が設けられていましたが、さらに2024（令和6）年まで5年間延長されました。

参照
幼保連携型認定こども園
→レッスン11

3　児童指導員

児童指導員は、乳児院、児童養護施設、児童心理治療施設、障害児入所施設、児童発達支援センターなど、多くの児童福祉施設に配置されています。児童指導員は、生活指導や学習指導などの子どもに対する支援を行うとともに、家族や学校、児童相談所等との連絡調整を行うなど幅広い業務を行っています。

4　母子支援員、児童自立支援専門員、児童生活支援員

母子支援員は、**母子生活支援施設**において母子の生活支援を行う職員です。母子生活支援施設における生活支援は、母子をともに入所させる施設の特性を生かしつつ、親子関係の再構築等や退所後の生活の安定が

図られるように、個々の母子の家庭生活や稼働の状況に応じて、就労や家庭生活、子どもの養育に関する相談、助言、指導、さらに関係機関との連絡調整を行うことによって、母子の自立を促進することを目的としています。

児童自立支援専門員は、**児童自立支援施設**において子どもの自立支援を行う職員で、**児童生活支援員**は、児童自立支援施設において子どもの生活支援を行う職員です。児童自立支援施設における支援は、すべての子どもがその適性および能力に応じて、自立した社会人として健全な社会生活を営んでいくことができるよう支援することを目的として行われています。

5　家庭支援専門相談員、里親支援専門相談員

家庭支援専門相談員は、虐待などの家庭環境上の理由により入所している子どもの早期の家庭復帰等を支援する体制を強化するために、乳児院や児童養護施設、児童心理治療施設、児童自立支援施設に配置される職員で、「**ファミリーソーシャルワーカー**」と呼ばれることもあります。

具体的な業務としては、①子どもの早期家庭復帰のための保護者等に対する相談援助業務、②退所後の子どもに対する継続的な相談援助、③児童相談所などの関係機関との連絡・調整などを行っています。

里親支援専門相談員は、施設に地域の里親等を支援する拠点としての機能をもたせるために乳児院と児童養護施設に配置される職員で、「**里親支援ソーシャルワーカー**」と呼ばれることもあります。具体的な業務としては、児童相談所の里親担当職員、里親委託等推進員、里親会等と連携して、①入所している子どもの里親委託の推進、②退所した子どものアフターケアとしての里親支援、③里親の新規開拓などを行っています。

6　児童の遊びを指導する者、放課後児童支援員

児童の遊びを指導する者は、**児童厚生施設**に配置されている職員で「**児童厚生員**」と呼ばれることもあります。児童厚生施設における遊びの指導は、子どもの自主性、社会性および創造性を高め、地域における健全育成活動の助長を図ることを目的として行われています。

放課後児童支援員は、放課後児童クラブに配置されている職員です。2015（平成27）年度から施行されている「子ども・子育て支援新制度」において新たに創設された資格で、保育士、社会福祉士、教員、2年以上児童福祉事業に従事した者などであって、都道府県知事が行う研修を修了した者でなければならないとされています。

◆ 補足

家庭支援専門相談員
資格要件としては、社会福祉士、精神保健福祉士、児童養護施設等において子どもの養育に5年以上従事した者等とされている。

◆ 補足

里親支援専門相談員
資格要件としては、社会福祉士、精神保健福祉士、児童養護施設等（里親を含む）において子どもの養育に5年以上従事した者であって、里親制度への理解およびソーシャルワークの視点を有する者等とされている。

◆ 補足

児童の遊びを指導する者
保育士、社会福祉士、教員の資格をもつ者、2年以上児童福祉事業に従事した者などと規定されている（「児童福祉施設の設備及び運営に関する基準」第38条第2項）。

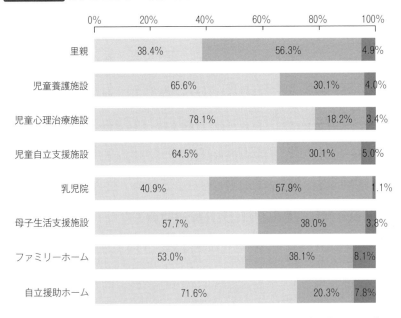

図表13-1 措置児童等の被虐待経験の有無

- 被虐待体験あり
- 被虐待体験なし
- 被虐待体験不明・不詳

出典：厚生労働省ホームページ「児童養護施設入所児童等調査結果（平成30年2月1日現在）」をもとに作成

7 その他

　近年、虐待を受けて入所してくる子どもが増加してきており、児童養護施設では約65%となっています（図表13-1）。児童養護施設等には、虐待を受けた子どもに対する適切な援助体制を確保するために、心理療法担当職員、個別対応職員などが配置されています。

　心理療法担当職員は、虐待などによる心的外傷のために心理療法を必要とする子どもなどに遊戯療法、カウンセリングなどの心理療法を行い、心理的な困難を改善し、安心感・安全感の再形成および人間関係の修正等を図ることにより、子どもの自立を支援しています。

　個別対応職員は、虐待を受けた子どもなどへの対応の充実を図るために、個別の対応が必要とされる子どもへの個別面接、生活場面での1対1の対応、保護者への援助などを行っています。

3. その他の専門職等

1 里親

　里親制度は、「児童福祉法」に基づいて要保護児童等を家庭で養育す

る制度です。家庭での生活を通じて、子どもが成長する上できわめて重要な特定の大人との愛着関係のなかで養育を行うことにより、子どもの健全な育成を図っています。里親制度は、委託を受けて子どもを養育するものであり、養子縁組とは異なり、「民法」上の親子関係を結ぶものではありません。

　里親には、養育里親、養子縁組里親、親族里親の3種類があります。さらに、養育里親のなかには、虐待等により心身に有害な影響を受けた子どもなど、より専門的な支援を必要とする子どもを養育する専門里親があります。

参照
里親の種類
→レッスン23

2　民生委員、児童委員、主任児童委員

　民生委員は、「社会奉仕の精神をもつて、常に住民の立場に立つて相談に応じ、及び必要な援助を行い、もつて社会福祉の増進に努めるもの」（「民生委員法」第1条）とされています。

　民生委員は、給与が支給されない民間のボランティアで、「児童福祉法」に基づく**児童委員**を兼ねることになっています。児童委員としては、地域の子どもや妊産婦などの生活状況の把握、情報提供、援助などの業務を行っています。任期は3年で、厚生労働大臣の委嘱を受けて活動しています。

　主任児童委員は、児童委員のなかから厚生労働大臣によって指名されます。主任児童委員は、子ども家庭福祉に関する機関と児童委員との連絡調整、児童委員の活動に対する援助などの業務を行い、基本的には民生委員としての業務は行わないことになっています。

3　保護司

　保護司は、「社会奉仕の精神をもつて、犯罪をした者及び非行のある少年の改善更生を助けるとともに、犯罪の予防のため世論の啓発に努め、もつて地域社会の浄化をはかり、個人及び公共の福祉に寄与することを、その使命とする」（「保護司法」第1条）とされています。

　保護司は、給与が支給されない民間のボランティアで、**保護観察官**の補佐的役割として**保護観察**を実施したり、少年院などから釈放された人がスムーズに社会復帰できるように生活環境の調整をしたりしています。また、犯罪予防のために啓発活動や地方公共団体の施策への協力、民間団体の活動への協力などの業務を行っています。任期は2年で、法務大臣の委嘱を受けて活動しています。

◆補足
保護観察官
保護観察とは「少年法」による保護観察処分を受けた者、少年院仮退院者などに対して行われる社会内処遇のこと。保護観察官は保護観察に従事する専門職員で、保護観察所などに配置される。

4　スクールカウンセラー、スクールソーシャルワーカー

　学校における相談体制の充実のために、スクールカウンセラーやスクールソーシャルワーカーの配置拡充が推進されています。

　スクールカウンセラーは、臨床心理士、公認心理師、精神科医など、子どもの臨床心理に関して高度な専門的な知識・経験を有する者で、子どもへのカウンセリング、保護者や教職員への助言・援助などの業務を行っています。また、災害などの心のケアを要する事象が発生した場合は、スクールカウンセラーの緊急支援派遣が行われます。

　スクールソーシャルワーカーは、教育と福祉の両面に関して、専門的な知識・技術を有するとともに、過去に教育や福祉の分野において、活動経験の実績等がある者とされています。具体的には、①問題を抱える子どもが置かれた環境への働きかけ、②関係機関とのネットワークの構築、連携・調整、③学校内におけるチーム体制の構築、支援、④保護者、教職員等に対する支援・相談・情報提供、⑤教職員等への研修活動、などの業務を行っています。

| 演 | 習 | 課 | 題 |

①児童相談所で従事する専門職（児童福祉司など）の課題について、調べてみましょう。
②児童福祉施設で従事する専門職の配置基準を調べてみましょう。
③里親制度と養子縁組、特別養子縁組の違いについて調べてみましょう。

子ども家庭福祉のネットワーク

子ども家庭福祉を推進していくにあたっては、ネットワークを構築して支援していくことが不可欠となります。本レッスンでは、ネットワークの意義、子ども家庭福祉におけるさまざまなネットワークについて学びます。子ども虐待、障害のある子どもの支援、子ども・若者支援、子どもの貧困対策におけるネットワークについて理解を深めていきましょう。

1. 子ども家庭福祉におけるネットワークの意義

1 ネットワークの必要性

　一般的に**ネットワーク**とは、同じ目的によってつながって協働しているグループ、相互につながり合って情報の交換を行うグループのことをいいます。

　子ども家庭福祉では、子どもやその家庭を支援するためにさまざまな制度が整備されていますが、どれだけ制度が充実してもひとつの施設・機関だけでは対応するのは困難です。

　その理由としては、①子どもやその家庭が抱える問題が複雑化してきていること、②個々の制度が専門的に細分化していること、③制度によるフォーマルな支援だけでなく、地域住民などのインフォーマルな支援が必要とされること、などがあげられます。

　このように子ども家庭福祉においては、さまざまな施設・機関の連携、フォーマルな支援とインフォーマルな支援の連携が必要であり、子ども家庭福祉の各分野において多様なネットワークが構築されています。

2 ネットワークの種類

　子ども家庭福祉におけるネットワークにはさまざまなものがあります。たとえば、子ども虐待に対応するためのネットワーク、障害のある子どもの支援のためのネットワーク、子ども・若者の支援のためのネットワーク、子育て支援のネットワークなどがあります。

　ただし、このようなネットワークは自然発生的にできるものは少なく、意図的に構築していく必要があります。そのために、ネットワークの構築を目的としてさまざまな協議会やセンターなどの整備が法的に推進されています。また近年、学校に**スクールソーシャルワーカー**が配置され

るようになってきたことによって、いじめや不登校等の問題への対応において学校と関係機関のネットワークを構築する取り組みが注目されるようになっています。

2. 子ども虐待に対応するためのネットワーク

1　要保護児童対策地域協議会

子ども虐待は、さまざまなリスク要因がからみ合って起こるものであり、ひとつの施設・機関だけでは対応するのが困難です。子ども虐待を防止し、また虐待を受けている子どもや支援を必要としている家庭を早期に発見し、適切な保護や支援を図るためには、ひとつの機関が抱え込むことなく、関係機関の間で情報や考え方を共有し、適切な連携のもとで対応していくことが重要です。

具体的には、児童相談所と市町村間の連携はもちろんのこと、福祉事務所、児童福祉施設、里親、保育所、幼稚園、学校、医療機関、保健所・市町村保健センター、警察など、さまざまな関係機関がネットワークを構築して、その活用を図ることが必要です。

そのために、2004（平成16）年の「児童福祉法」改正により**要保護児童対策地域協議会**が法定化され、要保護児童対策地域協議会を「**子どもを守る地域ネットワーク**」と位置づけて各機関が連携して子ども虐待に対応するしくみが構築されました（図表14-1）。

図表14-1 子どもを守る地域ネットワーク

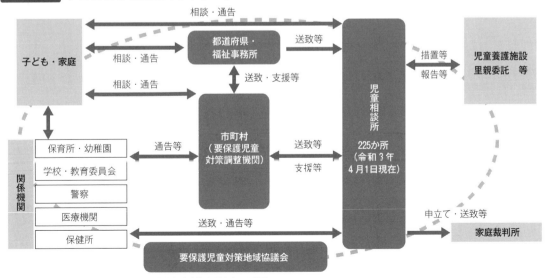

出典：厚生労働省『厚生労働白書（令和3年版）資料編』2021年、189頁

2　妊娠・出産・育児期における切れ目のない支援ネットワーク

　児童虐待等要保護事例の検証に関する専門委員会の報告によると、子ども虐待によって死亡した子どもの年齢は、生後間もない子どもをはじめとした0歳の子どもが約5割と多くを占めています。この背景には、妊娠期や育児期において母親が一人で悩みを抱えていることや、産前産後の心身の不調、家庭環境の問題などがあると考えられます。

　このような家庭に対して適切な支援を行うことで、子ども虐待の防止を図るために、妊娠・出産・育児に関する相談がしやすい体制を整備するとともに、地域の子育て支援サービスを充実していくことが求められます。妊娠・出産・育児期に関する支援については、保健、医療、福祉などのさまざまな施設・機関が関わっており、これらの施設・機関が連携して妊娠期から子育て期までの切れ目ない支援を行っていくことが重要です。

　そこで、2016（平成28）年の「母子保健法」の改正により、妊娠期

図表14-2 妊娠・出産・育児期の支援ネットワーク

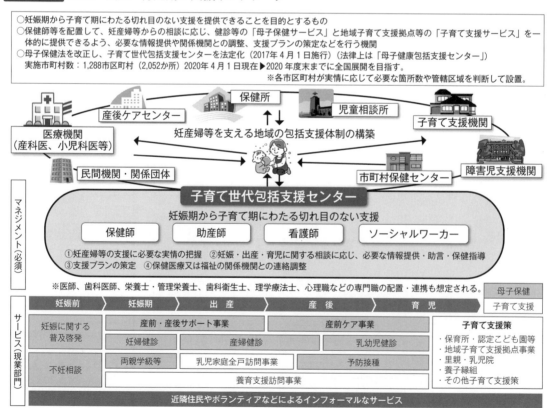

出典：内閣府『少子化社会対策白書（令和2年版）』2020年、119頁

から子育て期までの切れ目ない支援を行う**母子健康包括支援センター**が法定化されました。母子健康包括支援センターは「**子育て世代包括支援センター**」とも呼ばれ、妊娠期から子育て期までの支援についての**ワンストップサービス**の拠点として、妊娠・出産・育児期のネットワークの中核的な機能を果たすことが期待されています（図表14 - 2）。

➕ 補足

母子健康包括支援センター
必要な実情把握、母子保健に関する相談、保健指導などを行うことにより、母性、乳児、幼児の健康の保持および増進に関する包括的な支援を行うことを目的とする施設（「母子保健法」第22条第2項）。

3．障害のある子どもの支援のためのネットワーク

1　障害児支援利用計画

　障害のある子どもが**障害児通所支援**を利用するにあたっては、**障害児支援利用計画**を作成します。これは、障害のある子どもの状況に合わせて適切なサービスの組み合わせを記載するもので、就学している子どもについては**特別支援学校**等で作成される個別の教育支援計画および個別の指導計画と調整して作成することが必要となります。

　また、障害のある人を支えるために市町村に「**障害者総合支援法**」に基づき地域自立支援協議会が設置されており、関係機関等が相互の連絡を図ることにより、地域における障害者等への支援体制に関する課題について情報を共有し、関係機関等の連携の緊密化を図るとともに、地域の実情に応じた体制の整備について協議しています。

参照

障害児通所支援
→レッスン19

参照

「障害者総合支援法」
→レッスン19

図表14- 3 発達障害者支援体制整備

発達障害については、支援のためのノウハウが十分普及していないため、各地域における支援体制の確立が喫緊の課題となっている。このため、市町村・事業所等支援、医療機関との連携や困難ケースへの対応等について、地域の中核である発達障害者支援センターの地域支援機能の強化を図り、支援体制の整備を推進。

発達障害者支援センター
●相談支援（来所、訪問、電話等による相談）
●発達支援（個別支援計画の作成・実施等）
●就労支援（発達障害児（者）への就労相談）
●その他研修、普及啓発、機関支援

課題　中核機関としてセンターに求められる市町村・事業所等のバックアップや困難事例への対応等が、センターへの直接の相談の増加等により十分に発揮されていない。

都道府県等　発達障害者支援体制整備（地域生活支援事業）
●発達障害者支援地域協議会　●市町村・関係機関及び関係施設への研修
●アセスメントツールの導入促進　●ペアレントメンター（コーディネータ）

地域支援機能の強化へ

地域を支援するマネジメントチーム

発達障害者地域支援マネジャーが中心
・原則として、センターの事業として実施
・地域の実情に応じ、その他機関等に委託化

市町村　体制整備支援
全年代を対象とした支援体制の構築
　（求められる市町村の取組）
①アセスメントツールの導入
②個別支援ファイルの活用・普及

事業所等　困難ケース支援
困難事例の対応能力の向上
　（求められる事業所等の取組）
対応困難ケースを含めた支援を的確に実施

医療機関　医療機関との連携
身近な地域で発達障害に関する適切な医療の提供
　（求められる医療機関の取組）
①専門的な診断評価
②行動障害等の入院治療

出典：内閣府『障害者白書（令和3年版）』2021年、123頁をもとに作成

2　発達障害者支援体制の整備

発達障害のある人の乳幼児期から成人期までの各ライフステージに対応する一貫した体制の整備のために、福祉、教育等の関係機関のネットワークの構築が図られています。また、**発達障害者地域支援マネジャー**を配置するなど、発達障害者に対する地域の支援体制の機能強化が図られています（図表14 - 3）。

4．子ども・若者支援のためのネットワーク

1　子ども・若者支援地域協議会

ニート、ひきこもり、不登校、非行など、子ども・若者をめぐる問題は複雑かつ深刻になってきています。このような社会生活を営むうえで困難をもっている子ども・若者に対応するにはひとつの機関の対応では困難なことから、「**子ども・若者育成支援推進法**」に基づいて、さまざまな機関が連携して支援するためのネットワークとして**子ども・若者支援地域協議会**を設置し、支援を効果的かつ円滑に実施するしくみの構築を図っています（図表14 - 4）。

また、幅広い分野にまたがる子ども・若者の問題に関する総合相談窓口として「**子ども・若者総合相談センター**」を設置して、関係機関の紹介、その他必要な情報提供を行っています。

⊞ 補足

「子ども・若者育成支援推進法」
総合的な子ども・若者育成支援のための施策を推進することを目的として、2009年7月に制定された法律。

図表14 - 4 子ども・若者支援地域協議会

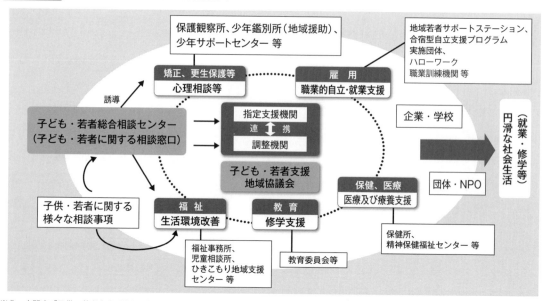

出典：内閣府『子供・若者白書（令和3年版）』2021年、97頁

図表14-5　地域におけるひきこもり支援

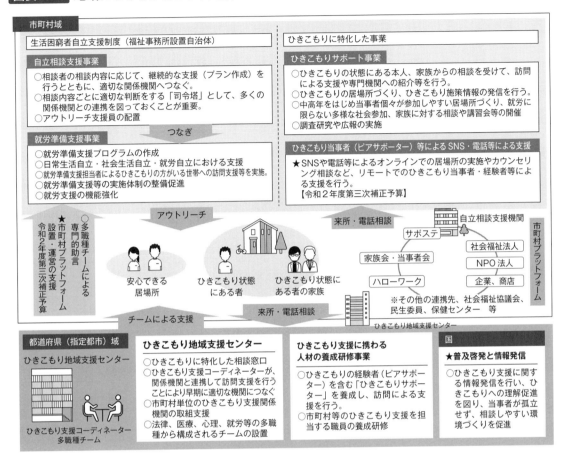

出典：図表14-4と同じ、106頁

2　ひきこもり地域支援センター

　厚生労働省は、ひきこもりに特化した専門的な第一次相談窓口として**「ひきこもり地域支援センター」**の整備を推進しています。

　このセンターは、ひきこもりの状態にある本人や家族が、地域の中でまずどこに相談したらよいかを明確にすることによって、より適切な支援に結びつきやすくすることを目的としています。さらに、**ひきこもり支援コーディネーター**を中心に、保健、医療、福祉、教育、就労といった地域における関係機関とのネットワークの構築、ひきこもり対策にとって必要な情報を広く提供するなど、地域におけるひきこもり支援の拠点としての役割を担っています（図表14-5）。

3　地域若者サポートステーション

　厚生労働省は、若者の就労に向けた支援を行うために「**地域若者サポー**

➕補足

ひきこもり支援コーディネーター

原則として、ひきこもり地域支援センター1か所につき、ひきこもり支援コーディネーターを2名以上（このうち1名以上は社会福祉士、精神保健福祉士、保健師等の専門職）を配置することになっている。

トステーション」（サポステ）の整備を進めています。サポステは、働くことに悩みを抱えている15歳～39歳までの若者に対し、キャリアコンサルタントなどによる専門的な相談、コミュニケーション訓練などによるステップアップ、協力企業への就労体験などにより、就労に向けた支援を行っています。

　これらの支援を実施するためにサポステは、就労支援機関、教育機関、保健・福祉機関、行政機関など、さまざまな機関とネットワークを構築して、その拠点として機能しています。

5．子どもの貧困対策のためのネットワーク

参照
子どもの貧困
→レッスン26

　子どもの貧困対策のためのネットワークについては、要保護児童対策地域協議会のような明確なネットワークは構築されていませんが、子どもの貧困対策を効果的に推進するためには、教育分野、福祉分野等の地域における多様な関係者等の連携・協力を得つつ、地域の実情に即した施策に取り組むことが重要です。

　「子どもの貧困対策の推進に関する法律」第8条の規定に基づいて、2019（令和元）年11月に定められた**「子供の貧困対策に関する大綱」**では、教育の支援、生活の支援、保護者の就労の支援、経済的支援の4つの支援施策に加え、地域を基盤とした支援ネットワークの整備・活用に資する地方公共団体の取組を支援するとされています。

　国は、「子供の貧困対策に関する大綱」などの実効性を高めるため、地域子供の未来応援交付金を創設することにより、地方公共団体が地域の実情を踏まえ、関係機関等による連携を深化し、地域における総合的な支援体制（地域ネットワーク）を確立する取り組みを支援しています。

演 習 課 題

①自分が住んでいる地域の要保護児童対策地域協議会、地域自立支援協議会、ひきこもり地域支援センターなどの現状を調べてみましょう。
②子ども家庭福祉のネットワークを構築し支援していく際に重要なことについて考えてみましょう。
③子ども家庭福祉のネットワークの課題について考えてみましょう。

子ども家庭福祉と権利擁護

子どもの権利については、「児童の権利に関する条約（子どもの権利条約）」によって示されていますが、これは具体的な取り組みにつながっていかなければ意味がありません。本レッスンでは、子どもの権利擁護のために具体的にどのような取り組みが行われているのかについて理解しましょう。

1．子どもの権利擁護に関する国の取り組み

1 子どもの権利擁護に関する啓発活動

法務省では、子どもが一人の人間として最大限に尊重されるよう、子どもの権利侵害の問題についての関心と理解を深めていくことが必要であるとの認識のもと、毎年、人権擁護の啓発活動の年間強調事項のひとつとして「子どもの人権を守ろう」を掲げて取り組んでいます。その一環として、①**人権教室**[*]、②**人権の花運動**[*]、③**全国中学生人権作文コンテスト**[*]などの取り組みを行っています。さらに法務省では、子ども向けのホームページを作成し、動画やマンガなどを通して、子どもに人権についてわかりやすく伝えていく取り組みも行っています。

文部科学省では、都道府県教育委員会を通じて学校における特色ある人権教育の実践事例を収集して公表するなど、人権教育の理解を促進するための取り組みを行っています。

厚生労働省では、**児童福祉週間**や**児童虐待防止推進月間**などを定めて、子どもの権利に関して集中的な広報・啓発を実施しています。なお、子ども虐待防止の取り組みとしては「**オレンジリボン運動**」も展開されています。

2 相談体制の整備

法務省では、子ども向けの人権相談として、①**子どもの人権110番**[*]、②**子どもの人権SOSミニレター**[*]、③**インターネット人権相談受付**などを行っています。さらに、法務省では**インターネット人権相談**を受けつけており、子ども向けの窓口も設けています。

文部科学省では、いじめ問題など子どものSOSに対する相談窓口として「**24時間子供SOSダイヤル**」を設置しています。これは、子ども

⊠ 用語解説

人権教室
人権擁護委員が中心となっていじめ等について考える機会を設けることで、相手への思いやりの心や生命の尊さを体得してもらうことを目的とした取り組みのこと。

人権の花運動
花の種子などを協力して育てることを通して、生命の尊さや仲間への思いやりの心を体得させることなどを目的とした取り組みのこと。

全国中学生人権作文コンテスト
人権問題についての作文を書くことにより、人権尊重の重要性について理解を深めてもらうことなどを目的とした取り組みのこと。

◆ 補足

児童福祉週間
子どもや家庭、子どもの健やかな成長について国民全体で考えることを目的に、毎年5月5日の「こどもの日」から1週間を、児童福祉週間と定めている。

児童虐待防止推進月間
毎年11月を「児童虐待防止推進月間」と定め、民間団体や地方自治体などの多くの関係者に参加を求め、子ども虐待を防ぐための取り組みを推進している。

が全国のどこからでも、夜間・休日を含めて、いつでも簡単に相談機関に相談できるようにするための専用相談電話（0120-0-78310）です。

原則として、電話をかけた所在地の教育委員会の相談機関に接続されることになっており、24時間対応可能な相談体制が整備されています。この相談窓口について周知するために、すべての小学校、中学校、特別支援学校の子どもに電話相談窓口紹介カードを作成・配布しています。

3 人権擁護委員

人権擁護委員は、国民に保障されている基本的人権を擁護し、自由人権思想の普及高揚を図るために市町村（特別区を含む）に配置され、区域内において子どもの権利擁護を含めた人権擁護に関する活動を行っています。人権擁護委員は、「人権擁護委員法」に基づいて法務大臣によって委嘱されています。その使命は「国民の基本的人権が侵犯されることのないように監視し、若し、これが侵犯された場合には、その救済のため、すみやかに適切な処置を採るとともに、常に自由人権思想の普及高揚に努めること」（第2条）と規定されています。

具体的には、①自由人権思想に関する啓蒙および宣伝、②民間における人権擁護運動の助長、③人権侵犯事件について、その救済のために調査および情報収集、法務大臣への報告、関係機関への勧告など適切な処置を講ずること、④貧困者に対して訴訟援助その他その人権擁護のため適切な救済方法を講ずることなどの活動を行っています。

4 子どもの人権専門委員

1994（平成6）年、日本が「児童の権利に関する条約（子どもの権利条約）」に批准したのを踏まえて、同年に**子どもの人権専門委員**制度が導入されました。子どもの人権専門委員は、人権擁護委員のなかから指名され、子どもの人権問題を主体的、重点的に取り扱います。

その任務は「子どもの人権が侵犯されることのないように監視し、もし、これが侵犯された場合には、その救済のため、速やかに適切な措置を採るとともに、子どもの人権擁護のための啓発活動を行い、もって、子どもの人権擁護を図ることに努める」（子どもの人権専門委員設置運営要領第1）と規定されています。

具体的には、①子どもの人権侵犯事件の調査・処置、②子どもの人権相談、③子どもの人権擁護に関する啓発活動の企画・立案、④地域住民による子どもの人権擁護活動の促進、⑤子どもの人権に関する情報の収集・整理などの活動を行っています。

2. 子どもの権利擁護に関する地方自治体の取り組み

1 ▶ 子どもの権利に関する条例

　近年、**子どもの権利に関する条例**を制定する地方自治体が増えています。条例の名称や内容は各自治体によってさまざまで、総合的に子どもの権利擁護の施策推進の方向性などを示した「子どもの権利に関する条例」「子ども条例」といったものもあれば、子ども虐待、いじめ、防犯といった個別の案件を扱う「子どもを虐待から守る条例」「いじめ等防止条例」「子どもを犯罪の被害から守る条例」などもあります（図表15-1）。

図表15-1 子ども条例の具体例

制定自治体	制定年月	名称
大阪府箕面市	1999年 9 月	子ども条例
神奈川県川崎市	2000年12月	子どもの権利に関する条例
三重県	2004年 3 月	子どもを虐待から守る条例
奈良県	2005年 7 月	子どもを犯罪の被害から守る条例
兵庫県小野市	2007年12月	いじめ等防止条例

2 ▶ 子どもの相談・救済機関

　子どもの権利に関する条例等に基づいて、子どもの相談・救済機関を設置している地方自治体もあります。兵庫県川西市は「川西市子どもの人権オンブズパーソン条例」を制定し、この条例に基づいて1999（平成11）年4月に全国で初めて、子どもの人権オンブズパーソンを設置しました。その職務は、①子どもの人権侵害の救済に関すること、②子どもの人権の擁護および人権侵害の防止に関すること、③子どもの人権の擁護のため必要な制度の改善等の提言に関することとされています。

　また、各都道府県警察では、いじめ、犯罪の被害などに悩む子どもや保護者からの相談に応じる**少年相談窓口**（少年相談室、電話相談、メール相談など）を設置しています。さらに、**少年サポートセンター**[*]が中心となってきめ細かな支援を行っています。

3 ▶ 子ども会議

　子どもの権利に関する条例等に基づいて、「**子ども会議**」を開催している地方自治体もあります。組織や実施形態は各自治体により異なりますが、議会の模擬体験を通じて、まちづくりや子どもに関連する施策などに対して質問する形態が多く見られ、子どもの意見表明権の保障、子

✳ 用語解説

少年サポートセンター
全都道府県警察に設置されているもので、少年問題の専門的な知識・技能をもつ警察官（少年補導職員）が配置されており、少年相談、街頭補導、継続補導などの活動を行っている。

どもの参加の促進などを目的として開催されています。

3．子どもの権利擁護と児童福祉施設

1　代替的養護に関する指針

　「児童の権利に関する条約（子どもの権利条約）」第20条第3項には、家庭環境を奪われた子ども等に対する代替的な監護として、**里親委託**が最初にあげられており、施設への入所は「必要な場合には」と限定的に規定されています。また、2009（平成21）年に国連によって採択された「児童の代替的養護に関する指針」においても、代替的養護は「家庭を基本とした環境で提供されるべき」とされており、施設養護の利用は養護環境が個々の子どもにとって「特に適切、必要かつ建設的であり、その児童の最善の利益に沿っている場合に限られるべき」とされています。

　しかしながら日本では、代替的養護の約8割が施設養護という現状となっています。2016（平成28）年の「児童福祉法」改正では、同法第3条の2に国および地方公共団体の責務として代替的養護の方針として「家庭と同様の環境における養育の推進等」が明記されました（図表15−2）。

　具体的には、まずは子どもが家庭において心身ともに健やかに養育されるよう保護者を支援するとしたうえで、家庭における養育が適当でない場合は「家庭における養育環境と同様の養育環境」において継続的に養育されるよう必要な措置を講じることとされました。このような「家庭における養育環境と同様の養育環境」が適当でない場合に、「できる限り良好な家庭的環境」で養育されるよう必要な措置を講じることとさ

図表15−2　家庭と同様の環境における養育の推進

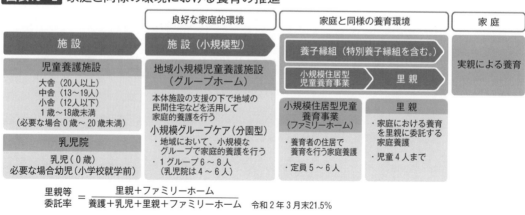

里親等委託率 ＝ （里親＋ファミリーホーム）／（養護＋乳児＋里親＋ファミリーホーム）　令和2年3月末21.5%

出典：厚生労働省「社会的養育の推進に向けて」2021年5月

れました。つまり、代替的養護は、養子縁組（特別養子縁組を含む）や里親、ファミリーホームでの養育を原則とし、それが適当でない場合に限り、地域小規模児童養護施設（グループホーム）や小規模グループケア（分園型）で養育することが規定されました。

2　施設で生活する子どもの権利擁護

施設で生活する子どもに対する支援は、①**アドミッションケア**（入所前後の支援）、②**インケア**（入所中の支援）、③**リービングケア・アフターケア**（退所前後の支援）の3つの段階に分けられます。

①アドミッションケア（入所前後の支援）

まずは児童相談所を中心として、適切な保護の判断と適切な施設のマッチングが大切です。子どもや保護者の意向と一致しないときは、都道府県**児童福祉審議会**の意見を聴かなければならないとされています。

次に、入所時には、子どもが家族などと離れ、知らない場所や人との生活を始めることによって生じる不安や悲しみなどを受け止め、和らげることなどの支援が必要とされます。

さらに、アドミッションケアの段階の取り組みのひとつとして「**子どもの権利ノート**」があります。子どもの権利ノートは、子どもの権利についてわかりやすく解説したガイドブックで、児童養護施設等への入所にあたって子どもに配布されるものです。大阪府において先駆的に取り組まれ、その後、全国に広がりをみせています。

②インケア（入所中の支援）

児童自立支援計画を適切に策定し、実施していくこと自体が重要な権利擁護の取り組みとなります。また、施設での日常生活においては、子どもの生活にふさわしい生活環境の整備だけでなく、職員配置の適正化、職員の質の向上などが課題となります。施設運営の質の向上を図るための取り組みとして、2012（平成24）年度から**社会的養護の施設**は**第三者評価**を3年に1回以上受審して結果を公表すること、さらに当該年以外は自己評価を実施することが義務づけられました。

③リービングケア・アフターケア（退所前後の支援）

子どもが退所後の生活を円滑に送っていけるように、新しい環境に適応していくための支援が行われています。さらに、退所後にもアフターケアとして、子どもの権利擁護を図っていくことが求められます。

3　意見表明権の保障

「児童の権利に関する条約（子どもの権利条約）」第12条には、**子ども**

➕補足
児童福祉審議会
2016年の「児童福祉法」改正によって、児童福祉審議会は、関係者に対し必要な報告等を求め、その意見を聴くことができることとされた。

➕補足
児童自立支援計画
児童養護施設等において策定が義務づけられている、子どもの自立を支援するための計画。

参照
社会的養護の施設（施設養護）
→レッスン11、23

の意見表明権が規定されていますが、施設での生活においても意見表明権を保障していくための取り組みが行われています。具体的には、児童自立支援計画の策定にあたって子どもの意向を反映させたり、施設生活について子どもが意見を言えるように配慮したり、子どもの自治会や意見箱を設置したりしています。

　また、子どもが施設生活における苦情等を躊躇なく訴えることができるように、苦情解決のしくみを設けることが求められます。具体的には、苦情解決責任者、苦情受付担当者、第三者委員を設置して、入所時に子どもに説明したり、施設のわかりやすい場所に掲示したりするなどして子どもに周知します。施設外には都道府県社会福祉協議会に運営適正化委員会*が設置されているので、このような機関についても子どもに周知しておくことが大切です。

✚ 用語解説

運営適正化委員会

福祉サービスの利用者などからの苦情を適切に処理するために、都道府県社会福祉協議会に設置されている機関。

4　被措置児童等虐待の防止

　本来、施設養護は、子どもの権利擁護のための制度であって、その施設内において職員が権利を侵害することは前提としていないものでした。しかしながら、施設内での職員による子どもへの体罰、虐待などの人権侵害が大きな問題として取り上げられるようになりました。

　そこで、2008（平成20）年の「児童福祉法」の改正により、被措置児童等虐待の防止に関する事項が法律に明記されました。「**被措置児童等虐待**」とは、施設職員等が施設に入所している子どもなどに、身体的虐待、性的虐待、ネグレクト、心理的虐待を行うことをいいます。

　施設職員等には、施設職員のほかに、小規模住居型児童養育事業（ファミリーホーム）の従事者、里親およびその同居人、一時保護の従事者も含まれます。また、被措置児童等虐待を受けたと思われる子どもを発見した場合は、速やかに児童相談所などに通告しなければならないとされています。なお、子ども間の暴力は被措置児童等虐待には含まれていませんが、発見した際には速やかに対応することが求められます。適切に対応していない場合は、ネグレクトとみなされます。

5　入所施設以外での権利擁護

　入所施設以外の保育所等においても権利擁護は求められており、さまざまな取り組みがなされています。たとえば、「児童福祉施設の設備及び運営に関する基準」、第三者評価、自己評価などによるサービスの質の確保、前述した苦情解決のしくみや運営適正化委員会の周知による意見表明権の保障などがあり、このような取り組みや制度を理解すること

が求められます。

演	習	課	題

①各地方自治体の子どもの権利に関する条例の内容を調べてみましょう。
②子どもの権利擁護に関する民間機関の取り組みを調べてみましょう。
③被措置児童等虐待を防止するためにはどのような対策が必要かについ
　て考えてみましょう。

参考文献··
レッスン9
　『児童福祉六法 令和3年版』 中央法規出版　2020年
レッスン10
　厚生労働統計協会　『国民の福祉と介護の動向2021/2022年』　2021年
　厚生労働統計協会　『国民衛生の動向2021/2022年』　2021年
レッスン11
　厚生労働省子ども家庭局家庭福祉課　「社会的養育の推進に向けて」　2021年
　厚生労働省　『厚生労働白書（令和3年版）』　2021年
レッスン12
　総務省　『地方財政白書（令和2年版）』　2020年
　内閣府　『少子化社会対策白書（令和2年版）』　2020年
レッスン13
　厚生労働統計協会　『国民の福祉と介護の動向2021/2022年』　2021年
レッスン14
　内閣府　『障害者白書（令和3年版）』　2021年
　内閣府　『子供・若者白書（令和3年版）』　2021年
レッスン15
　内閣府　『子供・若者白書（令和3年版）』　2021年
　子どもの村福岡編　『国連子どもの代替養育に関するガイドライン——SOS子どもの
　　村と福岡の取り組み』　福村出版　2011年

おすすめの1冊

厚生労働統計協会　『国民の福祉と介護の動向2021/2022』　2021年
　子ども家庭福祉を含む社会福祉関係の最新の統計データや政府の資料を掲載。毎年度
　刊行されるため、社会福祉の動向や各種制度の理解を深めるのに役立つ。

現物給付と現金給付

　子ども家庭福祉サービスの給付形態は、現物給付と現金給付の 2 つに大きく分けられます。

　現物給付は、必要なサービスや物品などを直接給付することによって、子どもやその家庭のニーズの充足を図るものです。子育て相談などのように必要なサービスが一般の市場において購入することが困難な場合や、乳幼児のように現金を自由に使用できない場合には有効に機能しますが、その一方で、子どもやその家庭の私生活の干渉となる危険性もあります。

　それに対して、現金給付は、金銭等の給付によってニーズの充足を図るものです。子ども家庭福祉サービスにおける現金給付としては、①児童手当、児童扶養手当、特別児童扶養手当、出産育児一時金、幼稚園就園奨励費などの金銭の支給、②扶養控除などの税制上の減免・控除、③母子福祉資金・父子福祉資金・寡婦福祉資金の貸付などの形態があり、子どもとその家庭を経済的な側面から支援しています。

　現金給付は、「子どもやその家庭が支給された金銭によって、ニーズを充足するために必要とするサービスや物品などを自由に購入できる」というメリットがあります。しかし、その一方で、支給された金銭が子どものために使われずに、親の遊興費のみに充てられたりするなど、まったく関係のないものに使用されてしまう危険性もあります。

　最近では、給食費の滞納が問題となった際に、「児童手当から給食費を差し引いて支給すべき」という意見が出るなど、学校の給食を実質的に現物給付にするといったことが議論になりました。

　このように、子ども家庭福祉サービスにおいて現物給付と現金給付のバランスをどのようにとっていくかということも大きな課題となっています。

第4章

子ども家庭福祉施策の現状と課題

本章では、現代の子ども家庭福祉における現状と課題について学んでいきます。現代における子どもの周りのさまざまな課題（少子化、子ども虐待、ＤＶなど）や、それに対して国や地方公共団体によって行われている対策について理解を深めていきましょう。

少子化と子育て支援サービス

本レッスンでは、少子化の現状と少子化社会における子育て支援サービスの概要について理解します。とりわけ、子ども・子育て支援新制度において充実が図られている地域子ども・子育て支援事業の中心となる事業について学習します。

1. 少子化の現状と子育て支援の意義

1 少子化社会の指標

　現在、日本では少子化が進んでいます。少子社会をはかる代表的な指標として、出生数、**合計特殊出生率**があります（図表16-1）。

　日本における出生数は、戦後第1次ベビーブーム期の1949（昭和24）年には約270万人でしたが、その後急速に減少しました。第1次ベビーブーム期に生まれた女性が結婚・出産した1973（昭和48）年には、第2次ベビーブームが起こり、出生数は約209万人となりました。その後再び減少に転じ、2020（令和2）年には84万835人となっています[1]。

　合計特殊出生率も、長期的には出生数と同じく減少傾向となっています。1989（平成元）年には1.57となり、戦後最低を記録した**丙午**の1966（昭和41）年の1.58を下回りました。これは「1.57ショック」と呼ばれ、少子化が社会的な課題として注目されるきっかけになりました。近年に目を向けると、2006（平成18）年から微増傾向が続いていましたが、2014（平成26）年には1.42まで低下し、2015（平成27）年は1.45で再び上昇したものの、2019（令和元）年は1.36となり、少子化傾向は変わりません。

　また、少子社会の指標を人口構成の割合からみることもできます。つまり、**年少人口**[*]の割合が1982（昭和57）年以降は低下しており、1997（平成9）年には、年少人口の割合が老年人口の割合を下回り、その差は開き続けています。

2 少子化の背景

　少子化の背景としてあげられるのは、晩婚化と夫婦の出生力の低下です。晩婚化については、2020（令和2）年の平均初婚年齢は夫31.0歳、妻29.4歳となっています[2]。夫婦の出生力（完結出生児数）の低下に

参照
少子化の要因
→レッスン3

合計特殊出生率
→レッスン3

▷ 出典
†1　厚生労働省「人口動態統計」

参照
丙午
→レッスン6

✴ 用語解説
年少人口
0〜15歳未満の人口のこと。人口の年齢構造は、年少人口、生産年齢人口（15〜65歳未満）、老年人口（65歳以上）に分けられる。

▷ 出典
†2　厚生労働省「人口動態統計」

図表16-1 出生数と合計特殊出生率の推移

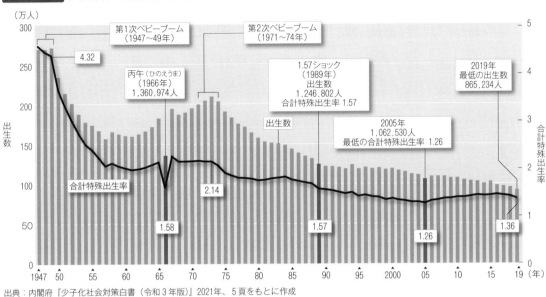

出典：内閣府『少子化社会対策白書（令和3年版）』2021年、5頁をもとに作成

ついては、長い間夫婦の出生力は平均2.2人前後で推移していましたが、近年低下してきています[†3]。

こうした状況の背景には、結婚や子どもをもつことへの価値観の変化があります。「**非婚***」という言葉の登場もその現れととらえることができ、**生涯未婚率***の上昇にその傾向を見ることができます。さらには、女性の社会進出にもかかわらず、働き方のうえでの男女の不平等の問題も厳然としてあります。

また、子育てをめぐる厳しい生活上の問題として、①保育・教育費などの経済的負担、②不十分な保育サービス、③母親への心身の負担のしわ寄せなどがあげられます。少子化の背景は、個人の価値観の変化と合わせて、社会経済的な影響も考慮することが必要です。

3　子育て支援の意義

子育て支援とは、一義的には子どもを育てる親を支援することです。その過程で、結果的に子どもを支援することにもなります。長い間、子育て支援は、地縁・血縁によるインフォーマルなネットワークに頼ってきました。しかし、近年の社会環境の変化によって、都市化・核家族化などが広がり、そのネットワークは機能しにくくなっています。母親が一人で子どもを育てる「孤育て」や、地域社会のなかで子育て仲間を探す際の「公園デビュー」などの現象に、その一端を見ることができます。

これらの課題に現実的に対応するためには、地域子育て支援ネットワー

▶ **出典**

†3　厚生労働省『厚生労働白書（平成27年版）』日経印刷、2015年、33頁

✳ **用語解説**

非婚
結婚しないこと。結婚待機中である「未婚」に対して、個人の意思として、結婚しない生き方を選ぶこと。

生涯未婚率
50歳時点で結婚していない男女の人口に対する比率を表す数値であり、生涯独身である人の目安とされている。

クを社会的なシステムとして整備することが必要です。このような地域子育て支援ネットワークを整えるプロセスでは、支援を受ける保護者自身が地域の一員として活動することが求められています。子育て支援の現場では、「育つ子ども」「育てる親」「子育て親子を支える地域」の3つがかみ合ってこそ、好循環を生み出すことになるからです。

2. 地域子育て支援サービスの概要

　地域子育て支援サービスは、「子ども・子育て支援新制度」において、地域子ども・子育て支援事業を通じて、充実が図られています。

　そのうちここでは、就学前の子どもへの支援を中心としたサービスとして、①利用者支援事業、②地域子育て支援拠点事業、③子育て援助活動支援事業（ファミリー・サポート・センター事業）を取り上げます。

1 利用者支援事業

　利用者支援事業は、一人ひとりの子どもが健やかに成長することができる地域社会の実現に寄与するため、子どもおよびその保護者等、または妊娠している人がその選択に基づき、教育・保育・保健その他の子育て支援を円滑に利用できるよう、必要な支援を行うことを目的としています（図表16-2）。

　実施主体は市町村（市区町村が認めたものへの委託も可能）であり、①基本型、②特定型、③母子保健型の類型の一部または全部を実施します。

①基本型

　基本型は、利用者支援として、①利用者の個別ニーズを把握し、教育・保育施設や地域の子育て支援事業等の利用支援等を行う、②関係機関との協働の体制づくりを行うとともに、地域で必要な社会資源の開発等に努める、③広報・啓発活動を実施するなどがあります。これらに加えて、夜間・休日の時間外相談、出張相談支援、多言語対応、配慮が必要な子育て家庭（障がい児、多胎児）等への支援を行うことができます。基本型の実施にあたっては、主として、身近な場所で日常的に利用でき、かつ相談機能を有する施設で実施することとされており、職員は専任職員として**利用者支援専門員**[*]を1名以上配置することとされています。

②特定型

　特定型は、主として市区町村の窓口で利用者支援を行い、**保育コンシェルジュ**[*]の役割を担います。待機児童のある自治体で、待機児童の解消

✳ 用語解説

利用者支援専門員

医療・教育・保育施設や地域の子育て支援事業等に従事することができる資格を有している者や、地方自治体が実施する研修もしくは認定を受けた者のほか、育児・保育に関する相談指導等について相当の知識・経験を有する者であって、地域の子育て事情と社会資源に精通した者。

保育コンシェルジュ

2011年に横浜市が保護者のニーズと保育サービスを適切に結びつけるために配置した職員。そこから市町村によっては、利用者支援専門相談員のことを保育コンシェルジュと呼ぶことがある。

図表16-2 利用者支援事業の役割

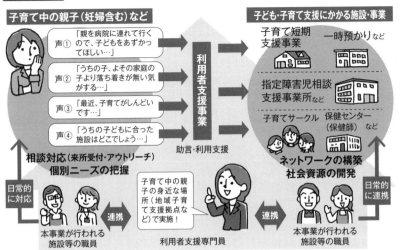

出典：厚生労働省ホームページをもとに作成

等を図るため行政が地域連携の機能を果たすことを前提に、主として保育に関する施設や事業を円滑に利用できるよう支援を実施します。職員は、専任職員として利用者支援専門員を1名以上配置することとされています。

③母子保健型

母子保健型は、主として市町村保健センター等で、妊娠期から子育て期にわたるまでの母子保健や育児に関する妊産婦等からのさまざまな相談に応じます。また、その状況を継続的に把握し、支援を必要とする者が利用できる母子保健サービス等の情報提供を行うとともに、関係機関と協力して、支援プランの策定などを行います。職員は、母子保健に関する専門知識を有する保健師・助産師等を1名以上配置することとされています。

2 地域子育て支援拠点事業

地域子育て支援拠点事業は、2002（平成14）年に始まった「つどいの広場事業」が2007（平成19）年に「地域子育て支援事業」となり、2008（平成20）年に第2種社会福祉事業として法定化されたものです。子育て中の親子が気軽に集い、相互交流や子育ての不安・悩みを相談できる場を提供する拠点として、拡充されています。事業は、機能に合わせて一般型と連携型に分かれています（図表16-3）。

図表16-3 地域子育て支援拠点事業の概要

	一般型	連携型
機　能	常設の地域の子育て拠点を設け、地域の子育て支援機能の充実を図る取組を実施	児童館等の児童福祉施設等多様な子育て支援に関する施設に親子が集う場を設け、子育て支援のための取組を実施
実施主体	市町村（特別区を含む。）（社会福祉法人、NPO法人、民間事業者等への委託等も可）	
基本事業	①子育て親子の交流の場の提供と交流の促進　②子育て等に関する相談・援助の実施 ③地域の子育て関連情報の提供　④子育て及び子育て支援に関する講習等の実施	
実施形態	①～④の事業を子育て親子が集い、うち解けた雰囲気の中で語り合い、相互に交流を図る常設の場を設けて実施 ・地域の子育て拠点として、地域の子育て支援活動の展開 を図るための取組（加算） 一時預かり事業や放課後児童クラブなど多様な子育て支援活動を拠点施設で一体的に実施し、関係機関等とネットワーク化を図り、よりきめ細かな支援を実施する場合に、「地域子育て支援拠点事業」本体事業に対して、別途加算を行う ・出張ひろばの実施（加算） 常設の拠点施設を開設している主体が、週1～2回、1日5時間以上、親子が集う場を常設することが困難な地域に出向き、出張ひろばを開設 ・地域支援の取組の実施（加算）※ ①地域の多様な世代との連携を継続的に実施する取組 ②地域の団体と協働して伝統文化や習慣・行事を実施し、親子の育ちを継続的に支援する取組 ③地域ボランティアの育成、町内会、子育てサークルとの協働による地域団体の活性化等、地域の子育て資源の発掘・育成を継続的に行う取組 ④家庭に対して訪問支援等を行うことで地域とのつながりを継続的に持たせる取組 ※利用者支援事業を併せて実施する場合は加算しない。	①～④の事業を児童館等の児童福祉施設等で従事する子育て中の当事者や経験者をスタッフに交えて実施 ・地域の子育て力を高める取組の実施（加算） 拠点施設における中・高校生や大学生等ボランティアの日常的な受入・養成の実施
従事者	子育て支援に関して意欲があり、子育てに関する知識・経験を有する者（2名以上）	子育て支援に関して意欲があり、子育てに関する知識・経験を有する者（1名以上）に児童福祉施設等の職員が協力して実施
実施場所	公共施設空きスペース、商店街空き店舗、民家、マンション・アパートの一室、保育所、幼稚園、認定こども園等を活用	児童館等の児童福祉施設等
開設日数等	週3～4日、週5日、週6～7日／1日5時間以上	週3～4日、週5～7日／1日3時間以上

出典：厚生労働省ホームページ「地域子育て支援事業とは（概要）」https://www.mhlw.go.jp/content/000666540.pdf（2021年10月19日確認）

3　子育て援助活動支援事業（ファミリー・サポート・センター事業）

　子育て援助活動支援事業（ファミリー・サポート・センター事業）は、乳幼児や小学生等の児童のいる子育て中の労働者や主婦などを会員として、子どもの預かりの援助を受けたい人（依頼会員）と、援助をしたい人（提供会員）との間で行われる相互援助活動の連絡、調整をセンターの**アドバイザー**が行うものです。なお、依頼会員は提供会員を兼ねる「両方会員」になることもできます（図表16-4）。

➕補足
アドバイザー
ここでは、相互援助活動の調整等の事務を行う者。

図表16-4 子育て援助活動支援事業のイメージ

育児の援助を受けたい人と行いたい人が
会員となり、ファミリー・サポート・センター
が仲介して、会員同士が支え合います。

ファミリー・サポート・センター
（アドバイザー）
提供会員と依頼会員の
引き合わせと連絡

相互援助の
お手伝い！

育児の援助を
受けたい方
（依頼会員）

調整

援助の依頼

援助の提供

育児の援助を
行いたい方
（提供会員）

※自分の急用時には子どもを預かってほしいけれど、時間がある時には子どもを預かることが
　できるという人は「両方会員」となることもできます。

出典：厚生労働省「ファミリー・サポート・センター事業のご案内」

　この事業は、地域での育児の**相互援助活動**を推進するとともに、病児・
病後児の預かり、早朝・夜間等の緊急時の子どもの預かりや、ひとり親
家庭等の支援など、多様なニーズへの対応を図ることとしています。

　運営主体は市町村ですが、民間機関への事業委託も可能で、実際には
委託の割合が高くなっています。2018（平成30）年度末実績では、895
市区町村が実施しており、**病児・緊急対応強化事業**[*]は155市区町村が実
施しています。

　子どもを預かる場所は、原則として提供会員の自宅となりますが、依
頼会員と提供会員との間で合意がある場合は、この限りではありません。
また、預かる子どもの人数は、原則として1人とされています。

演 習 課 題

①あなたの身の回りで起こっている少子化の現状について調べてみましょ
　う。

②地域子育て支援拠点事業の課題について調べてみましょう。

③あなたが住んでいる市町村における子育て援助活動支援事業の課題に
　ついて調べてきて、報告し合いましょう。

✚ 補足

相互援助活動
例として、以下のものがあ
げられる。

・保育施設までの子どもの
　送迎
・保育施設の開始前や終了
　後または学校の放課後の
　子どもの預かり
・保護者の病気や休養等の
　場合の子どもの預かり
・冠婚葬祭や他の子どもの
　学校行事の際の子どもの
　預かり
・買い物等外出の際の子ど
　もの預かり
・病児・病後児の預かり、
　早朝・夜間等緊急時の子
　どもの預かり

✳ 用語解説

**病児・緊急対応強化事
業**
2009年度から始まった事業
で、病児・病後児を預かる
ことができる。実施にあた
り、活動への専門的なアド
バイスや、緊急時の診察・
診療の依頼など、地域の
医療機関との連携を図る必
要がある。また、支援活動
に協力する提供会員も、病
児・病後児預かり活動に対
応できる専門的な研修が必
要。

多様な保育ニーズへの対応

本レッスンでは、多様な保育ニーズに対応するサービスを規定している子ども・子育て支援新制度の概要について、「施設型給付（保育所、認定こども園、幼稚園）」「地域型保育給付」「地域子ども・子育て支援事業」「仕事・子育て両立支援事業」を取り上げて学習します。加えて、「認可外保育施設」についても学びます。

1.「子ども・子育て支援新制度」の概要

参照
子ども・子育て支援新制度
→レッスン8

　2015（平成27）年4月に施行された「**子ども・子育て支援新制度**」（以下「新制度」）では、幼児期の学校教育・保育、地域の子ども・子育て支援を総合的に推進し、すべての子どもが健やかに成長できる社会の実現を目指しています。

　新制度の体系は、①教育・保育施設による施設型給付、②地域型保育給付、③地域子ども・子育て支援事業、④仕事・子育て両立支援事業の4つに大きく分けられます（図表17-1）。

図表17-1「子ども・子育て支援新制度」の体系

市町村主体		国主体
認定こども園・幼稚園・保育所・小規模保育など共通の財政支援	**地域の実情に応じた子育て支援**	**仕事と子育ての両立支援**

施設型給付 認定こども園　0〜5歳 幼保連携型 幼稚園型　保育所型　地方裁量型 幼稚園 3〜5歳　保育所 0〜5歳 **地域型保育給付** 小規模保育、家庭的保育、居宅訪問型保育、事業所内保育	**地域子ども・子育て支援事業** ・利用者支援事業 ・地域子育て支援拠点事業 ・一時預かり事業 ・乳児家庭全戸訪問事業 ・養育支援訪問事業等 ・子育て短期支援事業 ・子育て援助活動支援事業 （ファミリー・サポート・センター事業） ・延長保育事業 ・病児保育事業（整備費、事業費） 　→・施設・設備整備費の支援 　　・体調不良児等を保育所等から拠点施設に送迎して病児保育する事業の支援 ・放課後児童クラブ ・妊婦健診 ・実費徴収に係る補足給付を行う事業 ・多様な事業者の参入促進・能力活用事業	**仕事・子育て両立支援事業** ・**企業主導型保育事業** →事業所内保育を主軸とした企業主導型の多様な就労形態に対応した保育サービスの拡大を支援（整備費、運営費の助成） ・**企業主導型ベビーシッター利用者支援事業** →残業や夜勤等の多様な働き方をしている労働者等が、低廉な価格でベビーシッター派遣サービスを利用できるよう支援

出典：内閣府『少子化社会対策白書（平成28年版）』2016年、52頁を一部改変

2．施設型給付

　財政的支援として、保育所、認定こども園、幼稚園に共通して給付する「施設型給付」が創設されました。これにより従来別々であった、保育所、認定こども園、幼稚園の財政措置が一本化されることになりました。

1　保育所

　保育所は「保育を必要とする乳児・幼児を日々保護者の下から通わせて保育を行うことを目的とする施設（利用定員が20人以上であるものに限り、幼保連携型認定こども園を除く。）」（「児童福祉法」第39条）です。2021（令和3）年4月1日現在、全国で2万3,896か所設置されていて、利用している子どもは約200万4,000人となっています。近年、**待機児童**が問題となっている都市部を中心に、保育所数は増加しています。

　保育所の設備の基準、職員、保育時間、保育内容などは「児童福祉施設の設備及び運営に関する基準」に規定されています。保育内容については「養護及び教育を一体的に行うことをその特性とし、その内容については、厚生労働大臣が定める指針に従う」（第35条）とされていて、その具体的な内容は「**保育所保育指針**[*]」に示されています。

2　認定こども園

　認定こども園は、小学校就学前の子どもの教育、保育、および保護者等に対する子育て支援を一体的に提供する施設です。

　認定こども園には、①幼保連携型（幼稚園的機能と保育所的機能の両方の機能をもつ）、②幼稚園型（幼稚園が保育所的な機能を備える）、③保育所型（保育所が幼稚園的な機能を備える）、④地方裁量型（幼稚園・保育所いずれの認可もない施設が認定こども園として必要な機能を果たす）の4類型があります。2020（令和2）年4月1日現在、全国に8,016か所設置されていて、増加傾向にあります。

　幼保連携型認定こども園は、児童福祉施設と学校の両方の法的位置づけをもつ施設です。「児童福祉法」第39条の2には、「幼保連携型認定こども園は、義務教育及びその後の教育の基礎を培うものとしての満3歳以上の幼児に対する教育及び保育を必要とする乳児・幼児に対する保育を一体的に行い、これらの乳児又は幼児の健やかな成長が図られるよう適当な環境を与えて、その心身の発達を助長することを目的とする施設とする」と規定されています。

✴ 用語解説
「保育所保育指針」
保育所における保育の内容と、それに関連する運営に関する指針として施行されている厚生労働大臣告示。2017年に改定された。子どもの最善の利益のためには、各保育所が行うべき保育の内容等に関する全国共通の枠組みが必要との観点から、各保育所が拠るべき保育の基本的事項を定めている。これにあわせて、「保育所保育指針解説」も2018年に通知されている。

✴用語解説
「幼保連携型認定こども
園教育・保育要領」
幼保連携型認定こども園の
教育課程その他の教育およ
び保育の内容を規定した内
閣府、文部科学省、厚生労
働省による協同告示。2017
年に改訂された。改訂に当
たっては、次の2点が基
本的な考え方とされた。①
「幼稚園教育要領」及び「保
育所保育指針」との整合性
の確保、②幼保連携型認定
こども園として特に配慮す
べき事項等の充実。特に配
慮すべき事項として、満3
歳以上の園児の入園時や移
行時について、多様な経験
を有する園児の学び合いに
ついて、長期的な休業中や
その後の教育および保育に
ついてなどが明示されてい
る。

「幼稚園教育要領」
幼稚園における教育課程の
基準で、幼稚園で実際に教
えられる内容とその詳細
を規定した文部科学省告
示。2017年に改訂された。
幼稚園における、教育の目
的・目標や保健・安全、評
価などの運営に関する事項
は「学校教育法」などに規
定されている。これにあわ
せて、「幼稚園教育要領解
説」も2018年に通知され
ている。

幼保連携型認定こども園には、幼稚園教諭免許状と保育士資格の両方を取得している**保育教諭**が配置されることになっています。また、その保育内容は、「**幼保連携型認定こども園教育・保育要領**」*に示されています。それ以外の3類型の認定こども園も、「幼保連携型認定こども園教育・保育要領」を踏まえながら、「幼稚園教育要領」および「保育所保育指針」に基づいて保育を行うことになっています。

3　幼稚園

幼稚園は、「義務教育及びその後の教育の基礎を培うものとして、幼児を保育し、幼児の健やかな成長のために適当な環境を与えて、その心身の発達を助長することを目的とする」（「学校教育法」第22条）施設（学校）です。幼稚園は、満3歳から小学校就学の始期に達するまでの幼児を対象としています。2020（令和2）年5月1日現在、全国に9,698か所が設置されていて、利用している子どもは約107万8,000人となっています。

幼稚園の教育内容は、「**幼稚園教育要領**」*に示されています。なお、私学助成で運営されている幼稚園は、新制度による「施設型給付」の対象にはなりません。

3．地域型保育事業

新制度では、「地域型保育給付」が新たに創設され、①小規模保育、②家庭的保育、③居宅訪問型保育、④事業所内保育の4つの事業についても財政支援の対象になりました（図表17-2）。

基本的には、3歳未満の子どもを対象とする事業ですが、このような「地域型保育給付」の創設によって、都市部では待機児童の解消を図り、人口減少地域では小規模保育等を支援して、地域の子育て支援機能を維持・確保することをめざしています。3歳以上の子どもについても、「満3歳以上の幼児に係る保育の体制の整備の状況その他の地域の事情を勘案して、保育が必要と認められる」場合は、保育の対象となります。

1　小規模保育事業

6人以上19人以下の子どもの保育を行う事業です。「児童福祉法」第6条の3第10項は、小規模保育事業は「保育を必要とする乳児・幼児であつて満3歳未満のものについて、当該保育を必要とする乳児・幼児を

図表17-2 地域型保育事業の概要

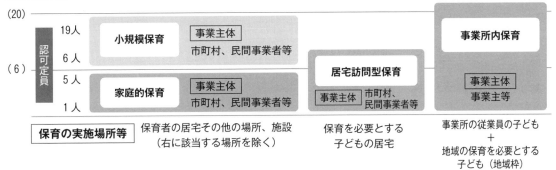

出典：図表17-1と同じ、62頁

保育することを目的とする施設（利用定員が6人以上19人以下であるものに限る。）において、保育を行う事業」と規定しています。

2 ▶ 家庭的保育事業

5人以下の子どもの保育を行う事業です。「児童福祉法」第6条の3第9項は、家庭的保育事業を「家庭において必要な保育を受けることが困難である乳児又は幼児であつて満3歳未満のものについて、**家庭的保育者**[*]の居宅その他の場所（当該保育を必要とする乳児・幼児の居宅を除く。）において、家庭的保育者による保育を行う事業（利用定員が5人以下であるものに限る。）」と規定しています。

3 ▶ 居宅訪問型保育事業

子どもの居宅において保育を行う事業です。「児童福祉法」第6条の3第11項は、「保育を必要とする乳児・幼児であつて満3歳未満のものについて、当該保育を必要とする乳児・幼児の居宅において家庭的保育者による保育を行う事業」と規定しています。

4 ▶ 事業所内保育事業

従業員の子どものほか、地域の子どもを保育する事業です。「児童福祉法」第6条の3第12項では、事業所内保育事業は「事業主がその雇用する労働者の監護する乳児若しくは幼児及びその他の乳児若しくは幼児を保育するために自ら設置する施設又は事業主から委託を受けて当該事業主が雇用する労働者の監護する乳児若しくは幼児及びその他の乳児若しくは幼児の保育を実施する施設」などの事業を行う施設と規定されています。

✳ 用語解説

家庭的保育者
市町村長（特別区の区長を含む。以下同じ。）が行う研修を修了した保育士その他の厚生労働省令で定める者であって、当該保育を必要とする乳児・幼児の保育を行う者として市町村長が適当と認めるもの。保育ママ、家庭福祉員など自治体ごとに呼称は異なる。

4. 地域子ども・子育て支援事業

新制度では、地域の在宅子育て家庭を含むすべての家庭および子どもを対象とする事業として、市町村が地域の実情に応じて13の「**地域子ども・子育て支援事業***」を実施することになっています。このうち、ここでは多様な保育ニーズに対する主な事業を取り上げます。

1　延長保育事業

保育認定を受けた子どもを、利用日・利用時間以外の日や時間に、認定こども園、保育所等で保育を実施する事業です。保育標準時間認定の場合は11時間を超えて、保育短時間認定の場合は8時間を超えて利用する場合の超過時間帯が対象となります。

2　病児保育事業

病児について、病院・保育所等に付設された専用スペースなどで、看護師等が一時的に保育する事業です。「児童福祉法」第6条の3第13項では、病児保育事業は「保育を必要とする乳児・幼児又は保護者の労働若しくは疾病その他の事由により家庭において保育を受けることが困難となつた小学校に就学している児童であつて、疾病にかかつているものについて、保育所、認定こども園、病院、診療所その他厚生労働省令で定める施設において、保育を行う事業」と規定されています。

3　一時預かり事業

家庭において保育を受けることが一時的に困難となった乳幼児を預かる事業です。「児童福祉法」第6条の3第7項では、一時預かり事業は「家庭において保育を受けることが一時的に困難となつた乳児又は幼児について、厚生労働省令で定めるところにより、主として昼間において、保育所、認定こども園その他の場所において、一時的に預かり、必要な保護を行う事業」と規定されています。

4　地域子育て支援拠点事業

地域において子育て親子の交流等を促進する子育て支援拠点の設置を推進することにより、地域の子育て支援機能の充実を図り、子育ての不安感等を緩和し子どもの健やかな育ちを支援することを目的とした事業です。「児童福祉法」第6条の3第6項では、地域子育て支援拠点事業

は「乳児又は幼児及びその保護者が相互の交流を行う場所を開設し、子育てについての相談、情報の提供、助言その他の援助を行う事業」と規定されています。

5．仕事・子育て両立支援事業

2016（平成28）年4月に、仕事と子育てとが両立できるように、子ども・子育て支援の提供体制を充実することを目的に、仕事・子育て両立支援事業として、①企業主導型保育事業、②企業主導型ベビーシッター利用者支援事業が創設されました。

1　企業主導型保育事業
企業主導型保育事業は、多様な就労形態に対応する保育サービスを拡大して、待機児童の解消を図り、仕事と子育てとが両立できるように創設されました。この事業は、企業が従業員のためにつくる保育所の設置・運営の費用を助成する事業で、①働き方に応じた多様で柔軟な保育サービスの提供（延長・夜間、土日の保育、短時間・週2日のみの利用も可能）、②複数の企業が共同で設置することができる、ことなどが特徴です。

2　企業主導型ベビーシッター利用者支援事業
企業主導型ベビーシッター利用者支援事業は、多様な働き方をしている労働者に対し、ベビーシッター派遣サービスの利用料金を助成することで、同サービスを利用しやすくし、仕事と子育てとが両立できるように、子ども・子育て支援の提供体制を充実するために創設されました。

6．認可外保育施設

認可外保育施設とは、「児童福祉法」に基づく認可を受けていない保育施設のことで、このうち、①夜8時以降の保育、②宿泊をともなう保育、③一時預かりの子どもが利用児童の半数以上、のいずれかを常時行っている施設を「**ベビーホテル**」といいます。

認可外保育施設の設置についても、「児童福祉法」によって都道府県知事に届出が義務づけられています。都道府県知事は、「認可外保育施設指導監督基準」に基づいて、原則として年1回以上、これらの施設が

補足
認可外保育施設
認可外保育施設には、ベビーホテルのほかに、季節保育所、へき地保育所、事業所内保育施設、駅型保育施設などがある。

参照
ベビーホテル
→レッスン6

125

子どもを保育するのにふさわしい内容や環境を備えていることを確認しています。

　「令和元年度認可外保育施設の現況取りまとめ」(厚生労働省子ども家庭局総務課) によると、2020 (令和2) 年3月末現在、認可外保育施設は全国に1万9,078か所 (前年度比7,051か所増) で、そのうちベビーホテルは1,255か所 (前年度比6か所減) となっています。認可外保育施設を利用している子どもの数は、24万3,882人で、そのうち事業所内保育施設を利用している子どもの数は11万4,065人で約半数を占めており、前年度の4万5,789人から大きな増加となっています。なお、ベビーホテルを利用している子どもの数についても、1万9,433人と前年度の1万8,835人から増加傾向にあります。

演 習 課 題

①「幼保連携型認定こども園教育・保育要領」の内容を調べてみましょう。
②認可外保育施設の課題について調べてみましょう。
③自分が住んでいる市町村の施設型給付の現状について調べて、報告し合いましょう。

母子保健サービス

本レッスンでは、母子保健の現状と、それに対応する国レベルの計画である「健やか親子21（第2次）」について学習します。また、母子保健サービスの体系を①健康診査等、②保健指導等、③医療対策等の枠組みで学習します。思春期から妊娠、出産、乳児期、幼児期、そして学童期と母子保健のあり方を学び、今後の母子保健の課題と必要となるサービスについて、一緒に考えていきましょう。

1．母子保健の現状

わが国の乳児死亡率、新生児死亡率、**周産期死亡率**[*]、妊産婦死亡率、死産率は着実に改善され、国際的に見ても低水準となっています。とりわけ、母子保健に特化した法律である「母子保健法」が1965（昭和40）年に制定されてから、めざましく改善されました（図表18-1）。

2．「健やか親子21」

2000（平成12）年に、21世紀の母子保健の取り組みの方向性を示すとともに、国民運動計画として関係機関・団体が一体となって推進するための「健やか親子21」が策定されました。これは、2001（平成13）～2014（平成26）年を計画期間とする計画で、2013（平成25）年に最終評価報告書がとりまとめられました。この最終評価報告書で示された今後の課題や提言をもとに、新たに2015（平成27）～2024（令和6）年度を計画期間とする「健やか親子21（第2次）」がとりまとめられました。

「健やか親子21（第2次）」では、基盤課題として、①切れ目ない妊産婦・乳幼児への保健対策、②学童期・思春期から成人期に向けた保健対策、③子どもの健やかな成長を見守り育む地域づくりを掲げています。さらに、重点課題として、①「育てにくさ」を感じる親に寄り添う支援、②妊娠期からの児童虐待防止対策を掲げています（図表18-2）。

✳ 用語解説
周産期死亡率
妊娠満22週以後の死産と生後1週未満の早期新生児死亡をあわせたものを周産期死亡といい、出産数1,000対の周産期死亡率（1,000人あたりで何人が死亡したか）で表される母子保健上の指標。

図表18-1 母子保健関係指標の推移

年次	出生率 （人口千対）	乳児死亡率 （出生千対）	新生児死亡率 （出生千対）	周産期死亡率 （出産[1] 千対）	妊産婦死亡率 （出産[2] 10万対）	死産率 （出産[2] 千対）
1965年	18.6	18.5	11.7	…	80.4	81.4
1975年	17.1	10.0	6.8	…	27.3	50.8
1985年	11.9	5.5	3.4	15.4	15.1	46.0
1995年	9.6	4.3	2.2	7.0	6.9	32.1
1998年	9.6	3.6	2.0	6.2	6.9	31.4
1999年	9.4	3.4	1.8	6.0	5.9	31.6
2000年	9.5	3.2	1.8	5.8	6.3	31.2
2001年	9.3	3.1	1.6	5.5	6.3	31.0
2002年	9.2	3.0	1.7	5.5	7.1	31.1
2003年	8.9	3.0	1.7	5.3	6.0	30.5
2004年	8.8	2.8	1.5	5.0	4.3	30.0
2005年	8.4	2.8	1.4	4.8	5.7	29.1
2006年	8.7	2.6	1.3	4.7	4.8	27.5
2007年	8.6	2.6	1.3	4.5	3.1	26.2
2008年	8.7	2.6	1.2	4.3	3.5	25.2
2009年	8.5	2.4	1.2	4.2	4.8	24.6
2010年	8.5	2.3	1.1	4.2	4.1	24.2
2011年	8.3	2.3	1.1	4.1	3.8	23.9
2012年	8.2	2.2	1.0	4.0	4.0	23.4
2013年	8.2	2.1	1.0	3.7	3.4	22.9
2014年	8.0	2.1	0.9	3.7	2.7	22.9
2015年	8.0	1.9	0.9	3.7	3.8	22.0
2016年	7.8	2.0	0.9	3.6	3.4	21.0
2017年	7.6	1.9	0.9	3.5	3.4	21.1
2018年	7.4	1.9	0.9	3.3	3.3	20.9
2019年	7.0	1.9	0.9	3.4	3.3	22.0
2020年	6.8	1.8	0.8	3.2	3.3	20.1

注：1）出生数に妊娠満22週以後の死産数を加えたものである。
　　2）出生数に死産数を加えたものである。
　　3）2020（令和2）年は概数である。
出典：厚生労働省『厚生労働白書（令和3年版）資料編』2021年、193頁

3．母子保健サービスの体系

　母子保健サービスは、思春期から妊娠、出産、乳児期、幼児期、学童期を通じて、それぞれの時期にふさわしいサービスの提供が行われるように体系化されており、①健康診査等、②保健指導等、③医療対策等の3つに大きく分けられます（図表18-3）。

　母子保健サービスは、市町村保健センターを中心に、**母子健康包括支援センター**、保健所、医療機関などによって提供されています。

参照

母子健康包括支援センター

→レッスン10、14

図表18-2 「健やか親子21（第2次）」の概要

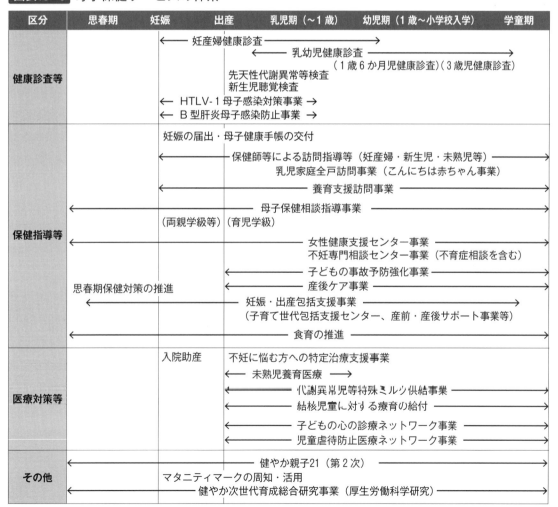

健やか親子21（第2次）

すべての子どもが健やかに育つ社会

子育て・健康支援

重点課題① 「育てにくさ」を感じる親に寄り添う支援	重点課題② 妊娠期からの児童虐待防止対策
●相談相手　●健康診査　●不妊　●低出生体重児　●予防接種　●産後うつ　●少子化	●性　●食育　●歯科　●肥満やせ　●身体活動　●喫煙飲酒　●心の健康
（基盤課題A）切れ目ない妊産婦・乳幼児への保健対策	（基盤課題B）学童期・思春期から成人期に向けた保健対策

（基盤課題C）子どもの健やかな成長を見守り育む地域づくり

出典：厚生労働省「健やか親子21（第2次）」ホームページ

図表18-3 母子保健サービスの体系

区分	思春期	妊娠	出産	乳児期（～1歳）	幼児期（1歳～小学校入学）	学童期
健康診査等		←――― 妊産婦健康診査 ―――→		←――――― 乳幼児健康診査 ―――――→（1歳6か月児健康診査）（3歳児健康診査）		
			先天性代謝異常等検査　新生児聴覚検査			
		←― HTLV-1母子感染対策事業 →　←― B型肝炎母子感染防止事業 →				
保健指導等			妊娠の届出・母子健康手帳の交付			
		←――― 保健師等による訪問指導等（妊産婦・新生児・未熟児等）―――→　乳児家庭全戸訪問事業（こんにちは赤ちゃん事業）				
		←――――――――― 養育支援訪問事業 ―――――――――→				
		←――――――― 母子保健相談指導事業 ―――――――→				
		（両親学級等）（育児学級）				
	←――――――― 女性健康支援センター事業 ―――――――→　不妊専門相談センター事業（不育症相談を含む）					
		←――― 子どもの事故予防強化事業 ―――→			
	思春期保健対策の推進	←――― 産後ケア事業 ―――→				
		←――― 妊娠・出産包括支援事業 ―――→（子育て世代包括支援センター、産前・産後サポート事業等）				
	←――――――――――― 食育の推進 ―――――――――――→					
医療対策等		入院助産	不妊に悩む方への特定治療支援事業			
			←― 未熟児養育医療 ―→			
		←――― 代謝異常児等特殊ミルク供給事業 ―――→				
		←――― 結核児童に対する療育の給付 ―――→				
		←――― 子どもの心の診療ネットワーク事業 ―――→				
		←――― 児童虐待防止医療ネットワーク事業 ―――→				
その他	←―――――――― 健やか親子21（第2次）――――――――→					
		マタニティマークの周知・活用				
	←――― 健やか次世代育成総合研究事業（厚生労働科学研究）―――→					

出典：図表18-1と同じ、192頁

✛ 用語解説
妊婦健康診査
厚生労働省の例示によると、妊娠初期から妊娠23週までは4週間に1回、妊娠24週から妊娠35週までは2週間に1回、妊娠36週から出産までは週1回の受診を推奨している。1回目の受診が妊娠8週頃とした場合、受診回数は合計14回となる。

▶ 出典
†1　厚生労働省「令和2年度地域保健・健康増進事業報告の概況」

✛ 用語解説
母子健康手帳
一般に母子手帳と呼ばれることがある。「母子保健法」第16条において、母子健康手帳の様式は厚生労働省令で定めることとされており、「母子保健法施行規則」第7条において、様式が定められている。内容は、妊娠や出産の経過から、小学校入学前までの健康状態、発育、発達、予防接種などの記録といった全国的に共通している部分と、妊娠中の注意点など、市区町村の任意で書かれる部分とにより構成されている。

参照
乳児家庭全戸訪問事業
→レッスン7

1　健康診査等

健康診査は、疾病や異常の早期発見の機会として重要であり、また早期発見により疾病などの発症予防のための保健指導につなげる機会としても重要です。健康診査としては、妊婦健康診査、乳幼児健康診査、先天性代謝異常等検査、B型肝炎母子感染防止事業などがあります。

妊婦健康診査[*]は、妊婦を対象とした健康診査で、妊娠中に必要な回数（14回程度）の健康診査を公費で実施しています。

乳幼児健康診査としては、1歳6か月児健康診査、3歳児健康診査の実施が市町村に義務づけられています。市町村によってはさらに細かく、3～6か月児健康診査などを実施しているところもあります。その受診率は、1歳6か月児健康診査で95.7％、3歳児健康診査で94.6％です。また、3～5か月児の健康診査の受診率は95.4％となっています[†1]。

2001（平成13）年度からは、1歳6か月児健康診査、3歳児健康診査において心理相談員や保育士が加わることになり、育児相談の実施など育児支援対策が強化されました。さらに、2005（平成17）年度からは乳幼児健康診査を行うにあたっては、子どもの発達障害の早期発見に留意することとされています。

新生児マス・スクリーニング検査（先天性代謝異常等検査）は、都道府県・政令指定都市において、乳児の先天性疾患などの早期発見・早期治療のために、すべての新生児を対象に採血による検査を実施するものです。

2　保健指導等

保健指導としては、妊娠の届出、母子健康手帳の交付、訪問指導、相談指導事業などがあります。

「母子保健法」では、妊娠したら速やかに市町村長に届出をすることとされています。また、市町村は妊娠の届出をした者に対して**母子健康手帳**[*]を交付することになっています。なお、体重が2,500グラム未満の乳児が出生したときは、速やかに、その乳児の現在地の市町村に届け出なければなりません。

訪問指導は、家庭を訪問して保健指導等を行う事業で、妊産婦、新生児、未熟児などに対する保健師等による訪問指導、乳児家庭全戸訪問事業、養育支援訪問事業などがあります。

なかでも、**乳児家庭全戸訪問事業**は「**こんにちは赤ちゃん事業**」とも呼ばれ、生後4か月までの乳児のいるすべての家庭を訪問し、さまざまな不安や悩みを聞き、子育て支援に関する情報提供などを行うとともに、

図表18-4 乳児家庭全戸訪問事業の概要

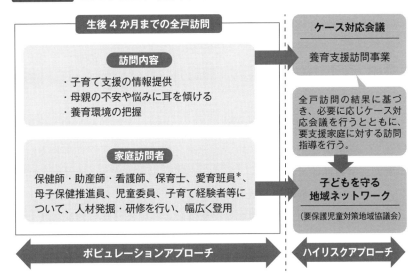

出典：内閣府『少子化社会白書（平成21年版）』2009年、134頁を一部改変

✳ 用語解説
愛育班員
愛育班とは、1936年に恩賜財団母子愛育会の指導により始まった住民によるボランティア活動を行う組織であり、愛育班員とはそのメンバーのこと。当初は農村における母子の死亡率を下げることを目的に組織され、その後、全国に広がった。

親子の心身の状況や養育環境等の把握や助言を行い、支援が必要な家庭には適切な支援サービス提供につなげます（図表18-4）。なお、2018（平成30）年4月1日現在、乳児家庭全戸訪問事業を実施している市区町村は1,710で、全体の98.2％となっています。

また、**養育支援訪問事業**は、育児ストレス、産後うつ病、育児ノイローゼなどの問題から、子育てに対して強い不安や孤立感等を抱える家庭に対して、訪問により、育児・家事の援助や、保健師等による養育に関する具体的な指導助言等を行うものです。

訪問対象は、①若年の妊婦および妊婦健康診査未受診や望まない妊娠等の妊娠期からの継続的な支援を特に必要とする家庭、②出産後間もない時期（おおむね1年程度）の養育者が、育児ストレス、**産後うつ**[*]状態、育児ノイローゼ等の問題によって、子育てに対して強い不安や孤立感等を抱える家庭、③食事、衣服、生活環境等について、不適切な養育状態にある家庭など、虐待のおそれやそのリスクを抱え、特に支援が必要と認められる家庭、④児童養護施設等の退所または里親委託の終了により子どもが復帰した後の家庭、などとなっています。

✳ 用語解説
産後うつ
出産の後に精神的に不安定な状況になること。出産によってホルモンバランスが崩れることや育児に対する不安や環境の変化といったストレスが原因と考えられている。

3 医療対策等

医療対策等としては、未熟児養育医療、療育の給付、小児慢性特定疾病医療費の支給、小児慢性特定疾病児童等自立支援事業などがあります。

未熟児養育医療は、入院治療が必要な未熟児（出生時体重が2,000グ

ラム以下、体温が摂氏34度以下、呼吸器系や消化器系などに異常がある場合など）に対して、その養育にかかる医療費の一部を公費負担するものです。

療育の給付は、結核にかかっている子どもに対して、療養に併せて学習の援助を行うため、都道府県知事が指定する病院に入院させて医療、学習、療養生活に必要な物品の支給を行うものです。

小児慢性特定疾病医療費の支給は、子どもの慢性疾病のうち、悪性新生物、慢性腎疾患、慢性心疾患、膠原病、糖尿病、先天性代謝異常など、**小児慢性特定疾病**として指定された16疾患群（738疾病）に対して医療費の自己負担分の一部を助成するものです。

参照

小児慢性特定疾病
→レッスン7

小児慢性特定疾病児童等自立支援事業は、小児慢性特定疾病の子どもの医療、福祉に関するさまざまな問題の相談に応じ、必要な情報の提供や助言を行うとともに、関係機関との連絡調整などを行う事業です。

4．その他の母子保健施策

その他の母子保健施策として、①マタニティマークの周知・活用、②特定不妊治療費助成事業、③子どもの心の診療ネットワーク事業、④**乳幼児突然死症候群**（SIDS）対策を取り上げます。

マタニティマーク（図表18-5）は、2006（平成18）年に「健やか親子21」の取り組みの一環として発表されました。これは、妊娠・出産に関する安全性と快適さの確保をめざして、妊産婦への社会の理解と配慮を促すことを目的としたものです。

補足

乳幼児突然死症候群（SIDS）

何の予兆や既往歴もないまま、乳幼児が死に至る原因のわからない病気。寝かせるときにうつぶせに寝かせたときのほうが、SIDSの発生率が高いとの研究結果がある。

特定不妊治療費助成事業は、不妊治療にかかる費用の一部を助成する事業です。体外受精と顕微授精については、1回あたりの治療費が高額で医療保険の適用外であることから、利用者の経済的負担が大きく、2004（平成16）年度から助成が行われるようになりました。2022年4月からは、保険適用される治療の範囲がさらに拡大されます。

子どもの心の診療ネットワーク事業は、さまざまな子どもの心の問題、児童虐待や発達障害に対応するため、拠点病院を中核として地域の関係機関が連携して、子どもの心の健康を守る事

図表18-5　マタニティマーク

業です。

　乳幼児突然死症候群（SIDS）対策としては、母子健康手帳への情報の記載やポスター、パンフレットの配布などを通じて、医療従事者や保育関係者をはじめとして広く一般に知識の普及・啓発を行っています。

演 習 課 題

①母子健康手帳に記載されている内容を調べてみましょう。

②保育所では乳幼児突然死症候群（SIDS）対策として、どのようなことを行っているのかについて調べてみましょう。

③母子保健サービスの今後の課題について話し合ってみましょう。

レッスン19

障害のある子どもへの支援

本レッスンでは、障害のある子どもの現状を踏まえて、障害のある子どもへの福祉施策の動向を学習します。そのうえで、具体的な施策として、障害児通所支援（児童発達支援、医療型児童発達支援、放課後等デイサービス、保育所等訪問支援）、障害児入所支援、経済的支援について学びます。

1. 障害のある子どもの現状

「児童福祉法」第4条第2項によると、障害児とは、①**身体に障害のある子ども***、②**知的障害のある子ども***、③精神に障害のある子ども（発達障害のある子どもを含む）、④難病である子ども、とされています。

障害児数（18歳未満）の推計は、身体に障害がある子どもが7万2,000人、知的障害のある子どもが22万5,000人、精神に障害のある子どもが27万6,000人となっています（図表19-1）。

2. 障害のある子どもへの福祉施策の動向

1 障害のある子どもへのサービス提供体制の再編

障害のある子どもへの福祉施策は、「児童福祉法」「身体障害者福祉法」「知的障害者福祉法」などの各法律によって、都道府県を中心としたサービスの支給決定が行われてきました。その後、「支援費制度」を経て2005（平成17）年には「**障害者自立支援法**（現：**障害者総合支援法**）*」が成立して、障害のある子どもを含む障害者福祉サービスの提供体制は、都道府県主体から市町村が主体となって、支給決定をするしくみに再編されました。

2010（平成22）年には障害児の施設体系の再編が行われ（施行は2012年4月）、知的障害児施設などの入所サービスを行っていた施設は「障害児入所支援」に、知的障害児通園施設など通所サービスを行っていた施設は「障害児通所支援」に一元化されました。

2 発達障害のある子どもへの支援

「発達障害者支援法」では、発達障害を「自閉症、アスペルガー症候

⊞ 用語解説

身体に障害のある子ども
18歳未満の者で「身体障害者福祉法」第15条に定める「身体障害者手帳」の交付を受けた者をいう。

知的障害のある子ども
法律上、知的障害に関する明確な定義はないが、児童相談所、知的障害者更生相談所において知的障害と判定された者に対しては「療育手帳」が交付される。

◆ 補足
支援費制度
社会福祉基礎構造改革にともなう改正により、2003年度から導入された障害者福祉サービスの利用方式。

⊞ 用語解説
「障害者総合支援法」
正式名称は「障害者の日常生活及び社会生活を総合的に支援するための法律」。

参照
「発達障害者支援法」
→レッスン9

群その他の広汎性発達障害、学習障害、注意欠陥多動性障害その他これに類する脳機能の障害であってその症状が通常低年齢において発現するものとして政令で定めるもの」（第2条）と定義しています。また、「『**発達障害者**』とは、発達障害がある者であって発達障害及び社会的障壁により日常生活又は社会生活に制限を受けるものをいい、『**発達障害児**』とは、発達障害者のうち18歳未満のもの」（第2条第2項）としています。

「発達障害者支援法」は、「発達障害を早期に発見し、発達支援を行うことに関する国及び地方公共団体の責務を明らかにするとともに、学校教育における発達障害者への支援、発達障害者の就労の支援、発達障

図表19-1 障害児・者数の推計

(単位：万人)

		総数	在宅者数	施設入所者数
身体障害児・者	18歳未満	7.2	6.8	0.4
	18歳以上	419.5	412.5	7.0
	年齢不詳	9.3	9.3	-
	総計	436.0	428.7	7.3
知的障害児・者	18歳未満	22.5	21.4	1.1
	18歳以上	85.1	72.9	12.2
	年齢不詳	1.8	1.8	-
	総計	109.4	96.2	13.2
精神障害者	20歳未満	27.6	27.3	0.3
	20歳以上	391.6	361.8	29.8
	年齢不詳	0.7	0.7	0.0
	総計	419.3	389.1	30.2

出典：内閣府『障害者白書（令和3年版）』2021年、247頁をもとに作成

図表19-2 障害児通所支援・障害児入所支援の概要

支援		支援の内容
障害児通所支援等（市町村）	児童発達支援	日常生活における基本的な動作の指導、知識技能の付与、集団生活への適応訓練、その他必要な支援を行うもの
	医療型児童発達支援	日常生活における基本的な動作の指導、知識技能の付与、集団生活への適応訓練、その他必要な支援及び治療を行うもの
	放課後等デイサービス	授業の終了後または学校の休業日に、生活能力の向上のために必要な訓練、社会との交流の促進その他必要な支援を行うもの
	保育所等訪問支援	保育所等を訪問し、障害のある児童に対して、集団生活への適応のための専門的な支援その他の必要な支援を行うもの
	居宅訪問型児童発達支援	重度の障害のある児童であって、通所型の支援を受けることが著しく困難な当該障害児の居宅を訪問して発達支援を行うもの
障害児入所支援（都道府県）	福祉型障害児入所施設	施設に入所する障害のある児童に対して、保護、日常生活の指導及び独立自活に必要な知識技能の付与を行うもの
	医療型障害児入所施設	施設に入所する障害のある児童に対して、保護、日常生活の指導及び独立自活に必要な知識技能の付与及び治療を行うもの

出典：厚生労働省『厚生労働白書（令和3年版）資料編』2021年、226頁を一部改変

者支援センターの指定等について定めることにより、発達障害者の自立及び社会参加のためのその生活全般にわたる支援を図り、もって全ての国民が、障害の有無によって分け隔てられることなく、相互に人格と個性を尊重し合いながら共生する社会の実現に資すること」（第1条）を目的としており、発達障害のある子どもへの支援体制の整備を図っています。

3. 障害児通所支援

「児童福祉法」第6条の2の2には、障害児通所支援について、①児童発達支援、②医療型児童発達支援、③放課後等デイサービス、④保育所等訪問支援、さらに、在宅の重度障害児への支援として⑤居宅訪問型児童発達支援の5つの支援が規定されています（図表19-2）。

1 児童発達支援

児童発達支援とは「障害児につき、児童発達支援センターその他の厚生労働省令で定める施設に通わせ、日常生活における基本的な動作の指導、知識技能の付与、集団生活への適応訓練その他の厚生労働省令で定める便宜を供与すること」（「児童福祉法」第6条の2の2第2項）とされています。

児童発達支援センターは、障害のある子どもを日々保護者の下から通所させて支援を行う施設です。福祉型と医療型の2つがあり、福祉型児童発達支援センターは「日常生活における基本的動作の指導、独立自活に必要な知識技能の付与又は集団生活への適応のための訓練」（「児童福祉法」第43条）を行うことを目的としています。

2 医療型児童発達支援

医療型児童発達支援とは「上肢、下肢又は体幹の機能の障害（以下「肢体不自由」という。）のある児童につき、医療型児童発達支援センター又は独立行政法人国立病院機構若しくは国立研究開発法人国立精神・神経医療研究センターの設置する医療機関であつて厚生労働大臣が指定するもの（以下「指定発達支援医療機関」という。）に通わせ、児童発達支援及び治療を行うこと」（「児童福祉法」第6条の2の2第3項）とされています。

医療型児童発達支援センターは、「日常生活における基本的動作の指導、

独立自活に必要な知識技能の付与又は集団生活への適応のための訓練及び治療」（「児童福祉法」第43条）を行うことを目的としています。

3　放課後等デイサービス

放課後等デイサービスとは「学校教育法第1条に規定する学校（幼稚園及び大学を除く。）に就学している障害児につき、授業の終了後又は休業日に児童発達支援センターその他の厚生労働省令で定める施設に通わせ、生活能力の向上のために必要な訓練、社会との交流の促進その他の便宜を供与すること」（「児童福祉法」第6条の2の2第4項）とされています。

具体的には、放課後や夏休みなどの長期休暇中に、①自立した日常生活を営むために必要な訓練、②創作的活動、作業活動、③地域交流の機会の提供、④余暇の提供、などを行っています。学校教育とあいまって障害児の自立を促進するとともに、障害のある子どもたちの放課後等の居場所づくりを推進しています（図表19-3）。

4　保育所等訪問支援

保育所等訪問支援とは「保育所その他の児童が集団生活を営む施設として厚生労働省令で定めるものに通う障害児又は乳児院その他の児童が集団生活を営む施設として厚生労働省令で定めるものに入所する障害児につき、当該施設を訪問し、当該施設における障害児以外の児童との集団生活への適応のための専門的な支援その他の便宜を供与すること」（「児童福祉法」第6条の2の2第6項）とされています。

図表19-3　放課後等デイサービスの概要

対象児童	学校教育法に規定する学校（幼稚園、大学を除く）に就学している障害児（※引き続き、放課後等デイサービスを受けなければその福祉を損なうおそれがあると認めるときは満20歳に達するまで利用することが可能）	利用定員	10人以上

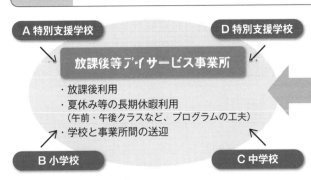

出典：厚生労働省ホームページ

図表19-4 保育所等訪問支援の概要

対象児童	保育所や、児童が集団生活を営む施設に通う障害児 ※（「集団生活への適応度」から支援の必要性を判断 発達障害児、その他の気になる児童を対象）

個別給付のため障害受容が必要 → 相談支援事業や、スタッフ支援を行う障害児等療育支援事業等の役割が重要

A 保育所　**A 幼稚園**

集団生活への適応支援　　集団生活への適応支援

児童発達支援センター事業

保育所等訪問支援

集団生活への適応支援　　集団生活への適応支援

B 幼稚園　**B 保育所**

訪問先の範囲

保育所、幼稚園、認定こども園、小学校、特別支援学校、乳児院、児童養護施設その他児童が集団生活を営む施設として、市町村が認めたもの（放課後児童クラブなど）

提供するサービス	障害児が集団生活を営む施設を訪問し、当該施設における障害児以外の児童との集団生活への適応のための専門的な支援その他の便宜を供与。 ①障害児本人に対する支援（集団生活適応のための訓練等）②訪問先施設のスタッフに対する支援（支援方法等の指導等） ・支援は2週に1回程度を目安。障害児の状況、時期によって頻度は変化。 ・訪問担当者は、障害児施設で障害児に対する指導経験のある児童指導員・保育士（障害の特性に応じ専門的な支援が必要な場合は、専門職）を想定。

出典：厚生労働省ホームページ

　訪問先は、保育所、幼稚園、認定こども園、小学校、特別支援学校、乳児院、児童養護施設、その他児童が集団生活を営む施設として、市町村が認めたもの（放課後児童クラブなど）で2週間に1回程度の訪問を目安としています。乳児院、児童養護施設は2018年4月より訪問先として追加されました。訪問する支援員は、障害児施設で障害のある子どもに対する指導経験のある児童指導員、保育士などで、①障害児本人に対する支援（集団生活適応のための訓練等）、②訪問先施設のスタッフに対する支援（支援方法等の指導等）などを行います（図表19-4）。

5 居宅訪問型児童発達支援

　居宅訪問型児童発達支援とは「重度の障害の状態その他これに準ずるものとして厚生労働省令で定める状態にある障害児であつて、児童発達支援、医療型児童発達支援又は放課後等デイサービスを受けるために外出することが著しく困難なものにつき、当該障害児の居宅を訪問し、日常生活における基本的な動作の指導、知識技能の付与、生活能力の向上のために必要な訓練その他の厚生労働省令で定める便宜を供与すること」（「児童福祉法」第6条の2の2第5項）とされています。

　これは2018年4月より施行された新たなサービスであり、従来あった児童発達支援や放課後等デイサービスと同様のサービスを在宅でも受けることができるよう新設されたものです。対象は、通所型の児童発達支援や放課後等デイサービスを利用することができない重度の障害児に

限定されており、人工呼吸器を装着しているなどのいわゆる医療的ケア児や重い疾病のため感染症にかかるおそれのある状態にある障害児等です。なお、目的の一つとして、在宅で発達支援を行うことによって、通所型の支援につなげることができるようにするなど、社会生活の幅を広げることもあげられます。

4．障害児入所支援

　障害児入所施設は、障害のある子どもを入所させて支援を行う施設で、福祉型と医療型の2つがあります。

　福祉型障害児入所施設は、「保護、日常生活の指導及び独立自活に必要な知識技能の付与」（「児童福祉法」第42条）を行うことを目的としており、保護者から虐待を受けていた障害のある子どもも入所しています。**医療型障害児入所施設**は、「保護、日常生活の指導、独立自活に必要な知識技能の付与及び治療」（「児童福祉法」第42条）を行うことを目的としており、近年は医療の充実により重度の障害のある子どもが増加しているため、手厚い医療ケアが必要とされています。

　利用方法については、2005年から従来の措置制度だったものが利用者（保護者）と施設との直接契約に変わりました。**障害児入所施設の利用の相談窓口は、児童相談所**となっています。

✦ 補足
障害児入所施設の利用
虐待事例などでは一部措置が行われている。

5．経済的支援

　障害のある子どものための経済的な支援としては、**「特別児童扶養手当等の支給に関する法律」**に基づく特別児童扶養手当、障害児福祉手当や**「心身障害者扶養共済制度**[*]」などがあります。

　特別児童扶養手当は、障害のある子どもの福祉の増進を図ることを目的に、精神または身体に障害のある子ども（20歳未満）を対象として、その子どもを現に監護・養育している父母等に支給されます。ただし、一定以上の所得があったり、その子どもが障害児入所施設に入所していたりする場合には支給されません。

　障害児福祉手当は、日常生活において常時の介護を必要とする重度の障害のある子ども（20歳未満）を対象として支給されます。特別児童扶養手当と同様に、その子どもが障害児入所施設に入所していたりする場

参照
「特別児童扶養手当等の支給に関する法律」
→レッスン9

✴ 用語解説
心身障害者扶養共済制度
障害のある子ども（成人した者も含む）を扶養している保護者が、自らの生存中に毎月一定の掛金を納めることにより、万一保護者が死亡するなどして扶養できなくなった際に、障害のある子どもに終身一定額の年金を支給する制度。

合には支給されません。

　演　習　課　題

①「発達障害者支援法」に規定されている具体的な施策を調べてみましょう。
②放課後等デイサービスの課題について調べてみましょう。
③自分が住んでいる市町村における保育所等訪問支援の現状について調べ、報告し合いましょう。

健全育成

本レッスンでは、子どもの健全育成の概念について学習します。とりわけ、児童厚生施設（児童館、児童遊園）、放課後児童健全育成事業、放課後子ども教室推進事業について学びます。それぞれの施設や事業の概要を把握したうえで、配置されている職員の活動内容や準備されている設備などが、子どもの健全育成を図るために果たす機能やその事業内容などについて、理解を深めましょう。

1. 子どもの健全育成

1 子どもの健全育成の範囲

「児童福祉法」は第1条で、すべての子どもは児童の権利に関する条約の精神にのっとり、その心身の健やかな成長及び発達などが保障されるとしています。第2条では、子どもの健全育成は国民全体の努力目標であり、子育ての第一義的責任は、保護者にあるものの、国や地方公共団体も保護者と同じように子育ての責任を負うとしています。

つまり、子どもの健全育成の範囲は、広義には「児童福祉法」に定めるすべてのサービスととらえることができますが、子ども家庭福祉領域における健全育成は、特別なサービスを必要としない一般的な家庭の子どもを対象としたサービスのことを指します。具体的には、児童館などの児童厚生施設、児童健全育成事業、その他のサービスのことです。

2 子どもの健全育成の目標

ここでは、子どもの健全育成の目標を、①子どもの全面的な発達保障、②子どもの健全育成、③子どもが育つ環境の整備・改善、④方法としての「遊び」の重視の4つの視点から見ていきます。

①子どもの全面的な発達保障

すべての子どもがもっている能力を最大限に発揮し、健康で精神的に調和のとれた発達を遂げることを保障することです。

②子どもの健全育成

子どもの心身の健康増進を図ること、知的な適応能力を高めること、社会適応力を高めることなど、子ども自身の健やかな発達を目標としています。

③子どもが育つ環境の整備・改善

　子どもの健全育成を促進するには、子どもの育つ環境の整備と改善が必要です。ここでいう環境とは、子どもが育つ場としての環境のみならず、人間関係や社会関係も含み、それらが愛情と思いやりに満ちたものに形づくられることで、子どもが情操を豊かに育つことが期待されています。

④方法としての「遊び」の重視

　子どもの健全育成では、遊びが重視されます。遊びは感動や喜びをともなう自発的な行動であり、子どもにとってはそれ自体が目的であり、生活そのものです。遊びのなかで、子どもが自己実現できるような環境を用意することが目標となります。

2．児童厚生施設

1　児童厚生施設の概要

　児童厚生施設は、「児童福祉法」第40条に「児童遊園、児童館等児童に健全な遊びを与えて、その健康を増進し、又は情操をゆたかにすることを目的とする」と定められている児童福祉施設です。法に定められているとおり、児童厚生施設には、児童遊園と児童館があります。児童遊園は屋外型、児童館は屋内型の子どもの健全育成の拠点として整備されています。

　児童厚生施設の設置数の推移を運営主体別に表したものが、図表20-1です。児童館の設置数はほぼ横ばいですが、近年は公営施設の民

図表20-1 児童厚生施設設置数の推移

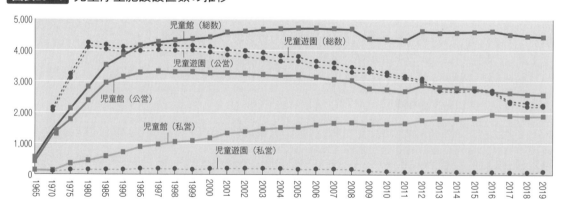

注：1970年までは12月末現在、1975年以降は10月1日現在である。
　　2009～2011年は調査方法等の変更による回収率変動の影響を受けていることに留意する必要がある。
　　2011年は東日本大震災の影響により、宮城県・福島県の一部の地域については、調査を見合わせた。
　　2012年からは都道府県・指定都市・中核市において把握している施設のうち、活動中の施設について集計した数である。
出典：厚生労働省『厚生労働白書（令和3年版）資料編』2021年、186頁をもとに作成

間委託が進み、私営の割合が高まってきています。児童遊園は、大半が
公営施設ですが、1980年ごろをピークに近年は減少傾向にあります。

2　児童館

　児童館には、小型児童館、児童センター、大型児童館があります（図
表20-2）。これらに共通の機能として、①健全な遊びを通して、児童
の集団及び個別指導の実施並びに年長児童の自主的な活動に対する支援、
②母親クラブ、子ども会等の地域組織活動の育成・助長、③子育てに不
安や悩みをかかえる母親への相談援助活動等の子育て家庭に対する支援、
④その他地域における児童健全育成に必要な活動があります。なお、
2011（平成23）年に「**児童館ガイドライン**」*(厚生労働省雇用均等・児
童家庭局長通知）が発出されています。

　児童館には、児童厚生員が配置されています。児童厚生員に必要な資
格等の詳細は、「児童福祉施設の設備及び運営に関する基準」に定めら
れていますが、保育士や幼稚園教諭は、そのうちの中心となります。

①小型児童館

　小型児童館は小地域を対象に、児童に健全な遊びを与え、その健康を
増進し、情操を豊かにするとともに、母親クラブ、子ども会等の地域組
織活動の育成促進を図るなど、子どもの健全育成に関する総合的な機能
をもっています。地域密着型の身近な遊び場としての役割があり、主と
して小学校低学年までの子どもの利用が多く、近年、子育て支援や放課
後児童健全育成事業の拠点としても活用されています。

②児童センター

　小型児童館の活動に加えて、運動や遊びを通して、体力増進を図る役
割があります。また、大型児童センターでは、中高生向けのプログラム

✳ 用語解説

「児童館ガイドライン」
児童館運営の理念と目的や
機能・役割、活動内容など
が示されている。

参照
児童厚生員（児童の遊
びを指導する者）
→レッスン13

図表20-2 児童館の種類

| 区分 | 小型児童館 | 児童センター | | 大型児童館 | |
		児童センター	大型児童センター	A型児童館	B型児童館
職員	児童厚生員2名以上	児童厚生員2名以上 体力増進指導者	児童厚生員2名以上 体力増進指導者 年長児童指導者	児童厚生員2名以上	
面積	217.6㎡以上	336.6㎡以上	500㎡以上	2,000㎡以上	1,500㎡以上
設備	集会室、遊戯室、図書室、事務執行に必要な設備。必要に応じ、相談室、創作活動室および静養室等		+年長児童用設備（例えば、スタジオ、トレーニング室、小ホール等）	+研修室、展示室、多目的ホール、ギャラリー等	+児童館設備、宿泊室、食堂、浴室、キャンプ設備、必要に応じて移動児童館車両

出典：児童健全育成推進財団「児童館の種類と運営のいろいろ。」を一部改変

として、文化的・芸術的な活動やスポーツ活動などを展開しています。

③大型児童館

　大型児童館には、A型児童館とB型児童館の2類型があります。A型児童館は、児童センターの機能に加えて、指導や連絡調整等を行う小型児童館同様の働きを持つ中核児童館としての機能があります。B型児童館は、豊かな自然環境に恵まれた一定の地域内に設置し、子どもが宿泊しながら、自然を生かした遊びや活動を行える機能があります。

3 　児童遊園

　児童館と並んで「児童福祉法」に規定されている**児童遊園**は、主に小学校低学年までの子どもを対象とした屋外の遊び場として整備されています。330㎡以上の敷地に遊具（ブランコ、砂場、すべり台、ジャングルジムなど）、広場、ベンチ、便所、飲料水設備等が設置されています。

◆補足
児童遊園
児童遊園の歴史は、大正から昭和初期にかけて行われた児童遊園設置運動に遡り、アメリカの「プレイグラウンド運動」の流れをくむ。プレイグラウンド運動とは、指導者つきの子どもの遊び場を推進するものであり、背景には都市の環境悪化への対策があった。

3. 放課後児童健全育成事業

　放課後児童健全育成事業は、従来から取り組まれていた学童保育を1997（平成9）年の「児童福祉法」改正により法定化した事業です。一般に**放課後児童クラブ**や学童保育（以下、クラブとする）と呼ばれています。

　その目的は、保護者が仕事などで昼間家庭にいない小学生を対象に、授業の終了後に学校の余裕教室等を用いて、適切な遊びや学習などの生活の場を与えて、その健全育成を図ることです。

　登録している子どもの数およびクラブ数は、ともに年々増加傾向にあり、2020（令和2）年には、登録児童数は対前年1万1,701人増の131万1,008人、クラブ数は対前年744か所増の2万6,625か所となっています。また、利用できなかった子どもの数（待機児童数）は、対前年2,266人減の1万5,995人となっています（図表20－3）。**新・放課後子ども総合プラン**においては、国全体で、クラブを2023（令和5）年度末までに新たに登録児童数約30万人分の受け皿として**放課後子供教室***と一体的または連携して実施・整備することとされています。

　クラブの設置・運営主体別実施状況は、公立公営と公立民営のクラブが全体の約8割を占めています。また設置場所では、学校の余裕教室が約3割、学校敷地内の専用施設が約4分の1と、小学校内での設置が全体の半数を超えており、児童館が約1割弱となっています。

✳用語解説
放課後子供教室
放課後や週末等に小学校の余裕教室等を活用し、子どもたちの安全・安心な活動拠点（居場所）を設け、地域住民の参画を得て、学習活動やスポーツ・文化芸術活動、地域住民との交流活動等の取り組みを実施することにより、子どもたちの社会性、自主性、創造性等の豊かな人間性を涵養するとともに、地域の子どもたちと大人の積極的な参画・交流による地域コミュニティの充実を図る事業。

図表20-3 クラブ数、登録児童数、利用できなかった児童数（待機児童数）の推移

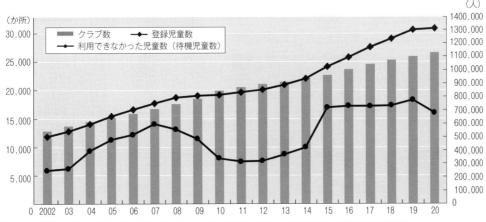

出典：厚生労働省「令和2年 放課後児童健全育成事業（放課後児童クラブ）の実施状況」2020年をもとに作成

図表20-4 放課後児童支援員の活動内容

①子どもが自ら進んで放課後児童クラブに通い続けられるように援助する。
②子どもの出欠席と心身の状態を把握して、適切に援助する。
③子ども自身が見通しを持って主体的に過ごせるようにする。
④放課後児童クラブでの生活を通して、日常生活に必要となる基本的な生活習慣を習得できるようにする。
⑤子どもが発達段階に応じた主体的な遊びや生活ができるようにする。
⑥子どもが自分の気持ちや意見を表現することができるように援助し、放課後児童クラブの生活に主体的に関わることができるようにする。
⑦子どもにとって放課後の時間帯に栄養面や活力面から必要とされるおやつを適切に提供する。
⑧子どもが安全に安心して過ごすことができるように環境を整備するとともに、緊急時に適切な対応ができるようにする。
⑨放課後児童クラブでの子どもの様子を日常的に保護者に伝え、家庭と連携して育成支援を行う。

出典：厚生労働省「放課後児童クラブ運営指針」をもとに作成

　クラブには、**放課後児童支援員**が配置されていますが、児童厚生員の資格を有する者が望ましいとされています。その活動内容は、図表20-4の通りです。また、クラブの開所時間は18時30分を超えているものが全体の約58%となっており、その割合は増加しています。この傾向は、近年課題となっている「**小1の壁**[*]」への対応が進みつつあることを示しています。

✳ 用語解説
小1の壁
共働き家庭において、子どもを保育所から小学校に入学させるときに直面する、子どもの預かり時間の問題などの社会的な障壁のこと。

4. 新・放課後子ども総合プラン

　2014年から2018年まで、共働き家庭等の「小1の壁」を打破するとともに、次代を担う人材を育成する、という観点のもと、厚生労働省と文部科学省が協力して策定した指針が「放課後子ども総合プラン」です。

図表20-5 余裕教室等の活用事例

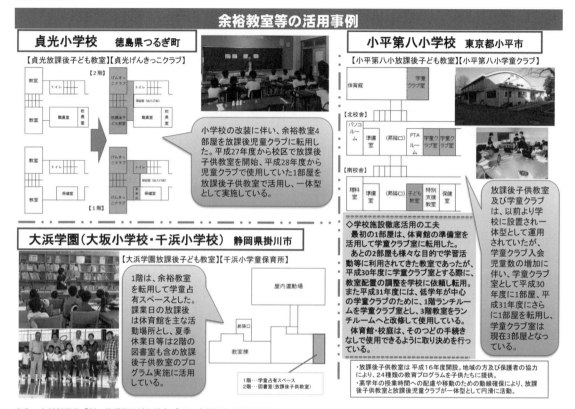

出典：文部科学省「新・放課後子ども総合プラン 余裕教室の活用事例」
https://manabi-mirai.mext.go.jp/torikumi/hourei-plan/plan/yoyuukyousitsu_katsuyoujireiR2.1.15.pdf（2022年3月7日確認）

　具体的には「放課後児童クラブ」と「放課後子供教室」（図表20-5）の２つの事業を一体的に実施し、全ての児童が放課後等を安全・安心に過ごし、さらには、多様な体験・活動を行うことができるように努めるものでした。

　2018年、これまでの同プランの進捗状況や、児童福祉や教育分野における施策の動向も踏まえ、これまでの放課後児童対策の取り組みをさらに推進させるために策定された指針が「新・放課後子ども総合プラン」です。放課後児童クラブの待機児童の早期解消、放課後児童クラブと放課後子供教室の一体的な実施の推進等による全ての児童の安全・安心な居場所の確保を図ること等を内容とした、向こう５年間を対象とする新たな放課後児童対策の指針です。

　新・放課後子ども総合プランでは、国全体の目標として次の４つのことを掲げています。①放課後児童クラブについて、2021年度末までに約25万人分整備し、その後も2023年度末までに計30万人分の受け皿を整備する。②全ての小学校区で「放課後児童クラブ」と「放課後子供教

室」を実施し、うち1万か所以上を一体型とする。③新たに開設する「放課後児童クラブ」の80％を小学校内で実施する。④子どもの自主性、社会性等のより一層の向上を図る。

演　習　課　題

①自分が住んでいる市町村の放課後児童健全育成事業と、放課後子ども教室の実施状況について調べてみましょう。

②「新・放課後子ども総合プラン」について調べてみましょう。

③小学生にとって、望ましい放課後の過ごし方とはどのようなものかディスカッションしましょう。

子ども虐待対策

本レッスンでは、日本における子ども虐待に対応するための法制度やサービスの現状と課題について学びます。子ども虐待の背景にある問題やリスクについて理解するとともに、子ども虐待を予防したり、虐待から子どもを守ったりするためにはどのような支援やサービスが必要なのか、一緒に考えていきましょう。

◆補足
子ども虐待の定義
2004年の「児童虐待防止法」改正により、以下の2点について児童虐待の定義の見直しがなされた。①保護者以外の同居人による児童虐待と同様の行為が、保護者によるネグレクトの一類型として児童虐待に含まれるとすること、②児童の目の前でドメスティック・バイオレンス（面前DV）が行われること等、児童への被害が間接的なものについても児童虐待に含まれるものとすること。さらに2007年の改正で、児童の安全確認のための強制的な立入調査、保護者に対する児童の面会制限等、虐待を受けた子どもを救うために具体的な措置が示された。
→レッスン7

1．子ども虐待の定義

　子ども虐待については、2000（平成12）年に制定された「児童虐待の防止等に関する法律（児童虐待防止法）」の第2条において保護者（親権を行う者、未成年後見人その他の者で、児童を現に監護するもの）について行う行為を前提として、図表21‐1のように**定義**されています。子ども虐待を理解するうえで重要なことは、「これはしつけである」といった保護者の主観的な意図には関わりなく、保護者の行為によって子どもが有害な影響を受けているのであれば、それはまさしく「虐待である」と認識すべきだということです。

2．子ども虐待の実態

1　子ども虐待の相談状況

　では、子ども虐待はどのような状況にあるのでしょうか。それを全国の児童相談所で処理された虐待相談のデータからみていきましょう。

図表21‐1　「児童虐待防止法」にみる子ども虐待の定義

身体的虐待	児童の身体に外傷が生じ、または生じるおそれのある暴行を加えること（なぐる、蹴る、たばこの火を押し付ける、など）
性的虐待	児童にわいせつな行為をすること、または児童をしてわいせつな行為をさせること（子どもへの性交や性的行為の強要、性器や性交を見せる等の行為）
ネグレクト（養育の怠慢・拒否）	児童の心身の正常な発達を妨げるような著しい減食、または長時間の放置、その他の保護者としての監護を著しく怠ること（病気やけがをしても適切な処置を施さない、乳幼児を家に置いたままたびたび外出する、極端に不潔な環境で生活させる、同居人による虐待を黙認する、など）
心理的虐待	児童に対する著しい暴言または著しく拒絶的な反応、その他児童に著しい心理的外傷を与える言動（子どもの心を傷つけることを繰り返し言う、無視する、きょうだいと著しく差別的な扱いをする、など）

　図表21 - 2は、児童相談所における虐待相談件数です。2019（令和元）年度（速報値）では、20万5,029件であり、年々増加傾向にあります。こうした傾向の理由や背景としては、「昔よりも、子どもを虐待する親が増えた」ということではなく、それまでは「ひどいことをする親だ」「かわいそうな子だ」などと見過ごされてきた親子の関係について、「これは、虐待にあたるのではないか？」という意識が広く人々のあいだに浸透してきた、ということが関係しているといえます。

　図表21 - 3は、子ども虐待の内容別相談件数です。2012（平成24）年度までは「身体的虐待」が最多でしたが、2013（平成25）年度以降は、「心理的虐待」が最も多くなっています。ただし、この統計では、一つの虐待事例について1種類の虐待種別でカウントされているため、単純に「心

図表21- 2 児童相談所における虐待相談対応件数の推移

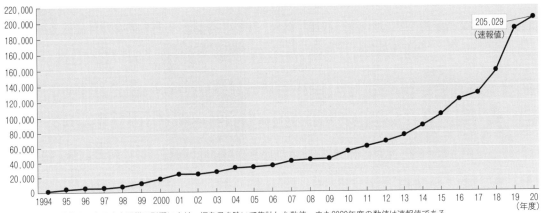

注：2010年度の件数は、東日本大震災の影響により、福島県を除いて集計した数値。また2020年度の数値は速報値である。
出典：厚生労働省「福祉行政報告例」令和元年版をもとに作成

図表21- 3 虐待の内容別相談件数の推移

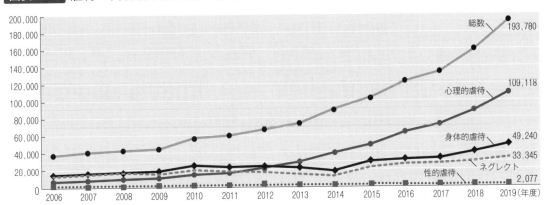

注：1 ）割合は四捨五入のため、100％にならない場合がある。
　　2 ）2010年度は、東日本大震災の影響により、福島県を除いて集計した数値である。
出典：図表21- 2と同じ

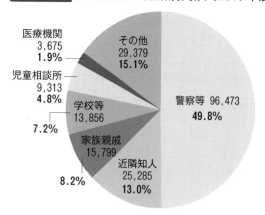

図表21-4 虐待相談の経路別内訳（2019年度）

医療機関
3,675
1.9%

児童相談所
9,313
4.8%

学校等
13,856
7.2%

家族親戚
15,799
8.2%

その他
29,379
15.1%

近隣知人
25,285
13.0%

警察等 96,473
49.8%

注：その他には、児童福祉施設、児童本人、児童委員、保健センター
　　などが含まれる。
出典：厚生労働省「令和元年度　児童相談所での児童虐待相談対
　　応件数」2020年

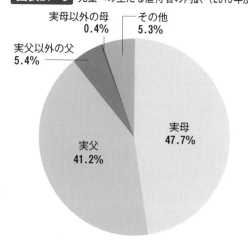

図表21-5 児童への主たる虐待者の内訳（2019年度）

実母以外の母
0.4%

その他
5.3%

実父以外の父
5.4%

実母
47.7%

実父
41.2%

注：その他には、祖父母、叔父叔母などが含まれる。
出典：図表21-2と同じ

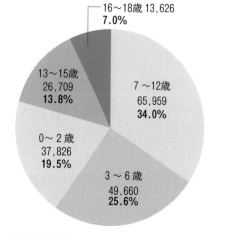

図表21-6 被虐待児童の年齢別内訳（2019年度）

16〜18歳 13,626
7.0%

13〜15歳
26,709
13.8%

0〜2歳
37,826
19.5%

7〜12歳
65,959
34.0%

3〜6歳
49,660
25.6%

出典：図表21-2と同じ

図表21-7 子ども虐待が発生する要因

親の要因	・親の精神疾患・親の知的障害・被虐待経験・実家との関係が疎遠・予期せぬ妊娠・10代で出産　など
養育環境の要因	・経済的に不安定・地域での孤立・地域での差別・ひとり親家庭・転居して間もない・頻繁な転居　など
子どもの要因	・未熟児・障害児・育てにくい性格・双子など多胎児・発達遅滞　など

理的虐待が最も多い」と理解するべきではありません。たとえば、同じ子どもが身体的虐待と心理的虐待を同時に受けているケースもありますが、そうした実態はこの統計からは十分につかむことができないからです。

　図表21-4は、2019（令和元）年度の虐待相談を経路別にみた割合を示すもので、警察、家族や近隣知人からの通告が多いことがわかります。

　また、図表21-5は、主たる虐待者です。実母が47.7%と最も多く、次いで実父41.2%となっています。図表21-6は、被虐待児童の年齢別内訳です。この内訳では、小学生が34.0%と最も多くなっていますが、0歳〜学齢前までの合計が45.1%と半数弱になっており、乳幼児の虐待の早期発見は重要な課題といえます。

2　子ども虐待の死亡事例

子ども虐待死については、その原因や課題を明らかにしたうえで、全国の子ども虐待に関わる専門職等が認識すべき課題や対応をとりまとめるとともに、子ども虐待死を撲滅することを目的に、社会保障審議会児童部会の下に「児童虐待等要保護事例の検証に関する専門委員会」（以下、検証委員会）が設置されています。この検証委員会では、毎年、子ども虐待死亡事例を分析・検証した報告書を発表しています。

3．子ども虐待が起こる背景

子ども虐待が発生する要因には、主に3つが考えられます（図表21-7）。まず「親の要因」です。具体的には、「親自身が子どものころ虐待を受けて育った」「親自身が疾病や障害を抱えている」「予期せぬ妊娠であった」などが考えられます。2つめとして「養育環境の要因」です。たとえば、「親が無職である等の理由で経済的に不安定である」「地域で差別されたり孤立したりしている」など、ストレスの強い環境で生活していることなどがあげられます。3つめとして「子どもの要因」です。具体的には、「子どもに障害や疾病がある」「極端に頑固である」など、育てにくい状況にあることなどが考えられます。

これらの条件がそろったにしても、必ずしも虐待に直結するわけではありません。これらはあくまで「虐待のハイリスク要因」であると理解することが重要です。さまざまなストレスや生活条件等が複雑にからみ合って、虐待につながっているケースが多いからです。

4．子どもを虐待から保護するしくみ

虐待を受けている子どもの保護は、「児童福祉法」および「児童虐待防止法」に基づいて行われます（図表21-8）。

1　子ども虐待の発見と通告

「児童福祉法」第25条では、**保護者に監護させることが不適当であると認められる児童**（要保護児童）を発見した者は、市町村や都道府県の設置する福祉事務所または児童相談所に通告しなければならない」と規定されています。被虐待児童の通告は、**国民一般に課せられた義務**です。

➕補足
保護者に監護させることが不適当であると認められる児童
これには、「児童虐待防止法」に定義された被虐待児童が含まれる。

国民一般に課せられた義務
国民の通告義務は「児童福祉法」第25条のほか、「児童虐待防止法」第5条と第6条で規定されている。

図表21-8 子ども虐待対応の流れ

児童本人・家族・虐待をしている親	近隣住民・民生委員・児童委員・保育所・子育て支援センター・児童家庭支援センター・市町村保健センター・保健所・小中学校・教育相談室・医療機関・警察等

相談（法第12条第2項）
通告（法第25条）

相談　通告

市町村

都道府県の設置する福祉事務所

通告の仲介

児童委員

通告

送致（法第25条の7第1項第1号）

送致（法第25条の8第1項第1号）

通告の仲介（法第25条）

児童相談所

調　査

任意調査（法第11条第1項第2号）　　**立入調査**（法第29条）

（法第12条第2項）　（法第11条第1項）

判　定（法第12条第2項）
（医学・心理学・教育学・社会学・精神保健）

一時保護（法第33条）

（行動診断）

警　察

援助要請

【援助方針】

施設入所措置	児童福祉司指導等の措置	助言指導他機関斡旋	親権喪失が必要親権停止が必要

親が反対

親または児童が不同意（法第27条第6項）

都道府県児童福祉審議会

親が反対

親が同意

親および児童が同意

親権喪失の審判の申立てもしくは停止の審判の申立て（法第33条の7）

家庭裁判所

認容　　却下

措置の承認申立て（法第28条第1項）

親および児童が同意

家庭裁判所

措置の承認

措置期間の更新申立て（法第28条第2項）

（法第26条第1項第2号第27条第1項第2号）

（法第12条第2項）

施設入所措置・里親委託措置（法第27条第1項第3号）	児童福祉司指導等の措置	助言指導他機関斡旋

注：「法」は児童福祉法を示す
資料：厚生省（現・厚生労働省）発表資料を一部改変
出典：社会福祉士養成講座編集委員会編『児童や家庭に対する支援と児童・家庭福祉制度（第7版）』中央法規出版、2019年、250頁

　加えて、「児童虐待防止法」では、学校の教職員、児童福祉施設職員など子ども虐待を発見しやすい立場にある人は、被虐待児童の早期発見に努めるとともに速やかに通告するよう規定しています。

2 通告や相談の受理、調査、一時保護

　通告を受理した児童相談所や福祉事務所は、受理会議のあと、子ども

の**安全確認**を行うとともに、子どもや保護者との面会を行い、通告された内容について事実確認を進めていきます。また必要に応じて、子どもが通う学校の教師や医療機関等に足を運び情報を収集します（社会診断）。さらに、子ども虐待が疑われる場合で、保護者が児童相談所の介入に拒否的な場合は、立入調査を行うことができます（「児童福祉法」第29条、「児童虐待防止法」第9条）。

　調査の結果、虐待の事実が確認され、子どもを緊急に保護する必要性があると判断されると、児童相談所は速やかに一時保護を行います（「児童福祉法」第33条、「児童虐待防止法」第8条第2項、第11条第5項）。一時保護は、原則、親権者の同意のもとで行われるのが望ましいのですが、親権者の同意がとれない場合で、子どもの心身に重大な危害が加わるおそれがあると判断できるときは、職権保護により親権者の意に反しても一時保護を行うことができます。一時保護中には上記の調査とあわせて、子どもの行動診断とともに、子どもの心理診断、医学診断などが行われ、子どもの援助方針を決定します。

3　援助

　児童相談所が行う虐待対策としての援助には、以下の4つがあります。

①在宅指導

　虐待の内容や程度などから判断して、親子を分離せずに家庭訪問や児童相談所への通所指導等を通して、親子関係の調整や家族指導、子どもの心理指導などを行うものです。

②勧告

　子ども虐待を行った保護者が、「児童福祉法」や「児童虐待防止法」に基づく指導を受けようとしない場合、都道府県知事はその保護者に対して、指導を受けるよう勧告することができます。

③施設入所措置、里親委託等

　在宅での指導や支援が困難であると判断されたケースでは、いったん子どもを家庭から離して、子どもの安全と成長を保障する必要があります。そのため、子どもを乳児院や児童養護施設等の社会的養護の施設に入所させたり、里親に養育を委託したりするなどの措置がとられます。

④親権喪失・親権停止の審判の請求

　子どもの親が親権を濫用するなど、著しく不行跡と認められる場合、児童相談所長は家庭裁判所に対して「親権喪失の審判の請求」を行うことができます（「児童福祉法」第33条の7）。

　また、2012（平成24）年には「民法」と「児童福祉法」が改正され、

◆補足
安全確認
2007年1月の「児童相談所運営指針」等の改正により、児童相談所における虐待対応として、通告受理から48時間以内に児童の安全確認を行うことが望ましいというルールが、「児童相談所運営指針」に明文化された。

◆補足
在宅指導
児童相談所は、これらの業務を地域の児童委員や児童家庭支援センターに委託することができる。

◆補足
施設入所措置、里親委託等
こうした親子分離の措置は、原則として親権者の意に反して行うことはできない。児童相談所が虐待等を理由に親子分離の措置が必要と判断しているにもかかわらず、親権者等がそれを拒否する場合、児童相談所は家庭裁判所に対して「措置の承認の申立」を行い、その承認のもとに親子分離を図ることになる（「児童福祉法」第28条第1項）。

親権を最長で2年間停止できるようになりました。

4 ▶ 子ども虐待防止のネットワーク

2000（平成12）年度に、住民に身近な市町村区域において、保健、医療、福祉、教育、司法、警察等の関係機関・団体が一堂に会し、情報交換や援助検討等を行う「児童虐待防止市町村ネットワーク事業」が創設されました。さらに2004（平成16）年の「児童福祉法」改正では、このネットワークが「**要保護児童対策地域協議会**」として法定化されました。

参照
要保護児童対策地域協
議会
→レッスン7

5 ▶ 子ども虐待防止と早期発見のための訪問支援

子ども虐待の予防や早期発見を目的として、要支援と思われる子育て家庭を対象に、助産師や保健師などが訪問し、子育ての悩みや相談を行う「育児支援家庭訪問事業」が2004（平成16）年から市町村によって実施されていましたが、2008（平成20）年の「児童福祉法」改正によって「**養育支援訪問事業**」として法定化され、翌年度から実施されています。

また、「子ども虐待による死亡事例等の検証結果等について（第17次報告）」によると、虐待で死亡する子どもの約5割が0歳児で、その約8割が4か月未満児です。そのため2007（平成19）年度から、生後4か月未満の子どもがいるすべての家庭を対象に、保健師等が訪問する「**こんにちは赤ちゃん事業**」が実施され、翌年には「児童福祉法」改正によって「**乳児家庭全戸訪問事業**」として法定化されました。

子ども虐待では、子ども本人やその親が必ずしもみずからSOSをだすわけではありません。そのため、従来の相談支援サービスだけではなく、訪問型（アウトリーチ型）のサービスの展開が必要になります。

参照
養育支援訪問事業
→レッスン7、18

参照
こんにちは赤ちゃん事業、
乳児家庭全戸訪問事業
→レッスン7、18

演 習 課 題

①過去に起こった児童虐待事件の新聞記事や手記等を探して読み進め、その虐待が発生した理由や背景について考え、話し合ってみましょう。
②児童虐待等要保護事例の検証に関する専門委員会の第17次報告を読み、その概要をまとめてみましょう。
③子ども虐待防止キャンペーン（オレンジリボン運動）について調べてみましょう。

レッスン**22**

DVへの対応

本レッスンでは、日本におけるDV（ドメスティック・バイオレンス）への対応の現状と課題について学びます。近年、子育て家庭におけるDV問題や相談が増加しています。子どもの前でのDVは「面前DV」という心理的虐待にあたり、子どもの発達にも影響を及ぼします。DVの現状とその防止のために必要な支援、保育者に求められる役割などについて一緒に考えていきましょう。

1. 日本におけるDVの現状

日本における**ドメスティック・バイオレンス（DV）**について、内閣府が2020（令和2）年度に実施した「男女間における暴力に関する調査」の結果から、その現状を理解しましょう。

1 配偶者からの被害経験

配偶者からの暴力等の被害経験については、「何度もあった」7.4％、「1、2度あった」15.1％を合計すると22.5％となり、約5人に1人は配偶者から暴力を受けたことがあるということになります。さらに男女別にみると、女性の約4人に1人は配偶者から被害を受けたことがあり、約5人に1人は何度も被害を受けた経験があるということです。

2 配偶者から被害を受けたときの行動

配偶者から被害を受けたことを「誰にも相談しなかった」という回答が女性で約41.6％、男性で57.1％あり、DVはほかの人に相談しづらい問題であるという理解が必要です。また、被害を受けた女性の44.1％が「別れたいと思ったが、別れなかった」と回答しており、心身ともに逃げたくても逃げられない状況に置かれやすいともいえます。

3 子どもへの影響

配偶者からの被害を受けたことがある家庭の約3割は、子どもへの被害もあったと回答しています。

子どもの前でのDV（面前DV）は、たとえ子どもに暴力がふるわれていなくても、子どもの心に大きな傷を残します。そうした意味で、子どももまたDVの被害者であるといえます。

補足

ドメスティック・バイオレンス（DV）
直訳すると「家庭内暴力」になる。しかし、日本では、「夫婦や恋人など親密な関係にある男女間での暴力」としてDVという言葉を使う場面が多くみられる。

参照

面前DV
→レッスン7

2. 「配偶者からの暴力の防止及び被害者の保護等に関する法律」

2001（平成13）年に制定された「配偶者からの暴力の防止及び被害者の保護等に関する法律（DV防止法）」では、配偶者からの暴力を防止するための対策や、DV被害者の保護や相談支援、自立支援等について、

図表22-1 「DV防止法」の概要

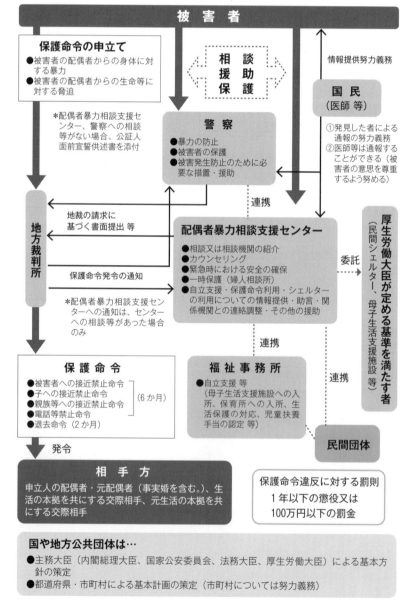

出典：内閣府男女共同参画局「配偶者からの暴力の防止及び被害者の保護に関する法律の概要」

図表22-1のように規定しています。

1　DVの定義

「DV防止法」第1条では、DVは「配偶者からの身体に対する暴力又はこれに準ずる心身に有害な影響を及ぼす言動」と定義されています。

つまり、身体的暴力だけでなく、精神的暴力や性的暴力なども含まれます。多くの自治体のホームページなどでは、図表22-2のように暴力を5つに分類して、よりわかりやすく示しています。

「DV防止法」は、「配偶者からの暴力」を対象としていて、男性・女性どちらも対象になります。ここでいう「配偶者」には、婚姻届を出していない、いわゆる「事実婚」の関係にある相手も含みます。また、離婚したのちにも引き続き暴力を受けている場合も対象になります。

2　配偶者暴力相談支援センター

「DV防止法」では、都道府県または市町村が、婦人相談所その他の適切な施設において、「**配偶者暴力相談支援センター**」の機能（図表22-3）を果たすよう規定するとともに、同センターの業務内容について次のように規定しています。

①相談または相談機関の紹介

②カウンセリング

③被害者および同伴者の緊急時における安全の確保、および一時保護（なお、一時保護については、婦人相談所がみずから行うか、婦人相談所から一定の基準を満たす者に委託して行う。また業務を行うにあたっては、必要に応じ、民間団体との連携に努める）

④被害者の自立生活の促進のための就業促進、住宅確保、援護等に関する制度の利用等についての情報提供、助言、関係機関との連絡調整その他の援助

☑ **法令チェック**

「DV防止法」第1条

「この法律において『配偶者からの暴力』とは、配偶者からの身体に対する暴力（身体に対する不法な攻撃であって生命又は身体に危害を及ぼすものをいう。以下同じ。）又はこれに準ずる心身に有害な影響を及ぼす言動（以下この項及び第28条の2において「身体に対する暴力等」と総称する。）をいい、配偶者からの身体に対する暴力等を受けた後に、その者が離婚をし、又はその婚姻が取り消された場合にあっては、当該配偶者であった者から引き続き受ける身体に対する暴力等を含むものとする」。

「DV防止法」第3条

「都道府県は、当該都道府県が設置する婦人相談所その他の適切な施設において、当該各施設が配偶者暴力相談支援センターとしての機能を果たすようにするものとする」。

図表22-2 DVの分類と定義

身体的暴力	殴る、蹴る、首を絞める、タバコの火を押しつける、階段から突き落とす、など
経済的暴力	生活費を渡さない、外で働くことを禁止する、洋服等を買わせない、家計を厳しく管理する、など
精神的暴力	発言権を与えない、外出を禁止する、人前で侮辱する、無視する、何でも従えと言う、など
性的暴力	避妊に協力しない、中絶を強要する、性行為を強要する、見たくないのにポルノビデオを見せる、など
子どもを巻き込んだ暴力	子どもに暴力を見せる、子どもを取りあげる、自分の言いたいことを子どもに言わせる、など

⑤保護命令制度の利用についての情報提供、助言、関係機関への連絡、その他の援助

⑥被害者を居住させ保護する施設の利用についての情報提供、助言、関係機関との連絡調整、その他の援助

3 ▶ 保護命令

　「DV防止法」では被害者支援のための対応として、「保護命令」が規定されています（第10条）。保護命令は、配偶者からの身体に対する暴力または生命等に対する脅迫を受けた被害者が、配偶者から受ける身体に対する暴力により、その生命又は身体に重大な危害を受けるおそれが大きいときに、裁判所が被害者の申立てにより、加害者に対して発する

図表22-3 配偶者暴力相談支援センターの機能（相模原市の例）

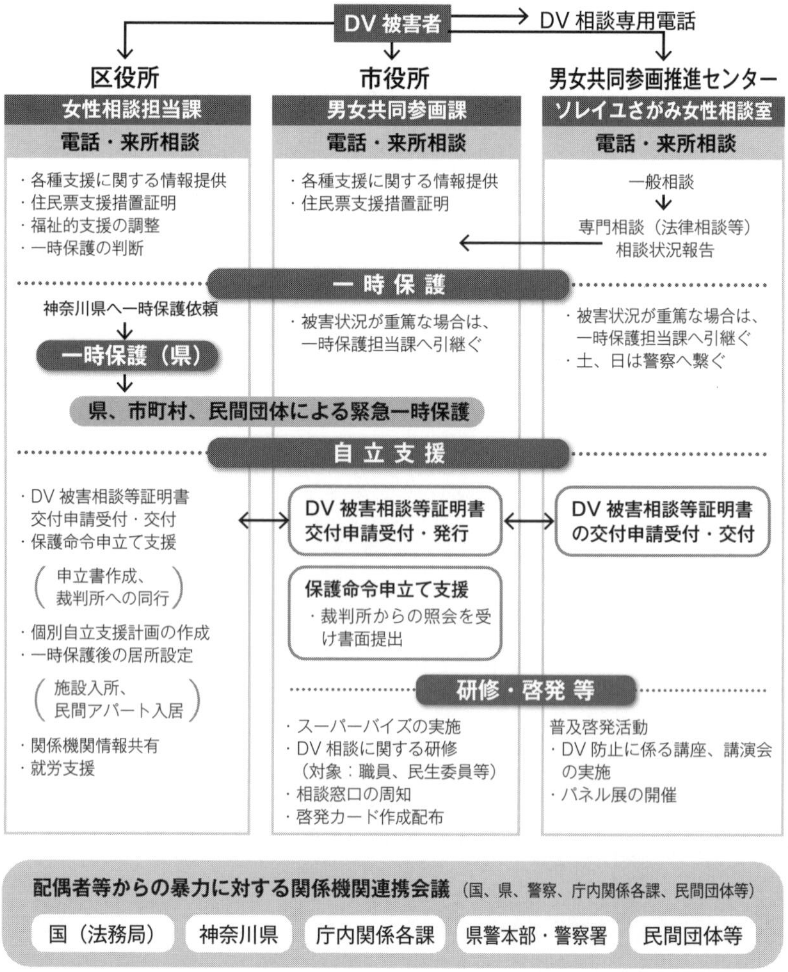

出典：相模原市「さがみはらDV対策プラン（平成24年度〜平成31年度）」より抜粋

命令です。

　保護命令には大きく「接近禁止命令」「退去命令」「電話等禁止命令」
があります。

①接近禁止命令

　「接近禁止命令」は、加害者に対して、被害者の身辺へのつきまとい
や住居・勤務先等の付近をうろつくことを6か月間禁止するものです。
再度の申立ても可能です。

②退去命令

　被害者が加害者と同居している場合で、被害者が引っ越し準備等のた
めに、加害者に対して2か月間、住居からの退去を命じるものです。再
度の申立てができる場合もあります。

③子どもへの接近禁止命令

　未成年の子どもの連れ去りなど、子どもを媒介として被害者が加害者
に会わざるを得なくなる状態を防ぐ必要があると認められるときに、6
か月間、加害者が被害者と同居している子どもの身辺につきまとったり、
住居や学校等子どもがいる場所の付近をうろつくことを禁止する命令で
す（子どもが15歳以上のときは、子どもの同意が必要）。

④親族等への接近禁止命令

　加害者が被害者の実家など、密接な関係にある親族等の住居に押しか
けて暴れるなど、その親族等を媒介として被害者が加害者に会わざるを
得なくなる状態を防ぐ必要があると認められるときに、6か月間、その
親族等の身辺につきまとったり、住居（その親族等が加害者と同居する
住居は除く）や勤務先等の付近をうろついたりすることを禁止する命令
です（対象の親族等の同意が必要）。

⑤電話等禁止命令

　被害者の申立てにより、その生命または身体に危害が加えられること
を防止するために、加害者に対して被害者への以下のいずれの行為もし
てはならないことを命じるものです。

　1）面会の要求

　2）行動を監視していると思わせるような事項を告げ、またはその知
　　　り得る状態に置くこと

　3）著しく粗野または乱暴な言動をすること

　4）無言電話、緊急やむを得ない場合を除き連続しての電話かけ、ファ
　　　クシミリ・電子メールを送信すること

　5）緊急やむを得ない場合を除き、午後10時から午前6時までの間に、
　　　電話・ファクシミリ・電子メールを送信すること

　　6）汚物・動物の死体その他の著しく不快または嫌悪の情を催させる
　　　ような物を送付し、またはその知り得る状態に置くこと
　　7）名誉を害する事項を告げ、またはその知り得る状態に置くこと
　　8）性的羞恥心を害する事項を告げ、またはその知り得る状態に置く
　　　こと、または性的羞恥心を害する文書、図画その他の物を送付し、
　　　もしくはその知り得る状態に置くこと

　なお、保護命令のうち③〜⑤については、被害者本人への接近禁止命
令の実効性を確保するための付随的な制度であり、単独で発令すること
はできず、被害者に対する接近禁止命令が同時に出る場合か、すでに出
ている場合のみ発令されます。

4　基本方針・基本計画の策定

　「DV防止法」は、被害者の自立支援を含む、国および地方公共団体
の責務について規定しており、主務大臣による基本方針、都道府県によ
る基本計画を策定することとしています。また、市町村についても、基
本計画策定について努力義務が規定されています。

◆補足
**その他、「DV防止法」
による規定**
配偶者暴力への対策とし
て、以下のことを規定して
いる。①配偶者からの暴力
を発見した者による通報
等、②警察本部長等の援助、
③福祉事務所による自立支
援、④配偶者暴力相談支援
センター・都道府県警察・
福祉事務所等、都道府県ま
たは市町村の関係機関等に
よる被害者の保護のための
連携協力、⑤関係機関によ
る苦情の適切かつ迅速な処
理、⑥職務関係者に対する
研修（被害者の国籍、障害
の有無を問わずその人権を
尊重すること）、⑦教育お
よび啓発、⑧調査研究の推
進、⑨民間団体に対する援
助。

演 習 課 題

①自分が住んでいる地域の配偶者暴力相談支援センターを調べてみま
　しょう。
②配偶者暴力相談支援センター以外で、DV被害者支援を行っている団
　体や機関等にはどのようなところがあるか、調べてみましょう。
③DV加害者への指導の現状と課題について、日本だけでなく諸外国の
　動向も含めて調べ、発表してみましょう。

社会的養護

本レッスンでは、社会的養護について、その概要を学習します。とりわけ、社会的養護の体系と原理、社会的養護の充実のための取り組みや里親委託の推進、里親制度について学びます。とりわけ、家庭養護が推進される背景を理解したうえで、社会的養護の現状（施設数、里親数、児童数等）を把握し、里親委託の基盤となる制度的枠組みなどについて、理解を深めましょう。

1．社会的養護の体系

1　社会的養護の2つの基本理念

「児童福祉法」第1条および「**児童憲章**」の前文にもあるように、社会的養護は、子どもの権利擁護を図るためのしくみです。これは、子どもは実親に養育されているか否かにかかわらず、「児童の権利に関する条約（子どもの権利条約）」第3条に規定されているように、「**子どもの最善の利益のために**」を基本理念として、支援していくことが求められているからです。

また、社会的養護は、保護者からの適切な養育を受けられない子どもを、公的責任で社会的に養育するとともに、養育に困難を抱える家庭への支援を行うことを意味します。「児童福祉法」第2条に定められている通り、子どもの健やかな育成は、すべての国民の務めであるとともに国および地方公共団体の責任でもあります。これは、「児童の権利に関する条約」第20条にも定められている通り、子どもは権利の主体として、社会的養護を受ける権利を有するということです。つまり、社会的養護は、「**すべての子どもを社会全体で育む**」ことを基本理念としています。

2　社会的養護の体系

社会的養護の体系は、乳児院や児童養護施設等の児童福祉施設で養育される「**施設養護**」と、里親や小規模住居型児童養育事業（ファミリーホーム）のように子どもを家庭環境のなかで養育する「**家庭養護**」の2つに大別されます（図表23-1）。

施設養護は、養育する子どもの人数によって、大舎制・中舎制・小舎制に分けられ、多様な運営が行われています。ただし、施設養護のなかでも本体施設内にある**小規模グループケア**[*]と地域分散型の**地域小規模**

☑ **法令チェック**

「児童福祉法」第1条
「全て児童は、児童の権利に関する条約の精神にのつとり、適切に養育されること、その生活を保障されること、愛され、保護されること、その心身の健やかな成長及び発達並びにその自立が図られることその他の福祉を等しく保障される権利を有する」。

「児童の権利に関する条約」第3条第1項
「児童に関するすべての措置をとるに当たっては、公的若しくは私的な社会福祉施設、裁判所、行政当局又は立法機関のいずれによって行われるものであっても、児童の最善の利益が主として考慮されるものとする」。

「児童の権利に関する条約」第20条第1項
「一時的若しくは恒久的にその家庭環境を奪われた児童又は児童自身の最善の利益にかんがみその家庭環境にとどまることが認められない児童は、国が与える特別の保護及び援助を受ける権利を有する」。

参照
施設養護（社会的養護の施設）
→レッスン11

❋ 用語解説

小規模グループケア
児童養護施設では1グループの単位が6〜8人（乳児院は4〜6人、児童心理治療施設・児童自立支援施設は5〜7人）でこれを生活単位（ユニット）とするもので、各ユニットには、居室、居間、キッチン、浴室、トイレなどの家庭的な設備を設けるとともに担当職員を置く。このユニットを本体施設から離れた地域の民間住宅等を活用してグループホームの形態で行うものを分園型小規模グループケアという。

地域小規模児童養護施設
本体施設から離れた地域の中の住宅地などに普通の民間住宅等を活用して運営するもので、家庭的な形態である。子どもの定員は6人。専任の職員が2人以上配置されている。

児童養護施設[*]（グループホーム）および分園型小規模グループケアは、地域のなかで、あるいは家庭に近い環境で生活できることから「**家庭的養護**」という位置づけがなされています。

3　社会的養護の現状

社会的養護のもとで暮らしている子どもの数は、全国で約4万5,000人となっており、そのうち、施設養護が約3万8,000人、家庭養護が約7,500人となっています。それぞれの現状を図表23-2に示します。

2．社会的養護の原理

1　家庭的養護と個別化

すべての子どもは、適切な養育環境で、安心して自分を委ねられる養育者によって、一人ひとりの個別的な状況が十分に考慮されながら（個別化）、養育されるべきです。そのためには、家庭養護が必要となります。

2　発達の保障と自立支援

社会的養護は、未来の人生をつくりだす基礎となるよう、子ども期の健全な心身の発達の保障をめざして行われます。特に、人生の基礎を形づくる乳幼児期には、愛着関係や基本的な信頼関係が重要で、それを基盤に、自立した社会生活に必要となる「生きる力」を身につけていきます。

図表23-1 社会的養護の体系

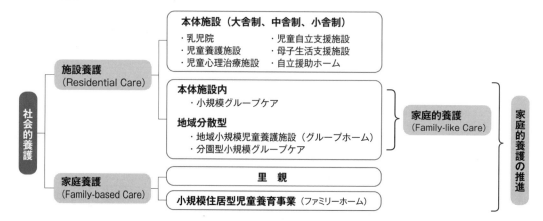

3　回復をめざした支援

　社会的養護を必要とする子どもには、保護者などからの虐待体験や分離体験などによる悪影響からの癒やしや回復をめざした専門的ケアや心理的ケアなど、治療的な支援が必要である場合も少なくありません。こうした子どもたちが、安心感をもてる場所で、大切にされる体験を積み重ね、信頼関係や自己肯定感（自尊心）を取り戻せるようにすることが重要となります。さらに、児童心理治療施設や児童自立支援施設などでは、精神科医や心理職などが配置されており、より専門的な治療等が行われています。

4　家族との連携・協働

　保護者の不在、養育困難、さらには不適切な養育や虐待など、「安心して自分を委ねられる保護者」がいない子どもたちがいます。社会的養護は、子どもや親の問題状況の解決や緩和を目指して、それに的確に対応するために、親とともに、親を支えながら、あるいは親に代わって、

図表23-2　社会的養護の現状（里親数、施設数、児童数等）

里親	家庭における養育を里親に委託		登録里親数	委託里親数	委託児童数	ファミリーホーム	養育者の住居において家庭養護を行う（定員5～6名）	
			13,485世帯	4,609世帯	5,832人			
	区分（里親は重複登録有り）	養育里親	11,047世帯	3,627世帯	4,456人	ホーム数	417か所	
		専門里親	716世帯	188世帯	215人			
		養子縁組里親	5,053世帯	351世帯	344人	委託児童数	1,660人	
		親族里親	618世帯	576世帯	817人			

施設	乳児院	児童養護施設	児童心理治療施設	児童自立支援施設	母子生活支援施設	自立援助ホーム
対象児童	乳児（特に必要な場合は、幼児を含む）	保護者のない児童、虐待されている児童その他環境上養護を要する児童（特に必要な場合は、乳児を含む）	家庭環境、学校における交友関係その他の環境上の理由により社会生活への適応が困難となった児童	不良行為をなし、又はなすおそれのある児童及び家庭環境その他の環境上の理由により生活指導等を要する児童	配偶者のない女子又はこれに準ずる事情にある女子及びその者の監護すべき児童	義務教育を終了した児童であって、児童養護施設等を退所した児童等
施設数	144か所	612か所	51か所	58か所	221か所	193か所
定員	3,906人	31,494人	1,992人	3,464人	4,592世帯	1,255人
現員	2,760人	24,539人	1,370人	1,201人	3,367世帯 児童5,626人	662人
職員総数	5,226人	19,239人	1,456人	1,799人	2,075人	885人

小規模グループケア	1,936か所
地域小規模児童養護施設	456か所

※里親数、ファミリーホーム数、委託児童数、乳児院・児童養護施設・児童心理治療施設・母子生活支援施設の施設数・定員・現員は福祉行政報告例（令和2年3月末現在）
※児童自立支援施設・自立援助ホームの施設数・定員・現員、小規模グループケア、地域小規模児童養護施設のか所数は家庭福祉課調べ（令和元年10月1日現在）
※職員数（自立援助ホームを除く）は、社会福祉施設等調査（令和元年10月1日現在）
※自立援助ホームの職員数は家庭福祉課調べ（令和2年3月1日現在）
※児童自立支援施設は国立2施設を含む

出典：厚生労働省「社会的養育の推進に向けて（令和3年5月版）」2021年

子どもの発達や養育を保障していく包括的な取り組みです。

5　継続的支援と連携アプローチ

社会的養護は、その始まりから**アフターケア**までの継続した支援と、できる限り特定の養育者による一貫性のある養育が望まれます。さまざまな社会的養護の担い手が、それぞれの専門性を発揮し、連携し合って、子どもの社会的自立や親子の支援を行います。

6　ライフサイクルを見通した支援

社会的養護のもとで育つ子どもたちが、社会に出てから直面する将来の暮らしを見通した支援を行い、虐待や貧困の世代間連鎖を断ち切ることができるような支援が求められています。

3．社会的養護の充実のための取り組み

1　第三者評価

社会的養護関係施設については、子どもみずからが施設を選択できない措置制度等であり、また、**施設長による親権代行等**の規定もあるほか、被虐待児等が増加し、施設運営の質の向上が必要であることから、**第三者評価**の実施が義務づけられています。具体的には、3年に1回以上受審しなければなりません。

2　親子関係の再構築

施設は基本的に、親（保護者）との同居が困難な子どもが生活している場所ですが、親がいる場合には、**家庭支援専門相談員**により、家庭復帰に向けて、親との面会や宿泊、一時的帰宅などの段階的な支援が行われます。

また、「しつけ」について暴力以外の方法を知らずに虐待をしてしまう親には、親としてどのように子どもを育てていくかという**ペアレンティング**の考え方に基づき、子どもの問題行動に教育的に対処できるスキルを指導する**コモンセンス・ペアレンティング（CSP）**などを通じて支援します。他方、親子関係の再構築については、子どもにとっても、その生い立ちや親との関係を自分の心の中で整理できるように支援することが必要となります。

3 ▶ 自立支援の充実

　子どもの自立支援については、子どもが安心できる場所で、大切にされる体験を提供し、自己肯定感を育み自分らしく生きる力、他者を尊重し共生していく力、生活スキル、社会的スキルの獲得など、一人の人間として生きていく基本的な力を育む養育を行うことが必要です。そのうえで、特別育成費、大学等進学支度費、就職支援費の増額が行われています。また、措置延長や自立援助ホームの活用を進めるとともに、アフターケアの充実が図られています。

4 ▶ 子どもの権利擁護の推進

　子どもの権利擁護は、子どもの基本的人権を守ることです。「**児童の権利に関する条約**」では、「生きる権利」「育つ権利」「守られる権利」「参加する権利」の4つの権利が定められています。子どもの権利をくみ上げるしくみとして、「**子どもの権利ノート**」を活用し、意見箱や苦情解決責任者、苦情受付担当者、第三者委員、運営適正化委員会の活用が進められています。

　また、当事者（社会的養護のもとで育った元子どもを含む）の声を聞き、施設等の運営の改善や施策の推進に反映させる取り組みも、今後求められます。さらに2008（平成20）年の「児童福祉法」改正による被措置児童等虐待の通報制度や「被措置児童等虐待対応ガイドライン」に基づき、施設職員や里親による虐待の防止の徹底も進められています。

参照
子どもの権利ノート
→レッスン15

5 ▶ 社会的養護の将来像への取り組み

　2011（平成23）年に提出された「社会的養護の課題と将来像」報告書では、社会的養護を今後十数年かけておおむね3分の1を里親およびファミリーホーム、おおむね3分の1をグループホーム、おおむね3分の1を本体施設（児童養護施設はすべて小規模グループケア）という目標を設定しました。2017（平成29）年8月には「新しい社会的養育ビジョン」（新たな社会的養育の在り方に関する検討会）が示されました。これは、2016（平成28）年の「児童福祉法」改正の理念を具体化するために取りまとめられたものです。つまり、子どもが権利の主体であることを明確にし、家庭への養育支援から代替養育までの社会的養育の充実とともに家庭養育優先の理念を規定し、実親による養育が困難であれば、特別養子縁組による永続的解決（**パーマネンシー保障**[*]）や里親による養育を推進することを明確にしました。

✳ 用語解説
パーマネンシー保障
新しい社会的養育ビジョンのなかで、実親による養育が困難であれば、特別養子縁組による永続的解決（パーマネンシー保障）をめざすこととされ、子どもにとって養育者や生活の場所等の「永続性」を担保することを意味する。

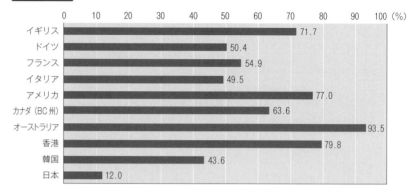

図表23-3 各国の要保護児童に占める里親委託の割合（2010年前後の状況）

注：日本の里親等委託率12.0%は、2011年3月末現在。また、里親の概念は各国によって異なる。
出典：「家庭外ケア児童数及び里親委託率等の国際比較研究」主任研究者＝開原久代（平成23年度厚生労働科学研究「社会的養護における児童の特性別標準的ケアパッケージ（被虐待児を養育する里親家庭の民間の治療支援機関の研究）」）

4．里親委託の推進

　前述の通り、里親委託は国をあげて推進されていますが、その背景として、国連の子どもの権利委員会からの勧告と国際比較でみた場合の日本のいびつな社会的養護のありようがあります。2011（平成23）年の日本の家庭養護（里親委託率）は、12％でしかなく、国際比較をするとかなり低いことがわかります（図表23-3）。

　里親委託の推進は、「新しい社会的養育ビジョン」の実現には、欠かせないものとなっているのです。なお、2020（令和2）年3月末の里親委託率は、21.5％に上昇しています。

5．里親制度

　里親委託は、制度の改正によっても進められています。まず、2002（平成14）年の**親族里親**と**専門里親**の創設です。次に2008（平成20）年の「児童福祉法」改正で、「養育里親」を「養子縁組を希望する里親」とは法律上区分しました。さらに2009（平成21）年度からは、**養育里親**と**専門里親**について、里親研修を充実させています。

　その一方で、里親委託を推進していくにあたっては、里親支援体制の充実が必要であると指摘されています。里親への電話相談、**里親サロン***、必要に応じた専門的な研修など、里親へのサポート体制を構築していく

✳用語解説
里親サロン
全国の地方公共団体には里親の当事者団体である「里親会」がある（入会は任意）。各地の里親会の、主に支部を単位に里親サロンが開かれている。里親同士、日々の養育の悩みなどを話し合うことで、課題解決を図る。必ずしも解決とはならなくとも、仲間に相談することで気持ちが楽になる効果もある。児童相談所職員や施設職員が参加することもあるが、あくまで「当事者同士が話し合う場」として尊重されるべき機会である。

ことが求められており、里親制度に関する包括的業務（フォスタリング業務）を里親養育包括支援事業（フォスタリング機関事業）として創設し、里親支援に取り組んでいます。

1　里親の種類

　里親の種類は、法令により、養育里親、専門里親、親族里親、養子縁組里親の4種類が規定されています（図表23-4）。

2　養育里親の手当・認定・研修

　2020（令和2）年度から、養育里親の里親手当は1人につき月額9万円、専門里親の手当は1人につき14万1,000円で、2人目以降も同額となっています。さらに食費や被服費等については、一般生活費として一人あたり月額、乳児5万9,510円、乳児以外は5万1,610円が支給されます。これらに加えて、必要に合わせて教育費や医療費等が加算されます。

　里親の認定は、認定前研修の受講義務があります（図表23-5）。また、養育里親を希望する者とその同居人が欠格事由に該当しないこと、経済

図表23-4 里親の種類

種類	養育里親	専門里親	養子縁組里親	親族里親
対象児童	要保護児童	次に掲げる要保護児童のうち、都道府県知事がその養育に関し特に支援が必要と認めたもの ①児童虐待等の行為により心身に有害な影響を受けた児童 ②非行等の問題を有する児童 ③身体障害、知的障害又は精神障害がある児童	要保護児童	次の要件に該当する要保護児童 ①当該親族里親に扶養義務のある児童 ②児童の両親その他当該児童を現に監護する者が死亡、行方不明、拘禁、入院等の状態となったことにより、これらの者による養育が期待できないこと

出典：厚生労働省ホームページ

図表23-5 養育里親の認定の流れ

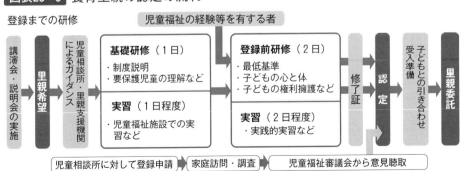

出典：図表23-2と同じ

的に困窮していないことが必要となります。なお、里親登録の有効期間
は 5 年（専門里親は 2 年）であり、その後は更新が必要とされています。

演 習 課 題

①児童養護施設の課題について調べてみましょう。

②あなたの住む都道府県（政令指定都市）の社会的養護の実態について
　調べてみましょう。

③どのような方策があれば里親委託が進むか、ディスカッションしてみ
　ましょう。

ひとり親家庭福祉サービス

本レッスンでは、ひとり親家庭への支援の必要性について考えるとともに、その支援施策である①子育て・生活支援、②就業支援、③養育費確保支援、④経済的支援について学びます。子育て・生活支援では、ひとり親家庭が子育てをするうえで抱える困難に対して、いかなる施策が準備されているのか理解を深めましょう。

1. ひとり親家庭への支援の必要性

　国勢調査からひとり親家庭の現状をみると、2015（平成27）年10月現在で、母子家庭は75万4,724世帯、父子家庭は8万4,003世帯となっています[1]。

　ひとり親家庭になった理由は、母子家庭、父子家庭ともに「離婚」が圧倒的に多くなっています。近年、ひとり親家庭は増加傾向にありますが、ひとり親家庭は経済的、社会的、精神的に不安定な状況に陥りがちであり、その家庭の子どもの健全育成のためにはさまざまな支援が必要です。

　母子家庭については、母親の8割以上が就労しているにもかかわらず、平均年収は約243万円と低い水準になっており[2]、経済的な困難を抱えています。また、就業経験が少なかったり、結婚や出産などにより就業が中断していたり、さらに職場の母子家庭に対する理解不足などにより、就労するにあたって苦労することも少なくありません。

　一方、父子家庭については、収入は母子家庭のように低水準ではないものの、母子家庭に比べて子どもの養育、家事など生活面で多くの困難を抱えており、子育てや家事に対する支援が重要な課題となっています。

　さらに、ひとり親家庭は、**子どもの貧困**の問題とも深く関係しており、ひとり親家庭の子どもの貧困率は約50％であるなど、ひとり親家庭への支援の必要性が高まっています。特に母子家庭にとっては、収入面や雇用条件などでよりよい仕事に就き、経済的に自立して子育てできることが、母親本人にとっても、子どもの健全育成にとっても、何よりも望ましいことといえます。

▶**出典**

[1] 総務省統計局「平成27年国勢調査結果」2016年

▶**出典**

[2] 厚生労働省「平成28年度全国ひとり親世帯等調査結果報告」。なお、ここでの平均年収とは、「生活保護法」に基づく給付、児童扶養手当等の社会保障給付金、就労収入、別れた配偶者からの養育費、親からの仕送り、家賃・地代などを加えたすべての収入の額である。

参照
子どもの貧困
→レッスン9、26

2. ひとり親家庭への支援施策

　ひとり親家庭への支援は、「母子及び父子並びに寡婦福祉法」「母子家庭の母及び父子家庭の父の就業の支援に関する特別措置法」などに基づく支援策を中心に推進されています。「母子及び父子並びに寡婦福祉法」は、当初1964（昭和39）年に「母子福祉法」として制定されましたが、1981（昭和56）年に対象に寡婦を加えて「母子及び寡婦福祉法」となり、さらに2014（平成26）年に父子家庭を対象に含めて現行法名となりました。

　ひとり親家庭への支援については、支援対象が母子家庭から父子家庭も含むものへと拡大するとともに、児童扶養手当などの経済的支援中心の施策から、就業をはじめ自立に向けた総合的な支援施策へと転換してきています。具体的には、都道府県や市などが策定する自立促進計画に基づいて、①子育て・生活支援、②就業支援、③養育費確保支援、④経済的支援の4本柱で支援策が進められています（図表24−1）。

1 子育て・生活支援

　ひとり親家庭への子育て・生活支援としては、母子・父子自立支援員による相談支援、母子・父子家庭等日常生活支援事業（ヘルパー派遣）、保育所への優先入所、子育て短期支援事業などがあります（図表24−2）。

　母子・父子自立支援員は、「母子及び父子並びに寡婦福祉法」に基づいて福祉事務所などに配置される職員で、ひとり親家庭に対する相談業務を行っています。具体的には、母子家庭、父子家庭、寡婦に対する相談、情報提供、指導、職業能力の向上、および求職活動に関する支援などの業務を行っています。

　母子・父子家庭等日常生活支援事業は、ひとり親家庭の保護者が病気などによって一時的に生活援助・保育サービスが必要な場合に、ヘルパー

図表24−1 ひとり親家庭への支援の概要

子育て・生活支援	就業支援	養育費確保支援	経済的支援
・母子・父子自立支援員による相談支援 ・ヘルパー派遣、保育所等の優先入所 ・子どもの生活・学習支援事業等による子どもへの支援 ・母子生活支援施設の機能拡充　など	・母子・父子自立支援プログラムの策定やハローワーク等との連携による就業支援の推進 ・母子家庭等就業・自立支援センター事業の推進 ・能力開発等のための給付金の支給　など	・養育費相談支援センター事業の推進 ・母子家庭等就業・自立支援センター等における養育費相談の推進 ・「養育費の手引き」やリーフレットの配布　など	・児童扶養手当の支給 ・母子父子寡婦福祉資金の貸付 ・就職のための技能習得や児童の就学など12種類の福祉資金を貸付など

出典：厚生労働省『厚生労働白書（令和3年版）資料編』2021年、190頁

の派遣等を行い、乳幼児の保育などの日常的な支援を行う事業です。

　子育て短期支援事業には、短期入所生活援助事業（ショートステイ事業）と夜間養護等事業（トワイライトステイ事業）があります。前者は、保護者の疾病等により家庭での養育が一時的に困難となった子どもを、児童養護施設等に入所させて、必要な保護を行う事業で、後者は仕事などの都合で恒常的に保護者の帰宅が夜間に及ぶ場合に、児童養護施設等で子どもへの生活指導や食事の提供を行う事業です。

　2015（平成27）年 4 月から実施されている「**子ども・子育て関連 3 法**」に基づく子ども・子育て支援新制度では、これらの事業は「地域子ども・子育て支援事業」のひとつに位置づけられています。

参照
子ども・子育て関連 3 法
→レッスン 7 、 8

2　就業支援

　ひとり親家庭への就業支援には、母子・父子自立支援プログラムの策定、母子家庭等就業・自立支援センター事業、職業能力開発のための給付金の支給、ハローワーク等との連携による就業支援などがあります。

　母子・父子自立支援プログラムの策定については、福祉事務所等に母子・父子自立支援プログラム策定員を配置し、個々のひとり親家庭の実情に応じた自立支援プログラムを策定し、ハローワーク等と緊密に連携しつつ、きめ細かな支援を行うものです。

　母子家庭等就業・自立支援センター事業は、2003（平成15）年度から

図表24-2 ひとり親家庭に対する子育て・生活支援

保育所等の優先的利用の推進	就業や求職活動、職業訓練を十分に行うことができるよう、母子家庭等の優先的取扱いなど、母子家庭等の児童が保育所等を優先的に利用できるような取り組みを推進。
放課後児童クラブの優先的利用の推進	放課後児童クラブについても、その設置を推進するとともに、母子家庭等の児童が優先的に利用できるような取り組みを推進。
母子生活支援施設の整備・機能の拡充	小規模分園型(サテライト型)母子生活支援施設を設置。母子生活支援施設への保育機能の付与。
公営住宅の積極的活用の推進(優先入居の推進等)等	公営住宅の優先入居等。民間賃貸住宅への入居の円滑化。
身元保証人確保対策事業の実施	母子生活支援施設等を退所する母子家庭等が、身元保証人を得られず、住居を借りる際に困難となることがないよう、身元保証人確保のための支援を推進。
母子父子寡婦福祉資金	貸付金の住宅資金や転居資金の貸付けの実施。
ひとり親家庭等日常生活支援事業の実施	母子家庭等が母等の修学や疾病等の事由により一時的に家事、育児等の日常生活に支障が生じた場合などに、多様なニーズ、時間帯に応じて家庭生活支援員を母子家庭等の居宅に派遣し、または家庭生活支援員の居宅等において、児童の世話等日常生活の支援を行うひとり親家庭等日常生活支援事業の実施を推進。
子育て短期支援事業の実施	短期入所生活援助(ショートステイ)事業の実施を推進。夜間養護等(トワイライトステイ)事業の実施を推進。

出典：厚生労働省「母子家庭等及び寡婦の生活の安定と向上のための措置に関する基本的な方針」厚生労働省告示第78号、2020年 3 月より作成

都道府県・政令指定都市・中核市を実施主体として、就業相談、就業支援講習会の実施、就業情報の提供など、一貫した就業支援サービスの提供を行うものです。2008（平成20）年には、都道府県・政令指定都市・中核市以外の地方公共団体においても同様に事業を実施できるように、一般市等就業・自立支援事業が創設されました。

職業能力開発のための給付金の支給は、2003（平成15）年度から自立支援教育訓練給付金事業が実施されています。この事業は、都道府県、市等の地方公共団体を実施主体として、雇用保険の教育訓練給付の受給資格のない母子家庭の母または父子家庭の父が、パソコン、ホームヘルパーなどの教育訓練講座を受講、修了した場合に、その受講料の一部を支給するものです。

同じく2003（平成15）年度からは、高等職業訓練促進給付金が都道府県等から支給されています。これは、看護師、介護福祉士、保育士など母子家庭の母または父子家庭の父が、就職に有利な資格を取得するために養成機関で修業する際に、生活費の負担を軽減することを目的として支給されるものです。

3 養育費確保支援

養育費の確保は、ひとり親家庭の子どもの健全な育成には重要な問題です。しかし、養育費の支払いに関して何も決めずに離婚し、最初から養育費を受け取っていなかったり、離婚当初には支払われたものが継続して支払われていなかったりすることが多くみられ、約8割の離婚母子家庭には養育費が支払われていない状況にあります。

このような養育費を確保するための支援には、母子家庭等就業・自立支援センター等における養育費相談、養育費相談支援センター事業などがあります。

母子家庭等就業・自立支援センターでは、養育費の取り決めなど生活に密着するさまざまな法律・経済的問題について、弁護士等の専門家による相談事業を実施しています。**養育費相談支援センター事業**は、2007（平成19）年度に創設された事業で、養育費に関する情報提供、母子家庭等就業・自立支援センターで受けつけた困難事例への支援、養育費の相談に応じる人材養成のための研修等を行っています。

また、2002（平成14）年の「母子及び寡婦福祉法（現：母子及び父子並びに寡婦福祉法）」の改正では、①子どもを監護する親（母子家庭の場合は母親）は子どもを監護しない親（母子家庭の場合は父親）に養育費を請求するよう努めること、②子どもを監護しない親は養育費を支

払うよう努めること、③国および地方公共団体は養育費確保のための環境整備に努めること、が規定されました。国や地方公共団体では、**扶養義務の履行**を確保するために「養育費の手引き」やリーフレットの配布などを行っています。

4　経済的支援

　ひとり親家庭への経済的支援には、児童扶養手当の支給、母子福祉資金・父子福祉資金・寡婦福祉資金の貸付、遺族年金などがあります。

　児童扶養手当は、「児童扶養手当法」に基づく制度で、「父又は母と生計を同じくしていない児童が育成される家庭の生活の安定と自立の促進に寄与するため、当該児童について児童扶養手当を支給し、もつて児童の福祉の増進を図ること」（「児童扶養手当法」第1条）を目的としています。

　児童扶養手当の概要は、図表24-3に示した通りです。制度創設当初、児童扶養手当の支給対象は母子家庭のみとされていましたが、2010（平成22）年の改正によって父子家庭も対象に加えられました。

　母子福祉資金・父子福祉資金・寡婦福祉資金の種類には、修学資金、技能習得資金、修業資金、就職支度資金、生活資金、就学支度資金など

図表24-3 児童扶養手当の概要

目　的	離婚等による母子家庭等の生活の安定と自立の促進に寄与することにより、児童の福祉の増進を図ること（平成22年8月より父子家庭の父にも支給）	
受給者	・父母の離婚等により父と生計を同じくしない児童（※18歳に達する日以後の最初の3月31日までの間にある者または20歳未満で一定の障害の状態にある者。以下同じ。）を監護する母又は養育する者（祖父母等） ・父母の離婚等により母と生計を同じくしない児童を監護し、かつ生計を同じくする父	
手当額 （月額）	児童1人の場合　　　　　　　　　43,160円　～　10,180円 児童2人目の加算額　　　　　　　10,190円　～　　5,100円 3人以降児童1人の加算額　　　　 6,110円　～　　3,060円	
所得制限	受給者の前年の年収160万円未満（2人世帯） 160万円以上365万円未満の場合は、所得に応じて10円きざみで支給停止 なお、孤児等を養育する養育者については、前年の年収610万円未満（6人世帯）	
支給方法	受給資格者の申請に基づき、都道府県知事、市長又は福祉事務所を設置する町村の長が認定し、金融機関を通じて年6回（1月、3月、5月、7月、9月、11月）支払う。	
支給状況 （令和元年度末）	受給者数　900,673人（母子世帯数823,917人、父子世帯数45,545人、その他の世帯31,211人）	
	母子世帯における支給理由別内訳 生　別┌離　婚　　712,157人 　　　└その他　　　　603人 死　別　　　　　5,175人 未婚の母　　　　98,996人 父障害　　　　　4,544人 遺　棄　　　　　1,521人 DV保護命令　　　921人	父子世帯における支給理由別内訳 生　別┌離　婚　　40,456人 　　　└その他　　　 23人 死　別　　　　2,826人 未婚の母　　　　642人 母障害　　　　1,483人 遺　棄　　　　 109人 DV保護命令　　　 6人

出典：厚生労働省『厚生労働白書（令和3年版）資料編』2021年、191頁

12種類の資金があります。2014（平成26）年の法改正によって父子福祉資金が創設され、対象が父子家庭にも拡大されました。

　遺族年金は、死別のひとり親家庭に対して年金制度の遺族基礎年金が支給されるものです。さらに、厚生年金等の加入者には、遺族厚生年金等が支給されます。

3.　ひとり親家庭を支援する施設

　ひとり親家庭の支援に関する施設としては、①母子生活支援施設、②母子・父子福祉センター、③母子・父子休養ホームがあります。

　母子生活支援施設は、「児童福祉法」に規定されている施設で、母子家庭の母親とその子どもを入所させて保護するとともに、母子家庭の自立に向けてその生活を支援することを目的としています。

　母子・父子福祉センターは母子・父子家庭の相談に応じ、生活の指導や生業の指導を行うこと、**母子・父子休養ホーム**は母子・父子家庭に対してレクリエーションなどを提供することを目的とした施設です。これらの施設はともに「母子及び父子並びに寡婦福祉法」に規定されています。

参照
母子生活支援施設
→レッスン11

母子・父子福祉センター
→レッスン11

　演 習 課 題

①ひとり親家庭の現状について調べてみましょう。

②ひとり親家庭の支援策の展開について年表を作成して整理してみましょう。

③なぜ養育費の確保が難しいのかについて話し合ってみましょう。

少年非行への対応

本レッスンでは、少年非行の現状を学ぶとともに、非行傾向にある子どもへの福祉的対応の枠組みとして、「児童福祉法」に基づく対応と「少年法」に基づく対応について学びます。そのうえで、児童自立支援施設、少年院、少年鑑別所、保護観察所の機能を学びます。

1．少年非行の現状

非行少年等の補導状況の推移（図表25-1）から、少年非行の現状を概観すると、全体的には減少傾向であることがわかります。2016（平成28）年と2020（令和2）年を比較すると、「**刑法犯少年**」は3万1,516人から1万7,466人にまで大幅に減少し、「**触法少年**」は8,587人から5,086人にまで減少しています。「**虞犯少年**」はほぼ横ばいで推移しています。「不良行為少年」は、53万6,420人から33万3,182人にまで大幅に減少しています。

また、2019（令和元）年度に、全国の児童相談所で対応した非行相談の件数は1万1,987件で、そのうち虞犯行為等の相談が7,129件、触法行為等の相談が4,858件となっています。

2．少年非行への福祉的対応

非行傾向にある子どもへの福祉的対応は、「児童福祉法」に基づく対

図表25-1　非行少年等の補導状況の推移

（単位　人）

	2016年	2017年	2018年	2019年	2020年
刑法犯少年	31,516	26,797	23,489	19,914	17,466
特別法犯少年	5,288	5,041	4,354	4,557	5,022
触法少年（刑法）	8,587	8,311	6,969	6,162	5,086
触法少年（特別法）	743	730	633	607	569
虞犯少年	1,064	1,107	1,150	1,068	869
不良行為少年	536,420	476,284	404,754	374,982	333,182

資料：警察庁「少年非行，児童虐待及び子供の性被害の状況」
出典：厚生労働統計協会編『国民の福祉と介護の動向 2021/2022』2021年、106頁

➕補足

非行少年

「少年法」の規定により、①14歳以上20歳未満で罪を犯した少年（犯罪少年）、②14歳未満で刑罰法令に触れる行為をした少年（触法少年）、③20歳未満で一定の事由（この一定の事由とは、ア　保護者の正当な監督に服しない性癖のあること、イ　正当な理由がなく家庭に寄りつかないこと、ウ　犯罪性のある人もしくは不道徳な人と交際し、またはいかがわしい場所に出入りすること、エ　自己または他人の徳性を害する行為をする性癖のあること、のいずれかに該当する場合をいう。）があって、その性格または環境に照らして、将来、罪を犯し、または刑罰法令に触れる行為をするおそれのある少年（虞犯少年）をいう。広い意味では、盛り場を徘徊する等警察の補導対象となる行為を行ういわゆる不良行為少年をも含めて非行少年ということもある。

◆ 補足

「少年法」の対応
「民法」改正により、2022年4月から18歳以上が成年と規定されるが、「少年法」では、「20歳に満たない者」を「少年」とし、18・19歳の少年は「特定少年」としている。

応と「少年法」に基づく対応に大きく分けることができます（図表25-2）。

「少年法」第3条では、①犯罪少年（罪を犯した14〜20歳未満の少年）、②触法少年（刑罰法令にふれる行為をした14歳未満の少年）、③虞犯少年（罪を犯すおそれのある少年）の3つに分けています。原則的には、犯罪少年は家庭裁判所、触法少年は児童相談所、虞犯少年は内容によって家庭裁判所、児童相談所で対応します。

1　児童相談所での対応

非行少年のうち、家庭環境に問題のある子どもは**児童相談所**への通告・相談がなされて、児童相談所による調査・判定に基づいて、①訓戒・誓約、②児童福祉司・児童委員・社会福祉主事等による指導、③児童福祉施設（児童自立支援施設や児童養護施設など）への入所等の措置、④家庭裁判所への送致、などが行われます。

図表25-2 非行傾向にある子どもへの福祉的対応

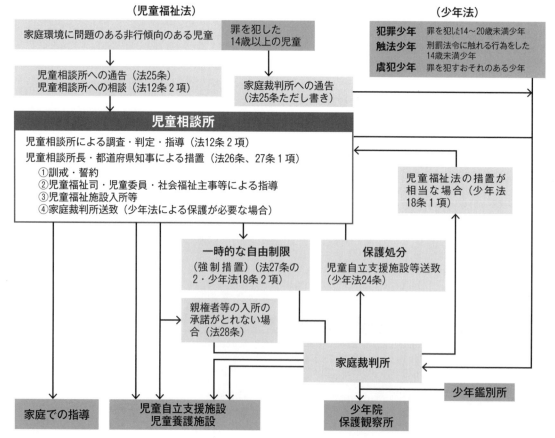

出典：図表25-1と同じ、106頁

2 家庭裁判所での対応

家庭裁判所では、少年の非行に対する審判を行っています。家庭裁判所には**家庭裁判所調査官***が配置されていて、審判に際しては事前に調査を行います。また、審判を行うため必要があるときは、少年鑑別所への送致を決定することができます。家庭裁判所調査官による調査は「なるべく、少年、保護者又は関係人の行状、経歴、素質、環境等について、医学、心理学、教育学、社会学その他の専門的智識特に少年鑑別所の鑑別の結果を活用して、これを行うように努めなければならない」（「少年法」第９条）とされています。

家庭裁判所における保護処分の決定には、①保護観察所の保護観察に付すること、②児童自立支援施設または児童養護施設に送致すること、③少年院に送致すること、の３つが定められています（「少年法」第24条）。また、調査の結果、「児童福祉法」の規定による措置（児童福祉司等による指導など）を相当と認めるときは、都道府県知事または児童相談所長に送致し、審判に付するのが相当でないと認めるときは審判を開始しない旨の決定をします。

＊ 用語解説

家庭裁判所調査官
家庭裁判所に配置される専門職で、家事事件の審判、調停ならびに少年事件の審判に必要な家庭内の紛争や非行の原因について調査および面接等を実施する。

3．児童自立支援施設

1 児童自立支援施設とは

児童自立支援施設は「不良行為をなし、又はなすおそれのある児童及び家庭環境その他の環境上の理由により生活指導等を要する児童を入所させ、又は保護者の下から通わせて、個々の児童の状況に応じて必要な指導を行い、その自立を支援し、あわせて退所した者について相談その他の援助を行うことを目的とする施設」（「児童福祉法」第44条）と規定されています。

しかし、実際に入所している子どもには、①虐待など不適切な養育を行った家庭や多くの問題を抱える養育環境で育った子ども、②乳幼児期の発達課題である基本的信頼関係の形成ができていない子ども、③トラウマを抱えている子ども、④知的障害やADHD（注意欠如・多動症）などの発達障害のある子ども、⑤抑うつ・不安といった問題を抱えている子ども、などが少なくないのが現状です。また、ほかの施設では対応が難しくなった措置変更ケースも増加傾向にあり、その受け皿としての役割も果たしています。

児童自立支援施設は、都道府県・政令指定都市に設置が義務づけられ

参照
児童自立支援施設
→レッスン11

ていて、全国に58か所設置されています。

2 児童自立支援施設に入所している子どもの現状

「児童養護施設入所児童等調査の概要」（厚生労働省子ども家庭局）から、2018（平成30）年2月1日現在の児童自立支援施設に入所している子どもの現状をみると、入所している子どもの数は1,448人で、そのうち男児が1,185人で約8割を占めています。子どもの年齢は「15歳」が33.1％で最も多く、次いで「14歳」が28.0％、「13歳」が14.2％となっており、平均年齢は14.0歳です。「中学生」が78.2％で圧倒的に多くなっています。

子どもの入所期間は、「1年未満」が50.1％で最も多く、次いで「1年以上2年未満」が34.5％、「2年以上3年未満」9.9％となっており、平均入所期間は1.1年で比較的短期間の入所となっているのが特徴です。

子どもの入所経路は、「家庭から」が57.4％で最も多く、家庭裁判所による保護処分等の「家庭裁判所から」は12.5％となっています。児童養護施設からの措置変更の「児童養護施設から」は14.7％となっています。

3 児童自立支援施設における支援

「児童自立支援施設運営指針」には、児童自立支援施設の支援の基本的な考え方として、「一人一人の子どもの健全で自主的な生活を志向しながら、良質な集団生活の安定性を確保した保護・支援」「施設内での生活という限定された時間的・空間的な枠組みの中で、子どもの自立を支援するための一定の『枠のある生活』とも言うべき保護・支援基盤」が重要であると述べられています。ただし、「規則の押し付けや管理のためとなってはならない」とされています。

また、保護・養育・教育・心理的ケアのあり方としては、①生活のなかの保護、②生活環境づくり（場づくり）、③生活のなかの養育・教育、④学校教育との連携・協働、⑤生活のなかの治療・心理的ケアの5つの視点があげられています。

◆補足
「児童自立支援施設運営指針」
2012年3月、厚生労働省雇用均等・児童家庭局長通知。

4．少年院、少年鑑別所、保護観察所

1 少年院

少年院は、「**少年院法**」に基づいて設置される施設で、①保護処分の執行を受ける者、②少年院において懲役または禁錮の刑の執行を受ける

図表25−3 少年院の種類

第一種少年院	保護処分の執行を受ける者であって、心身に著しい障害がないおおむね12歳以上23歳未満のもの
第二種少年院	保護処分の執行を受ける者であって、心身に著しい障害がない犯罪的傾向が進んだおおむね16歳以上23歳未満のもの
第三種少年院	保護処分の執行を受ける者であって、心身に著しい障害があるおおむね12歳以上26歳未満のもの
第四種少年院	少年院において刑の執行を受ける者

者、に対して矯正教育その他の必要な処遇を行っています（「少年院法」第3条）。**少年院の種類**は、第一種少年院、第二種少年院、第三種少年院、第四種少年院の4種別となっています（図表25−3）。

　少年院では、少年の必要性や施設の立地条件等に応じた特色のあるさまざまな教育活動が行われています。少年院における矯正教育の目的は「在院者の犯罪的傾向を矯正し、並びに在院者に対し、健全な心身を培わせ、社会生活に適応するのに必要な知識及び能力を習得させること」（「少年院法」第23条）と規定されています。

　矯正教育の内容は、①生活指導（善良な社会人として自立した生活を営むための知識・生活態度の習得）、②職業指導（勤労意欲の喚起、職業上有用な知識・技能の習得）、③教科指導（基礎学力の向上、義務教育、高校卒業程度認定試験受験指導）、④体育指導（基礎体力の向上）、⑤特別活動指導（社会貢献活動、野外活動、音楽の実施）などが行われています。

2 ▶ 少年鑑別所

　少年鑑別所は、「**少年鑑別所法**＊」に基づいて設置される施設で、①鑑別対象者の鑑別を行うこと、②観護の措置が執られて少年鑑別所に収容される者等を収容し、これらの者に対し必要な観護処遇を行うこと、③非行および犯罪の防止に関する援助を行うこと、を業務としています（「少年鑑別所法」第3条）。

　鑑別とは、医学、心理学、教育学、社会学などの専門的知識や技術に基づいて、鑑別対象者について、その非行または犯罪に影響を及ぼした資質上および環境上問題となる事情を明らかにしたうえで、その事情を改善するために適切な指針を示すことです。鑑別は、家庭裁判所の求めに応じて行われるほか、保護観察所の長、児童自立支援施設の長、少年院の長などの求めに応じて行われています。

◆ **補足**
少年院の種類
以前は、「初等少年院」「中等少年院」「特別少年院」「医療少年院」の4種別だったが、「少年院法」改正により、2015年6月から現行の種類に変更となった。

✴ **用語解説**
「**少年鑑別所法**」
従来、「少年法」に規定されていた少年鑑別所について、新たに独立した法律として規定され、2015年に施行された。

図表25-4 保護観察の対象者

少　年	成　人
保護観察処分少年 非行により家庭裁判所から保護観察の処分を受けた少年（約41,000人）	**仮釈放者** 懲役または禁錮の刑に処せられ、仮釈放を許された者（約21,000人）
少年院仮退院者 非行により家庭裁判所から少年院送致の処分を受け、その少年院から仮退院となった少年（約8,000人）	**保護観察付執行猶予者** 刑の執行猶予とあわせて保護観察付の言渡しを受けた者（約15,000人）

注：人数は2013年の取扱事件数
出典：法務省ホームページ

3 保護観察所

　保護観察所は、「**更生保護法**」に基づいて設置される施設で、①保護観察を実施すること、②犯罪の予防を図るため、世論を啓発し、社会環境の改善に努め、および地域住民の活動を促進すること、などの業務を行っています（「更生保護法」第29条）。

　保護観察の対象者は、①保護観察処分少年、②少年院仮退院者、③仮釈放者、④保護観察付執行猶予者となっています（図表25-4）。保護観察は、犯罪をした人または非行のある少年が、社会のなかで更生するように指導と支援を行うもので、保護観察所に配置される保護観察官と地域で活動する**保護司**とが協働して行っています。

参照
保護司
→レッスン13

演	習	課	題

①1997（平成9）年の「児童福祉法」改正について、児童自立支援施設に関する内容を調べてみましょう。

②家庭裁判所調査官の役割についてくわしく調べてみましょう。

③少年犯罪に対する厳罰化をどう考えるかについて話し合ってみましょう。

貧困家庭の子どもとその家族への対応

本レッスンでは、貧困のなかで育つ子どもとその家族への対応についてみていきます。社会情勢について理解しておくことは、子どもや家族へのよりよい支援につなげるために必要不可欠なことです。子どもや家族をめぐる現状と課題について考えていきましょう。

1．子どもの貧困をめぐる問題

1　子どもの貧困とは

近年、子ども家庭福祉領域の重要なキーワードとして「子どもの貧困」が注目されています。2014（平成26）年版の『子ども・若者白書』（内閣府、2014年）では、子どもの貧困の問題について「子どもの**相対的貧困率***は1990年代半ごろからおおむね上昇傾向にあった」とされており、2012（平成24）年には、過去最悪の16.3％となりました。なお、2019（令和元）年の「国民生活基礎調査」では、子どもの貧困率は13.5％（新基準では14.0％）で2015年の調査と比較しても0.4ポイント低下しています。また、子どもがいる現役世帯のうち、大人が一人の世帯の貧困率は48.1％（新基準では48.3％）で、2015年調査の50.8％より改善していま

✳ **用語解説**
相対的貧困率
OECDでは、等価可処分所得（世帯の可処分所得を世帯人数の平方根で割って算出）が全人口の中央値の半分未満の世帯員を「相対的貧困者」としている。2015年に改定されたOECDの所得定義の新たな基準では、従来の可処分所得からさらに「自動車税・軽自動車税・自動車重量税」、「企業年金の掛金」および「仕送り額」を差し引いたもので算出されている。

図表26-1　貧困率の年次推移

	1985	1988	1991	1994	1997	2000	2003	2006	2009	2012	2015	2018	2018 新基準
相対的貧困率（％）	12.0	13.2	13.5	13.7	14.6	15.3	14.9	15.7	16.0	16.1	15.7	15.4	15.7
子どもの相対的貧困率（％）	10.9	12.9	12.8	12.1	13.4	14.5	13.7	14.2	15.7	16.3	13.9	13.5	14.0
子どもがいる現役世帯（％）	10.3	11.9	11.7	11.2	12.2	13.1	12.5	12.2	14.6	15.1	12.9	12.6	13.1
大人が1人	54.5	51.4	50.1	53.2	63.1	58.2	58.7	54.3	50.8	54.6	50.8	48.1	48.3
大人が2人以上	9.6	11.1	10.8	10.2	10.8	11.5	10.5	10.2	12.7	12.4	10.7	10.7	11.2
名目値（万円）													
中央値（a）	216	227	270	289	297	274	260	254	259	244	244	253	248
貧困線（a／2）	108	114	135	144	149	137	130	127	125	122	122	127	124

注：1）1994（平成6）年の数値は、兵庫県を除いたものである。
　　2）2015（平成27）年の数値は、熊本県を除いたものである。
　　3）2018（平成30）年の「新基準」は、2015年に改定されたOECDの所得定義の新たな基準で、従来の可処分所得から更に「自動車税・軽自動車税・自動車重量税」、「企業年金の掛金」及び「仕送り額」を差し引いたものである。
　　4）貧困率は、OECDの作成基準に基づいて算出している。
　　5）大人とは18歳以上の者、子どもとは17歳以下の者をいい、現役世帯とは世帯主が18歳以上65歳未満の世帯をいう。
　　6）等価可処分所得金額不詳の世帯員は除く。
出典：厚生労働省「2019年　国民生活基礎調査の概況」2020年

す（図表26‐1）。しかし、直近の数値が低下したものの、貧困状態にいる子ども、特にひとり親世帯の子どもの置かれている状況は厳しいものであることに変わりはありません。家庭の経済状況などによって、子どもの将来の夢が断たれたり大学進学をあきらめたりするなど、進路の選択肢が狭まることのないように支援が求められています。

2 「子どもの貧困対策の推進に関する法律（子どもの貧困対策法）」および「子供の貧困対策に関する大綱」の制定

　貧困問題への社会的関心の高まりを受け、2013（平成25）年６月に、「子どもの貧困対策の推進に関する法律（子どもの貧困対策法）」が衆参両院の全会一致で成立しました。施行５年経過後に検討を加えることとされていたこの法律は、2019（令和元）年６月に一部改正が行われました。「児童の権利に関する条約」の精神が反映されたほか、子どもの「将来」だけでなく「現在」の生活等に向けても、子どもの貧困対策を総合的に推進することなど、法律の目的・基本理念が充実されました。また教育の支援については、教育の機会均等が図られるべき趣旨が明確化されました。

　「子供の貧困対策に関する大綱」とは、「子どもの貧困対策法」のなかで、政府が子どもの貧困対策を総合的に推進するために策定が義務づけられた、子どもの貧困対策の基本方針です。子どもの貧困対策に関する有識者や当事者、支援者の意見を聞くために開催された「子どもの貧困対策に関する検討会」の内容と、検討会にて取りまとめられた「大綱案に盛り込むべき事項（意見の整理）」を参考に作成され、2014（平成26）年８月29日に閣議決定、その後2019（令和元）年11月に改定されました。

２．「子どもの貧困対策法」の内容

1 「子どもの貧困対策法」の目的

　この法律の目的は、第１条に規定されています。改正前の条文との比較は図表26‐2の通りです（下線部は筆者による）。

2 「子どもの貧困対策法」の基本理念

　「子どもの貧困対策法」第２条では、子どもの貧困対策の基本理念が明記されています。

　子どもの貧困対策は「社会のあらゆる分野において、子どもの年齢及

図表26-2「子どもの貧困対策法」第1条の改正前と改正後の比較

改正前（2013年）	改正後（2019年）
この法律は、子どもの将来がその生まれ育った環境によって左右されることのないよう、<u>貧困の状況にある子ども</u>が健やかに育成される環境を整備するとともに、教育の機会均等を図るため、子どもの貧困対策に関し、基本理念を定め、国等の責務を明らかにし、及び子どもの貧困対策の基本となる事項を定めることにより、子どもの貧困対策を総合的に推進することを目的とする。	この法律は、子どもの<u>現在及び</u>将来がその生まれ育った環境によって左右されることのないよう、<u>全て</u>の子どもが心身ともに健やかに育成され、及びその教育の機会均等が保障され、<u>子ども一人一人が夢や希望を持つことができるように</u>するため、子どもの貧困の<u>解消に向けて、児童の権利に関する条約の精神にのっとり</u>、子どもの貧困対策に関し、基本理念を定め、国等の責務を明らかにし、及び子どもの貧困対策の基本となる事項を定めることにより、子どもの貧困対策を総合的に推進することを目的とする。

び発達の程度に応じて、その意見が尊重され、その最善の利益が優先して考慮され、子どもが心身ともに健やかに育成されることを旨として」推進されなければならないとし、「教育の支援、生活の安定に資するための支援、職業生活の安定と向上に資するための就労の支援、経済的支援等の施策を、子どもの現在及び将来がその生まれ育った環境によって左右されることのない社会を実現することを旨として、子ども等の生活及び取り巻く環境の状況に応じて包括的かつ早期に講ずることにより」推進すること、また、「子どもの貧困の背景に様々な社会的な要因があること」に配慮しつつ推進しなければならないことを規定しています。

3.「子供の貧困対策に関する大綱」の内容

1 「子供の貧困対策に関する大綱」の根拠

　「子どもの貧困対策法」第8条において、「政府は、子どもの貧困対策を総合的に推進するため、子どもの貧困対策に関する大綱を定めなければならない」と規定されています。これに基づき、2014年（平成26年）8月に大綱が制定されました。「子どもの貧困対策法」の改正を受け、2018（平成30）年11月の子どもの貧困対策会議から改正に向けた検討が始められ、翌2019（令和元）年11月に改定されました。

2 「子供の貧困対策に関する大綱」の基本的方針

　大綱は、「現在から将来にわたって、全ての子供たちが前向きな気持ちで夢や希望を持つことのできる社会の構築」をめざすこと、および「子育てや貧困を家庭のみの責任とするのではなく、地域や社会全体で課題を解決するという意識を強く持ち、子供のことを第一に考えた適切な支

援を包括的かつ早期に」実施することを目的としています。そして、基本的方針は以下の4点です。

> ①貧困の連鎖を断ち切り、全ての子どもが夢や希望を持てる社会を目指す
> ②親の妊娠・出産期から子供の社会的自立までの切れ目のない支援体制の構築
> ③支援が届いていない、又は届きにくい子供・家庭への配慮
> ④地方公共団体による取組の充実

3　子どもの貧困に関する指標

　大綱では、子どもの貧困対策を総合的に推進するうえで関係施策の実施状況や対策の効果等を検証・評価するために、子どもの貧困に関する指標を設けています。生活保護世帯に属する子どもの高等学校等進学率、スクールソーシャルワーカーの配置、ひとり親家庭の親の就業率など25の指標が設けられていましたが、2019年の改正で新たな項目が追加・統合され、現在は39項目にわたっています（図表26-3）。

4.　子どもの貧困がもたらすもの

1　学びの機会の不平等

　小学校・中学校は、義務教育です。家庭がどんな経済状況でも就学援助制度を活用することで学校に行けます。しかし、そうした支援を受けることは**スティグマ***ととらえられがちで、必要な支援につながることができずにいる子どもや家族は少なくありません。

　2020年の新型コロナウイルス感染症の影響で、大学をはじめ小・中・高等学校も休校となり、オンライン授業に関する議論がわき起こりました。日本財団の「18歳意識調査」では、他の人に比べて学習環境に差があると感じている人は43.4%となっています。そして、差があるとした理由は、「集中して勉強できる環境が家庭になかった」（32.0%）が最も多く、「経済的な理由で塾や習い事に行けなかった」（22.6%）、「身近に勉強を教えてくれる人がいなかった」（21.9%）が続きます[1]。子どもの学びを止めないための工夫が格差の拡大にならないよう、こうした状況にある子どもたちへの最大限の配慮が重要です。

✳ 用語解説
スティグマ
ゴフマン（Goffman, E.）は、正常から逸脱しているという他者からのレッテルを貼られ、評価されることをスティグマとした。福祉制度の利用にともなうスティグマの付与をなくすためには、福祉サービスの普遍化、一般化が求められる。

▶ 出典
†1　日本財団「18歳意識調査　第33回テーマ『教育格差』」2021年（https://www.nipponfoundation.or.jp/app/uploads/2021/01/new_pr_20210107_5.pdf 2021年4月22日確認）

図表26-3 子どもの貧困に関する指標

【教育の支援】
○ 生活保護世帯に属する子どもの高等学校等進学率
○ 生活保護世帯に属する子どもの高等学校等中退率
○ 生活保護世帯に属する子どもの大学等進学率
○ 児童養護施設の子どもの進学率
　・中学校卒業後
　・高等学校等卒業後
○ ひとり親家庭の子どもの就園率（保育所・幼稚園等）
○ ひとり親家庭の子どもの進学率
　・中学校卒業後
　・高等学校等卒業後
○ 全世帯の子どもの高等学校中退率
○ 全世帯の子どもの高等学校中退者数
○ スクールソーシャルワーカーによる対応実績のある
　学校の割合
　・小学校
　・中学校
○ スクールカウンセラーの配置率
　・小学校
　・中学校
○ 就学援助制度に関する周知状況
○ 新入学児童生徒学用品費等の入学前支給の実施状況
　・小学校
　・中学校
○ 高等教育の修学支援新制度の利用者数
　・大学
　・短期大学
　・高等専門学校
　・専門学校

【保護者に対する職業生活の安定と向上に資するための就
労の支援】
○ ひとり親家庭の親の就業率
　・母子世帯
　・父子世帯
○ ひとり親家庭の親の正規の職員・従業員の割合
　・母子世帯
　・父子世帯

【生活の安定に資するための支援】
○ 電気、ガス、水道料金の未払い経験
　・ひとり親世帯（電気料金、ガス料金、水道料金）
　・子どもがある全世帯（電気料金、ガス料金、水道
　料金）
○ 食料又は衣服が買えない経験
　・ひとり親世帯（食料が買えない経験、衣服が買え
　ない経験）
　・子どもがある全世帯（食料が買えない経験、衣服
　が買えない経験）
○ 子どもがある世帯の世帯員で頼れる人がいないと答
　えた人の割合
　・ひとり親世帯（重要な事柄の相談、いざというと
　きのお金の援助）
　・等価可処分所得第Ⅰ～Ⅲ十分位（重要な事柄の相談、
　いざというときのお金の援助）

【経済的支援】
○ 子どもの貧困率
　・国民生活基礎調査
　・全国消費実態調査
○ ひとり親世帯の貧困率
　・国民生活基礎調査
　・全国消費実態調査
○ ひとり親家庭のうち養育費についての取決めをしている割合
　・母子世帯
　・父子世帯
○ ひとり親家庭で養育費を受け取っていない子どもの割合
　・母子世帯
　・父子世帯

出典：厚生労働省「子供の貧困対策に関する大綱のポイント」2019年を一部改変

2 子どもの自信の喪失

　相対的貧困は、「見えない貧困」ともいわれます。生きていくにあたっ
て、最低限必要と考えられている食料・生活必需品を購入するためのお
金がない状況を指す「絶対的貧困」と違い、子どもや家族が困っている
かどうかまわりが気づきにくいのです。しかし、この「まわりのみんな
にとっては当たり前の生活が自分だけ享受できない」という状態は、子
どもたちの「自分は自分でいいんだ」という自己肯定感情に破壊的なダ
メージを与えます。そして、「なんで、僕だけ（私だけ）だめなの？」

図表26-4 貧困の世代間連鎖

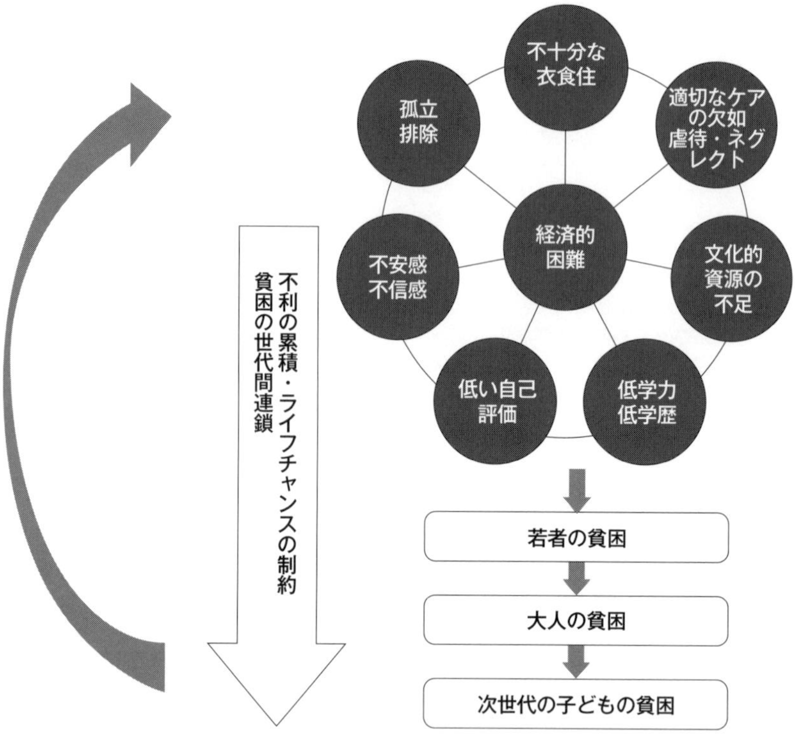

不利の累積・ライフチャンスの制約
貧困の世代間連鎖

不十分な衣食住

孤立排除

適切なケアの欠如虐待・ネグレクト

不安感不信感

経済的困難

文化的資源の不足

低い自己評価

低学力低学歴

若者の貧困

大人の貧困

次世代の子どもの貧困

出典：子どもの貧困白書編集委員会編『子どもの貧困白書』明石書店、2009年をもとに作成

　という体験を重ねていくなかで、子どもたちのなかに「どうせ、僕（私）なんて」という感情がたまっていきます。子どもの貧困とは、単にお金がないことだけが問題なのではなく、子どもたちから自信を奪い、さらには「大きくなったら○○になりたい」といった夢や希望をかなえる機会を奪い、夢を抱くことすら奪っていくことにつながりかねないのです。子どもの貧困への支援にたずさわる人たちは、「子ども期の貧困は若者期、大人期の貧困へと連鎖していく」と指摘します。子ども期の貧困がもたらすものとして、図表26-4のように、さまざまな課題があげられます。子どもに関わる専門職として大切なのは、豊かな子ども時代を保障し、高校進学や就職をゴールとした支援ではなく、子ども時代を軸に、子どもたちが青年期、そして次の子育て世代になるときを見据えての支援だといえるでしょう。

5．子どもの貧困への具体的支援

　貧困のなかで育つ子どもたちは、家庭にも学校にも安心で安全であると思える居場所がないと感じている場合が少なくありません。そこで、地域のなかに「第三の居場所」として落ち着ける場所、安らぎを感じられる場所が必要であるとの認識が高まってきました。具体的には、子どもの学習援助や子ども食堂といった取り組みが広がりをみせています。

　子どもの学習援助は、2015（平成27）年4月に始まった**生活困窮者自立支援制度***で、都道府県や市など、福祉事務所がある自治体が任意で実施する事業となっています。高校進学に向けた学力保障のための場であるとともに、大学生などのサポーターとの交流を通して身近な大人を**ロールモデル***とすることにもつながります。

　子ども食堂は、子どもの貧困に関わる専門家だけではなく、地域で「子どもたちのために何かをしたい」と考えている一般の人にとっても取り組みやすい活動です。子ども食堂のめざすものは、単に子どもたちに温かい食事を提供することではありません。子どもの育ちを保護者とともに支えることが可能です。地域のなかで孤立しがちな子どもやその家族と場所や時間を共有することを通して、孤独な環境のなかでは得られない情報や社会資源をつなぐことも可能です。サービスの利用がスティグマにならないよう配慮し、困難な状況にある子どもとその家族を支えるしくみとして機能していくことが期待されています。

用語解説

生活困窮者自立支援制度

2013年12月に、生活保護に至る前の段階の自立支援策の強化を図るために成立した「生活困窮者自立支援法」のなかの一事業として、生活困窮家庭の子どもに対する学習援助が規定されている。

ロールモデル

自分にとって具体的な行動や考え方の模範となる人物のことをいう。ここでは、子どもたちが大学生との交流を通して、身近な将来の自分の目標を描いたりすることができるようになることをいう。

演習課題

①子どもの貧困について取り上げた新聞記事などを調べ、子どもの貧困の現状について、まわりの人と報告し合いましょう。

②子どもの貧困に関する指標のひとつである、全世帯の子どもの高等学校等中退率と、生活保護世帯に属する子どもの高等学校等中退率の最新の数値を調べてみましょう。

③生活保護世帯に属する子どもの高等学校等の中退を防ぐために、どのような支援があるとよいでしょうか。実際の取り組みを調べてみましょう。

外国籍の子どもとその家族への対応

国際化により、わが国においても外国籍の人が増えてきています。本レッスンでは、国際化の動向を踏まえたうえで、外国籍の子どもの受け入れ状況と課題について学びます。また、外国籍の子どもとその家族への対応について理解を深めます。

1. わが国における国際化の動向

1990（平成2）年に「出入国管理及び難民認定法（入管法）」が改正された際、定住者の在留資格が創設されました。これにより、わが国では就労可能な範囲が日系外国人3世まで拡大され、主にブラジル、ペルーなどから来日した日系南米人を中心とする、いわゆるニューカマーが増加しました。

経済のグローバル化が進むなか、2014（平成26）年の「入管法」の改正により高度の専門的な能力を有する外国人の在留資格を設けるなどの在留資格の整備が行われました。さらに、2019（平成31）年に外国人労働者受入れ拡大を目指して改正された「入管法」が施行されたことから、外国人の来日は今後も増えていくことが予想され、多文化社会への対応の必要性が加速しています。

「2020年版　出入国在留管理」（出入国在留管理庁、2020年）によると、2019年末現在の在留外国人数は293万3,137人で、日本の総人口の2.32%となっており、増加傾向にあります。国籍・地域別にみると、中国が81万3,675人（27.7%）、次いで韓国が44万6,364人（15.2%）、ベトナムが41万1,968人（14.0%）、フィリピンが28万2,798人（9.6%）、ブラジルが21万1,677人（7.2%）の順となっています[1]。

このような在留外国人の増加は、日本社会にさまざまな新しい変化をもたらしています。「令和元年（2019）人口動態統計（報告書）」（厚生労働省、2021年）によれば、夫妻の一方が外国人の婚姻（いわゆる「国際結婚」）は、2006（平成18）年をピークに下がってきていましたが、2016（平成28）年から再び増加し、2019（令和元）年には2万1,919組（全婚姻件数の3.7%）となっています[2]。

このような在住外国人の増加や国際結婚の動向は、保育所や幼稚園な

▶**出典**
†1　出入国在留管理庁「2020年版　出入国在留管理」2020年

▶**出典**
†2　厚生労働省「令和元年（2019）人口動態統計（報告書）」2021年

どにもさまざまな新しい変化をもたらしています。外国籍の子どもだけ
でなく、国際結婚などにより日本国籍であっても両親のどちらかが外国
籍であるなど、外国とさまざまなつながりをもつ子どもや、日本国籍で
あっても帰国直後で日本語を習得していない子どもなど、いわゆる「外
国にルーツをもつ子ども」が増えてきています。

2. 外国籍の子どもの受け入れ状況

1 保育所における外国籍の子どもの受け入れ状況

　「保育所等における外国籍等の子ども・保護者への対応に関する調査
研究」（三菱UFJリサーチ&コンサルティング株式会社、2020年）によ
ると、全国の約7割の市区町村に外国にルーツをもつ子どもが入園して
いる保育所があります[3]。

　また、「保育の国際化に関する調査研究」（日本保育協会、2009年）に
よると、外国籍の子どもが入所している保育所数は、3,397か所（公立
保育所1,647か所、私立保育所1,662か所）で、子どもの数は1万3,337人
（公立保育所6,185人、私立保育所6,123人）となっています。国籍をみる
と、最も多いのが、ブラジル4,322人で、次いで中国・台湾・マカオ2,091
人、ペルー1,207人、フィリピン919人の順となっています[4]。

2 小学校等における外国籍の子どもの受け入れ状況

　「『日本語指導が必要な児童生徒の受入状況等に関する調査（平成30年
度）』の結果について」（文部科学省、2019年）によると、2018（平成
30）年度の公立学校に在籍している外国籍の児童生徒数は9万3,133人、
日本語指導が必要な外国籍の児童生徒数は4万755人でいずれも増加傾
向にあります。また、日本語指導が必要な日本国籍の児童生徒数も1万
371人で増加傾向にあります。

　日本語指導が必要な外国籍の児童生徒の母語別在籍状況をみると、ポ
ルトガル語が25.5%で最も多く、全体の約4分の1を占めています。次
いで、中国語が23.8%、フィリピノ語（フィリピンの共通語）が19.4%
となっています。また、日本語指導が必要な日本国籍の児童生徒の言語
別在籍状況をみると、フィリピノ語が32.6%で最も多く、全体の約3分
の1を占めています。次いで、中国語が20.7%となっています[5]。

▶出典

†3　三菱UFJリサーチ
&コンサルティング株式会
社「保育所等における外国
籍等の子ども・保護者への
対応に関する調査研究」（厚
生労働省令和元年度子ど
も・子育て支援推進調査研
究事業）2020年

†4　日本保育協会「保育
の国際化に関する調査研
究報告書（平成20年度）」
2009年

▶出典

†5　文部科学省「『日本
語指導が必要な児童生徒の
受入状況等に関する調査
（平成30年度）』の結果につ
いて」2019年

3．保育所等での受け入れの課題

　このように外国籍の子どもの受け入れが進められることによって、保育所、幼稚園、認定こども園（以下、「保育所等」とする）において日本語を十分に理解できない親子が入園してくるということが当たり前のことになりつつあります。つまり、保育の場面でも、日々の送迎などでの日常の連絡だけでなく、食生活をはじめとする生活習慣の違い、書類のやりとりなど、さまざまな場面で文化や言葉の多様性に配慮することが求められることになります。

　「保育所等における外国籍等の子ども・保護者への対応に関する調査研究」によると、外国籍の子どもの受け入れにあたり直面している課題について、まず入園にあたって「入園に向けた手続き、準備について、保護者へ伝えることが難しい」「入園にあたり、文化的背景に対してどのような配慮が必要かわからない」「保育所等での過ごし方や支援内容、決まり、お願い等について保護者に理解してもらうことが難しい」といったことがあげられています。

　次に在園時の課題については、「言語的な障壁から保護者と十分なコミュニケーションが取れない」「気になる行動が、言語的障壁か発達的な課題によるものなのかを判断することが難しい」「文化的背景に起因する個別的な配慮について職員の専門的な知識が十分でない」といったことがあげられています。

　さらに卒園の際の課題については、「保護者に対して、小学校の制度や生活について、十分に説明することができていない」「小学校生活を見据えた言語やコミュニケーション等に関わる支援が十分にできていない」といったことがあげられています[6]。

　このように保育所等においては、外国籍の子どもの受け入れにあたってさまざまな課題に直面しており、国際化が進むなか、保育士等がさまざまな国の文化や言葉、制度の違いなどについて理解しておくことが重要になっています。

▶出典
†6　†3と同じ。

インシデント　外国にルーツをもつ母親への配慮

　ヒカルちゃんの両親は、お母さんが中国人、お父さんが日本人です。お父さんは、仕事が忙しいため、保育所への送迎はお母さんがすることが多いです。保育士は、お母さんと話をするときできるだけわかりやすい言葉を使ったり、絵や写真を示したりしながら説明

するなどの配慮を徹底しています。

　あるとき、お母さんが保育参観の案内の手紙について、内容がわからないと担当保育士に相談してきました。担当保育士は、お母さんとの会話のなかでお母さんが日本語をまったく読めないことに気づき、上司の主任保育士に相談しました。

　主任保育士は、市役所の国際交流課に事情を話し、中国語しか読めないお母さんへの配慮のしかたについて相談しました。その結果、保育所からのおたよりを、お母さんにも内容がわかるように中国語に翻訳してくれる人が見つかりました。

　ヒカルちゃんはその後も毎日、元気に登園しています。お母さんも、保育参観や懇談会に積極的に参加をし、ほかの保護者と交流するなかで日本語での会話もかなり上達しました。担当保育士は、これらのことを主任保育士に報告しました。

4．保育所等における支援

1　「保育所保育指針」からみる外国籍の子どもとその家族への支援

　外国籍の子どもの保育について、「保育所保育指針」第2章4（1）のオでは「子どもの国籍や文化の違いを認め、互いに尊重する心を育てるようにすること」とされています。さらに、「保育所保育指針解説」第2章4（1）のオでは「保育士等はそれぞれの文化の多様性を尊重し、多文化共生の保育を進めていくこと」「文化の多様性に気付き、興味や関心を高めていくことができるよう、子ども同士の関わりを見守りながら、適切に援助」「保育士等は、自らの感性や価値観を振り返りながら、子どもや家庭の多様性を十分に認識し、それらを積極的に認め、互いに尊重し合える雰囲気をつくり出すこと」とされています。

　また、外国籍の子どもの家族への支援について、「保育所保育指針」第4章2（2）のウでは「外国籍家庭など、特別な配慮を必要とする家庭の場合には、状況等に応じて個別の支援を行うよう努めること」とされています。さらに、「保育所保育指針解説」第4章2（2）のウでは、外国籍家庭や外国にルーツをもつ家庭は「日本語によるコミュニケーションがとりにくいこと、文化や習慣が異なること、家庭での育児を他に頼ることができないこと、生活が困窮していることなど、その問題も複雑化、多様化している」としたうえで、「保護者の意向や思いを理解した上で、必要に応じて市町村等の関係機関（中略）と連携するなど、社会

資源を生かしながら個別の支援を行う」とされています。

「幼保連携型認定こども園教育・保育要領」および「幼保連携型認定こども園教育・保育要領解説」にも同様の内容が規定されています。

2 「幼稚園教育要領」からみる外国籍の子どもとその家族への支援

「幼稚園教育要領」第1章の第5の2では「海外から帰国した幼児や生活に必要な日本語の習得に困難のある幼児については、安心して自己を発揮できるよう配慮するなど個々の幼児の実態に応じ、指導内容や指導方法の工夫を組織的かつ計画的に行うものとする」とされています。さらに、「幼稚園教育要領解説」第1章の第5の2では、保育者が「当該幼児が暮らしていた国の生活などに関心をもち、理解しようとする姿勢を保ち、一人一人の幼児の実情を把握すること」「スキンシップをとりながら幼児の安心感につなげる関わり方をしたり、挨拶や簡単な言葉掛けの中に母語を使ってみたりしながら信頼関係を築き、幼児が思ったことを言ったり気持ちを表出したりできるよう努めること」「自然に日本語に触れたり、日本の生活習慣に触れたりすることができるように配慮すること」とされています。

また、外国籍の子どもの家族への支援について、「幼稚園教育要領解説」第1章の第5の2では「幼児が日本の生活や幼稚園生活に慣れていくよう、家庭との連携を図ることも大切」としたうえで「保護者は自身が経験した幼稚園のイメージをもっているため、丁寧に園生活や園の方針を説明したりすることなどが必要」とされています。

「幼保連携型認定こども園教育・保育要領」および「幼保連携型認定こども園教育・保育要領解説」にも同様の内容が規定されています。

3 保育所等における外国籍の子どもとその家族への対応

保育所等における外国籍の子どもとその家族への対応では、主として①コミュニケーションにおける配慮、②文化面における配慮が必要とされます。

コミュニケーションにおける配慮では、あいさつなど簡単な母語で話しかけることで安心感を与えたり、イラストや写真などを用いてコミュニケーションを図ったり、園だよりなどを母語で翻訳して配付するなどします。最近は、自動翻訳機やスマートフォンの翻訳アプリを活用しているところもあります。

文化面における配慮では、それぞれの国の習慣や宗教上の理由などによって、日本人の間では当たり前とされるような子どもへの関わりがタ

ブーとされたりすることもあるため、気をつけるべきことを入園の際や日々のやりとりのなかで確認していくことが必要となります。たとえば、宗教上の理由で着替えの際は肌を見せてはいけないという場合には別の教室で着替えを行うといった対応をしたり、給食においてハラール食（イスラム法において食べることが許されているもの）への対応をしたりします。また、宗教や生活習慣を踏まえて、日常の保育や行事等を見直したりすることも必要となります。

5.　地域における支援

外国籍の子どもとその家族への支援においては、保育所等での対応だけでは限界があります。図表27-1に示したように、市区町村の関連部局や地域のさまざまな社会資源と連携して取り組んでいくことが求められます。

多くの市区町村では、国際交流課などの部署において外国籍の人たちの支援を行っています。また、保育所や子育て支援などに関する制度や各種手続きを紹介した多言語案内を作成したり、多言語に翻訳されたホームページを作成したりしています。

さらに、保育所等の手続きを含めてさまざまな場面で困難を感じる外国籍の家庭を支援するために通訳の職員やボランティアを配置したり、通訳や翻訳ができる職員などを雇用し、外国籍の子どもを受け入れている保育所等を巡回したりしているところもあります。

地域の社会資源としては、住民の国際交流などを推進することを目的として国際交流協会が多くの地域に設置されており、通訳の派遣や翻訳サービス、情報提供・相談、日本語教室の開催などを行うことで外国籍の家庭を支援しています。

図表27-1 外国籍の子どもとその家族の支援に関わる社会資源

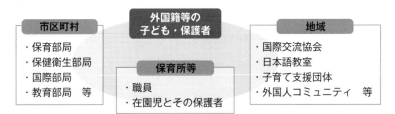

出典：三菱UFJリサーチ＆コンサルティング株式会社「保育所等における外国籍等の子ども・保護者への対応に関する調査研究」（厚生労働省令和元年度子ども・子育て支援推進調査研究事業）2020年、94頁
https://www.murc.jp/wp-content/uploads/2020/04/koukai_200427_1_1.pdf（2020年4月23日確認）

　　ブラジル籍や中国籍、フィリピン籍、ベトナム籍など、それぞれの国籍の人たちが集住している地域などには、互助的な組織である外国人コミュニティが形成されていることもあります。その活動内容はさまざまですが、主に親睦、相談、情報提供などを行っています。

演 習 課 題

①外国籍の子どもとその家族への支援を行う社会資源には、どのようなものがあるでしょうか。自分が住んでいる自治体のホームページや広報を調べ、社会資源マップをつくってみましょう。
②異なる文化のなかで子育てをするときどのような困難があるか、また、それらの困難に対して保育所等の保育者として、どのような支援ができるかを考えてみましょう。
③保育の実践において、子どもたちにさまざまな文化があることを伝えるための保育内容などを考えてみましょう。

参考文献‥‥‥‥‥‥‥‥‥‥‥‥‥‥‥‥‥‥‥‥‥‥‥‥‥‥‥‥‥‥‥‥‥
レッスン16
　柏女霊峰　『子ども家庭福祉論（第4版）』　誠信書房　2015年
　木村容子・有村大士編著　『子ども家庭福祉』　ミネルヴァ書房　2016年
　厚生労働省　「令和2年人口動態統計（確定数）」　2021年
　内閣府　『少子化社会対策白書（令和3年版）』　2021年
　山縣文治　『子ども家庭福祉論』　ミネルヴァ書房　2016年
レッスン17
　全国保育協議会編　『保育年報2015』　全国社会福祉協議会　2015年
　内閣府　『少子化社会対策白書（令和3年版）』　2021年
　山縣文治　『現代保育論』　ミネルヴァ書房　2002年
レッスン18
　厚生労働省　「令和元年度地域保健・健康増進事業報告の概況」　2021年
　厚生労働省　『厚生労働白書（令和3年版）』　2021年
　厚生労働統計協会編『国民衛生の動向2021/2022』　2021年
　社会保障入門編集委員会編　『社会保障入門2021』　中央法規出版　2021年
レッスン19
　厚生労働省　『厚生労働白書（令和3年版）』　2021年
　内閣府　『障害者白書（令和3年版）』　2021年
　日本発達障害連盟編　『発達障害白書（2022年版）』　明石書店　2021年
レッスン20
　厚生労働省　「令和2年放課後児童健全育成事業（放課後児童クラブ）の実施状況」　2020年
　厚生労働省　『厚生労働白書（令和3年版）』　2021年
　福田公教・山縣文治編著　『児童家庭福祉（第4版）』　ミネルヴァ書房　2015年
　文部科学省生涯学習政策局放課後子どもプラン連携推進室　「放課後子ども教室事例

集」 2009年

レッスン21

才村純・芝野松次郎・松原康雄編著 『児童や家庭に対する支援と子ども家庭福祉制度（第3版）』 ミネルヴァ書房 2015年

髙橋重宏編 『子ども虐待——子どもへの最大の人権侵害（新版）』 有斐閣 2008年

松村和子・神谷哲司・澤江幸則編著 『保育の場で出会う家庭支援論——家族の発達に目を向けて』 建帛社 2010年

レッスン22

戒能民江編著 『DV防止とこれからの被害当事者支援』 ミネルヴァ書房 2006年

草柳和之 『ドメスティック・バイオレンス——男性加害者の暴力克服の試み（新版）』 岩波書房 2004年

才村純・芝野松次郎・松原康雄編著 『児童や家庭に対する支援と子ども家庭福祉制度（第3版）』 ミネルヴァ書房 2015年

松村和子・神谷哲司・澤江幸則編著 『保育の場で出会う家庭支援論——家族の発達に目を向けて』 建帛社 2010年

レッスン23

厚生労働省 「社会的養育の推進に向けて（令和3年5月版）」 2021年

山縣文治 『子ども家庭福祉論』 ミネルヴァ書房 2016年

レッスン24

厚生労働省 『厚生労働白書（令和3年版）』 2021年

厚生労働統計協会編 『国民の福祉と介護の動向2021/2022』 2021年

レッスン25

厚生労働統計協会編 『国民の福祉と介護の動向2021/2022』 2021年

内閣府 『子供・若者白書（令和3年版）』 2021年

レッスン26

子どもの貧困白書編集委員会 『子どもの貧困白書』 明石書店 2009年

厚生労働省 「国民生活基礎調査の概況」 2019年

レッスン27

厚生労働省 「令和元年（2019）人口動態統計（報告書）」 2021年
https://www.mhlw.go.jp/toukei/saikin/hw/jinkou/houkoku18/index.html（2020年4月23日確認）

咲間まり子監修 『保育者のための 外国人保護者支援の本』かもがわ出版 2020年

出入国在留管理庁 「2020年版 出入国在留管理」 2020年
https://www.moj.go.jp/isa/policies/policies/03_00002.html（2020年4月23日確認）

日本保育協会 「保育の国際化に関する調査研究報告書（平成20年度）」 2009年
https://www.nippo.or.jp/Portals/ 0 /images/research/kenkyu/h20international.pdf（2020年4月23日確認）

三菱UFJリサーチ＆コンサルティング株式会社 「保育所等における外国籍等の子ども・保護者への対応に関する調査研究」（厚生労働省令和元年度子ども・子育て支援推進調査研究事業） 2020年
https://www.murc.jp/wp-content/uploads/2020/04/koukai_200427_ 1 _1.pdf（2020年4月23日確認）

文部科学省 「『日本語指導が必要な児童生徒の受入状況等に関する調査（平成30年度）』の結果について」 2019年
https://www.mext.go.jp/b_menu/houdou/31/09/1421569.htm（2020年4月23日確認）

おすすめの1冊

中坪史典・山下文一・松井剛太・伊藤嘉余子・立花直樹編 『保育・幼児教育・子ども家庭福祉辞典』 ミネルヴァ書房 2021年

　子ども・保育・教育・家庭・福祉に関連する多様な分野における基本的事項や最新動向が網羅された1冊。単なる用語説明ではなく、各制度や用語等の背景や沿革、ポイントなどについてもわかりやすくまとめられている。

支援を必要としている子どもとは誰か

　「支援を必要としている子どもとは誰か」と問われたとき、あなたはどのような子どものことを思い描くでしょうか。

- ・虐待を受けている子ども
- ・障害のある子ども
- ・非行、犯罪に走ってしまった子ども
- ・いじめにあった子ども
- ・ひきこもりの子ども

　現在それぞれが生活している環境や問題意識によって、イメージする子どもの姿があるでしょう。

　社会福祉分野における子ども家庭福祉論では長らく、「支援を必要としている子ども」に対するイメージの中心となるのは、虐待を受けている子どもを中心とする「親と一緒に生活することができない子ども」ないし「一緒に生活する親がいない子ども」など、社会的養護の分野が中心であったと考えられます。

　その一方で、子どもの貧困に対する社会的対応が近年急速に広がっています。子どもの相対的貧困率が1990年代半ばから上昇傾向にあり、2019（令和元）年には13.5％となり、また、経済的理由により就学困難と認められ就学援助を受けている小中学生の割合も14.5％となっています。この数値は、子どもの7人に1人が貧困状態にあるといわれる際の基礎データとして扱われています。

　国では、2013（平成25）年に「子どもの貧困対策の推進に関する法律」を制定し、子どもの貧困対策に乗り出しています。また、地域においては、「子ども食堂」という取り組みがさまざまな枠組みで行われはじめています。

　支援を必要としている子どもを、社会的養護の問題にとどまらず、貧困にも目を向けることで、「地域で生活している7人に1人の子どもに必要な支援」である、と考えてみてください。そこからさらに進み、貧困ゆえに必要となる支援とあわせて、経済的に貧困ではない家庭であっても必要となる支援が見えてくるでしょう。

第5章

子ども家庭福祉の援助活動

本章では、子ども家庭福祉の援助活動について、諸外国の動向も踏まえたうえで、近年の日本の動向を学び、保育者として備えるべき知識や視点について理解していきます。子ども・若者の自殺、性的マイノリティの子どもへの支援など、さまざまな支援ニーズに目を向け、保育者としてできることは何か、一緒に考えてみましょう。

諸外国の動向

・・

本レッスンでは、子ども家庭福祉領域における諸外国の動向を学びます。国によって福祉サービスは実にさまざまです。そして福祉サービスのなりたちには、その国の伝統や文化が大きな影響を与えています。諸外国の動向を知ることが、目の前の課題の理解や解決につながることもあります。

1. 諸外国の動向を知る意義

1 「グローバル化」（グローバライゼーション）する社会

第二次世界大戦後の世界は、西側諸国のアメリカ合衆国を盟主とする資本主義・自由主義陣営と、東側諸国のソビエト連邦を盟主とする共産主義・社会主義陣営との対立構造、いわゆる「冷戦」状態が続いていました。

しかし、1989年には、ドイツにおける「**ベルリンの壁**[*]」崩壊、中国における「**天安門事件**[*]」、そして1991年にはソビエト社会主義共和国連邦の崩壊など、東側諸国の体制の変化によって、冷戦が終結します。そこで進展していったのが世界の「グローバル化」です。グローバル化とは、社会的あるいは経済的なものごとのつながりが、国家や地域などの境界を越えて、地球規模に拡大してさまざまな変化を引き起こす現象をいいます。グローバル化の進展は、人々の生活に利便性や繁栄をもたらしました。しかし、同時に所得格差の拡大や雇用の流動化も招いたのです。

日本においても、特に2008年ごろの**リーマン・ショック**[*]以降、長く続く景気の低迷のなかで、格差社会化、**ワーキングプア**[*]の問題は大きな社会問題となっています。

保育者が出会う子どもや家族をめぐる社会問題には、グローバル化する社会がもたらす経済や産業の変化が影響を及ぼしています。目の前の子どもや家族をめぐる問題に関心を寄せながらも、世界規模の広い視野で社会構造全体に関心を寄せておくことは、社会問題を解決するうえでとても大切です。

2 社会福祉サービスを国際比較する意義

埋橋は、福祉政策の比較研究は3つの段階で発展してきたとしていま

✴ 用語解説

ベルリンの壁
東西冷戦時代の1961年に、東ドイツ側が、東西ベルリン間の通行を遮断するため、西ベルリンの周囲につくったコンクリート壁のこと。

天安門事件
1989年6月、中国の国家体制を批判し、民主化を求めて北京市にある天安門広場に集結していたデモ隊に対し、軍隊が武力行使し、多数の死傷者を出した。

リーマン・ショック
2007年、アメリカでは住宅バブル崩壊をきっかけとして、資産価格の暴落が起きていた。これをうけ、リーマン・ブラザーズ・ホールディングスが2008年9月15日に経営破綻したことに端を発して、連鎖的に世界規模の金融危機が発生した事象を日本ではこう呼ぶ。一般的には「国際金融危機」と呼ばれる。日本経済にも大きな影響を及ぼし、派遣労働者が大量に職を失うなど、社会問題につながった。

す[†1]。まず、先進国の制度・事例を知り、移植・導入するキャッチアップの過程（第一段階）、そして多国間比較や類型論を通して自国の特徴や位置づけを明示的に明らかにするという自省の段階（第二段階）、最後に、自国の今後の進路に関する政策論の展開に寄与する第三段階です。こうして、諸外国の動向との比較研究は、日本の政策を動かすところまで成長してきました。

　児童虐待や少子化など、日本社会における問題は、ほかの国においても同様に深刻な課題となっています。子ども家庭福祉サービスも、諸外国の「よい実践」から学び、みずからの実践を振り返ることで、よりよいサービスにつながっていくと考えられます。

　各国に存在する福祉サービスの背景には、その国の伝統や文化が大きな影響を与えています。諸外国の動向を学ぶ際は、その国の社会構造や文化的背景についても学んでいきましょう。なにより、比較するうえで大切なのは、自分の国の福祉サービスや、社会構造、文化について知っていることです。日本社会についての理解も深めていきましょう。

　では次に、諸外国における保育や社会的養護サービスの現状を見ていきましょう。ここでは、①北欧福祉国家の事例としてデンマーク、②「児童の権利に関する条約」批准以降、施設ケアから家庭養育への転換を図り、里親委託率を向上させている韓国、③諸外国の中でも特に里親委託率が高いオーストラリアを事例として以下に紹介します。

2．デンマーク

1 デンマークにおける保育の現状

　デンマークでは、年間の労働時間が日本に比べて著しく短いことが大きな特徴です。子育て中の女性の就業率も高く、そのぶん、保育サービスの保障は手厚く、保育に関係した職種もさまざまです。始業時刻が朝7時から8時という職場が多いため、朝の保育ニーズが高く、保育所は朝6時ごろから開所していることも少なくなく、朝食サービスを行っているところも珍しくありません。そのぶん、終業時刻は16時から17時となり、多くの保護者はその時間帯に子どもを迎えに行きます。

　デンマークでは、社会の養育観として、**子どもの主体性や自立性を育む**ことに重点が置かれています。子どもたちは3歳ごろになると、自分で考えて行動することを促されます。クラスの全員で同じことをするのではなく、「散歩に行きたい」「お絵かきしたい」など、いくつもの活動

* **用語解説**

ワーキングプア
働いてもぎりぎりの生活の維持さえ困難な収入しか得られない就労者層を指していう。

▶ **出典**

†1　埋橋孝文「社会政策における国際比較研究」『社会政策』1（1）、2008年、68頁

の選択肢のなかから、自分の意思で選んで参加することを大切にしています。

　デンマークでは、小学校から大学まで公立学校の学費は無料です。6歳になると、学校教育への移行がスムーズに行われるように、小学校入学に向けて早期教育（ECEC：Early Childhood Education and Care）が行われます。また、どの仕事に就くかを選ぶことが、どの大学に行くかより重要であり、将来の職業を選択したうえでそれに合った学校に進学するのが一般的な考え方とされています。

2　デンマークにおける社会的養護サービスの現状

　デンマークでも、社会的養護のケアを受ける子どもの数は増加傾向にあります。普遍的な保育サービスが提供されているからといって、家庭内での児童虐待やネグレクトの問題が存在しないわけではありません。また、精神障害やアルコール依存症などにより、子育てが困難になるケースもあります。

　デンマークでは、里親家庭のほか、児童養護施設、小規模ホーム、寄宿制の学校などで**家庭外措置**が行われています。施設といっても、生活単位が小さく、ユニットケアやホームの形態をとっていることが多いといえます。家庭外措置は、子どもの安定した養育環境の維持や日常生活の継続性が重視され、できるだけ家庭に近いところでの措置が優先されます。そのため、家庭外措置の間にほかの施設等に移ることがないよう配慮されます。家庭復帰も、家族のもとで安心・安定した状況で育つことができる、と判断されてから行われます。

　従来はこのように、親子を分離して行う家庭外措置が主流でした。しかし、近年は在宅のまま親子を支援する**予防的関わり**に重点が置かれるようになっています。子どもの生活圏内の親族や知人・友人などのネットワークのなかに、親子を支援できる人がいる場合は、そういった人たちを活用した**ネットワークケア**が行われます。家庭外措置は、こうしたネットワークケアに次ぐ養育環境と考えられています。

3．韓国

1　韓国における保育サービスの現状

　韓国でも少子高齢化はわが国同様、大きな社会問題となっています。2020年の韓国の合計特殊出生率（以下、出生率）は0.84で、2019年のわ

◆補足

デンマークは6〜16歳の10年を義務教育としており、6歳は0学年（就学前学級）と位置づけられている。

が国の出生率1.36を下回っています。また、家族形態も多様化しています。伝統的な家族形態であった祖父母、父母、子どもが一緒に同居する３世代以上の拡大家族が大きく減少し、核家族化が進んでいます。また、離婚率も上昇傾向にあり、ひとり親世帯や**ステップファミリー***の増加にともない、育児や保育の社会化へのニーズが高まっています。

　韓国の幼稚園教育や保育サービスは、日本の制度とよく似ているといいます。日本の保育所に近い保育サービスとして**オリニジップ**（直訳すると「子どもの家」）があり、図表28-1のような種類があります。

　公立のオリニジップは非常に人気が高いものの、３歳から就学前の子どもを対象としている場合が多いことから、２歳以下の子どもを育てながら就労したい世帯は、家庭オリニジップを利用しながら公立の空きがでるのを待つケースがみられます。

　また韓国は、儒教の思想が毎日の生活や子育てに根づいている国であることから、年長者を敬う所作や礼儀作法といった**礼節教育**がオリニジップや学校のなかで取り入れられていることも多いようです。

✖ 用語解説
ステップファミリー
子どもをもつ男女が離婚・再婚をすることによって、血縁関係のない親子関係、兄弟姉妹関係が生まれるが、それらを内包する家族のこと。

2　韓国における社会的養護サービスの現状

　韓国では、社会的養護を必要とする子どもたちへのケアについては、施設よりも里親家庭等での家庭養護のケアが積極的に取り入れられています。また、社会的養護を必要とする子どもたちへの措置のひとつとして、「児童福祉法」のなかで養子縁組も明確に位置づけられています。

　韓国における2012年度の施設入所率は54.1％、里親委託率は45.9％となっており、わが国に比べて家庭的養護の割合が高いことが特徴となっています。韓国の社会的養護は、かつては施設でのケアが中心でした。しかし、1991年に「児童の権利に関する条約（子どもの権利条約）」を批准し、2000年以降、社会的養護を必要とする子どものケアを、できるだけ家庭での養育で対処することに方向を転換しました。

図表28-1 韓国のオリニジップの種類

公立のオリニジップ	市立、区立などがあり、安い保育料で利用できる。父母の就労状況、所得、子どもの数のほか、多文化家族かどうかなどで家族の状況が得点化され、入所が決定される。多文化家族の子どもは入所の優先度が高く、保育料の費用負担の補助もある。
私立のオリニジップ	民間の経営するオリニジップ。企業が経営母体となっている場合もある。
家庭オリニジップ	ノリバン（遊び部屋）と呼ばれることもある。個人が経営するオリニジップで、多くは集合住宅の一室を使って行われている。
企業内オリニジップ	職業オリニジップともいわれる。企業の労働者のためのオリニジップだが、空きがある場合には外部からの利用を認める場合もある。

参照

パーマネンシー
→レッスン23

　韓国の里親は、一般養育家庭委託、代理養育家庭委託、親戚家庭委託に分類されます。**一般養育家庭**とは、血縁関係がまったくない里親への委託です。**代理養育家庭**とは祖父母への委託であり、**親戚家庭委託**とは祖父母を除く親族への委託を指します。子どもの**パーマネンシー**の観点から、実親による養育が困難な場合は、代理養育家庭委託や親戚家庭委託といった親族による里親が優先され、親戚関係が保たれたなかでの子どもの育ちを保障しようという姿勢が示されています。

　韓国においても、**児童虐待**は深刻な社会問題として認識されています。児童保護専門機関に申告された児童虐待事件数は、2004年の6,998件に対し、2013年には1万3,076件に急増しています（朝日新聞、2016年1月21日）。わが国同様、保護者による「しつけ」という名目での身体的虐待等が、最も高い比率を占めています。このような虐待は、当然許されるべきことではありませんが、虐待をなくすには、単に虐待をした保護者を罰するのではなく、虐待につながる「しつけ」を当然視するような価値観や方法の転換こそが大きな課題といえます。

4．オーストラリア

1 オーストラリアにおける保育サービスの現状

　オーストラリアでは2008年以降、就学前教育と保育の統合が進められています。就学前教育を行うのはPre School（プレスクール）ですが、その多くは保育施設であるChild Care Centre（チャイルドケアセンター）に併設されています。

　オーストラリアでは、どの地域でも、すべての子どもが興味をもてる質の高い遊びを基本とした就学前教育および保育を受けられるという理念のもと、就学前の子どもたちがよりよい人生のスタートにつくことができる取り組みが進められています。

　ニューサウスウェールズ州を例に、チャイルドケアセンターが提供しているサービスの種類をみてみましょう。

①**ロングデイケア**……日本の保育所にあたる。働く親の就学前の子どもを預かる施設であり、保育時間も7～20時といった長時間になっている。

②**ファミリーデイケア**……日中、サービス提供者の自宅に数名の子どもが集まって、保育を受ける。対象年齢は0歳から12歳くらいまで幅広い。

③**プレスクール**……日本の幼稚園にあたる。時間も9～14時のように保育所に比べると短くなっている。

その他、日本でいう一時預かり保育にあたるオケージョナルケア、早朝や放課後預かりを行うビフォア・アンド・アフタースクールケア、学期間の休みの間のケアを行うバケーションケアなどがあります。

2　オーストラリアにおける社会的養護サービスの現状

オーストラリアでは、社会的養護サービスを必要とする子どもたちの95%が里親に委託されます。

かつてはオーストラリアでも、わが国と同様に施設ケアが中心となっていた時代がありました。しかし、1970年代、オーストラリア社会において**児童虐待**が深刻な社会問題として認識され、ほぼ同時期に家庭的養護の重要性が見直されて、現在の状況へと改善されました。

里親家庭に委託される**子どもの最善の利益**を保障するためのソーシャルワークは、政府公認の民間**フォスターケア**[*]専門機関が行っています。フォスターケア専門機関の役割は、児童虐待から保護された子どもを里親家庭に委託するだけではありません。子どもにとって、里親家庭が安心で安全な養育環境として維持されるように委託後も里親の養育を支援し、ときには子どもの代弁を行いながら、子どもの最善の利益を保障するためのソーシャルワークを展開しています。

※ **用語解説**
フォスターケア
里親制度のこと。

演　習　課　題

①子ども家庭福祉サービスに影響を与えている日本の社会の特徴としてどのようなことがあるでしょうか。日本における女性の雇用の問題、妊娠や出産を取り巻く状況、子育てについての問題などから調べてみましょう。

②「産休や育休」「保育サービス」「教育」など、テーマを絞って日本の状況を深く調べ、課題を整理してみましょう。

③国際比較調査のデータなどを調べ、諸外国との違いについて、わかったことをまとめてみましょう。

子どもの発達・成長と保育者に求められる視点

本レッスンでは、子どもと家族と学校・地域をとりまく課題やニーズについて考えます。保育者として子どもと家庭をみつめるまなざしは、乳幼児期に偏りがちですが、保育者が活躍する現場は保育所や認定こども園のみではありません。18歳・20歳までを対象とする児童福祉施設にも保育士は配置されています。子どもと家族をとりまく課題と保育者に求められる視点について一緒に考えましょう。

1．学校と家庭をとりまく問題

1　不登校

　学校を中心に、子どもと家庭と地域をとりまく課題についてみていきたいと思います。まず、**不登校**＊について取り上げます。

　文部科学省（2020）によると、小中学校で長期（年間30日以上）にわたり学校を欠席した子どもは、2019年度は25万2,825人でした。その理由として最も多かったのは「不登校」で全体の約72％を占めます。不登校の子どもがすべての子どもに占める割合は1.88％で、1991年からこの20年間で4倍に増えています。特に中学校の不登校の増加の割合が高くなっています。

　不登校の原因については、教員に回答を求めた「文部科学省による調査」と、子どもに回答を求めた「NHKによる調査」とでは、その内容

◆補足
不登校
文部科学省は、不登校について「不登校児童生徒とは、何らかの心理的、情緒的、身体的あるいは社会的要因・背景により、登校しないあるいはしたくともできない状況にあるために年間30日以上欠席した者のうち、病気や経済的な理由による者を除いたもの」と定義している。

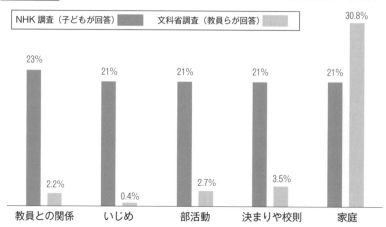

図表29-1　不登校の要因に関するNHK調査と文科省調査の比較

出典：NPO法人3keys「不登校やいじめの数って？～文部科学省の資料では見えない現状」
https://3keys.jp/issue/b01/（2021年8月31日確認）

が大きく変わっています（図表29 - 1）。文部科学省調査によると、不登校の要因の多くが「家庭の問題」とされているのに対して、NHKによる調査の結果では、教員との関係や部活動、いじめ、校則などといった学校の問題も多くあがっています。

　まず、子どもにとって相談しやすい関係をつくったり、実際に問題解決に向かって動いたりできる学校教員の役割や学校の体制の課題があるといえます。次に、学校でそのような問題が生じたり、教員に相談できなかったりしたときに、家庭が居場所になったり家族が頼りになったりできるかという家族の問題があります。つまり、子どもの育ちにとっては学校も家庭も大切で、さらには両者の良好な関係、信頼関係が必要です。

2　いじめ

　次に、いじめの問題についてみていきます。2019（令和元）年度に文部科学省が認知した小・中・高・特別支援学校でのいじめの件数は61万2,496件で、5年連続で過去最高を更新しました。10年前の2009（平成21）年度にはいじめの認知件数はわずか7万2,778件で、この10年間で8倍以上に増加しています（図表29 - 2）。特に小学校低学年の認知件数が増えているのが近年の傾向です。この結果の解釈には、単に「いじめが増えている」という傾向の可能性だけでなく、児童虐待の通告件数の増加と同様に、「人々のなかでのいじめに対する認知や認識が向上した結果の数値である」という視点も必要になります。

　2011（平成23）年、滋賀県大津市で中学2年生が同級生らのいじめを苦に自殺する事件がありました。当時の担任教員や学校は、本人から

図表29 - 2 いじめの認知（発生）件数の推移

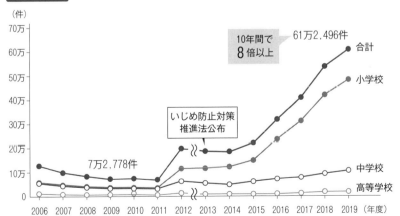

出典：文部科学省「令和元年度児童生徒の問題行動・不登校等生徒指導上の諸課題に関する調査結果について」2020年をもとに作成

相談や報告を受けたにもかかわらず、学校側は事件発覚当初いじめについて「知らなかった」「気づいていなかった」などと主張していましたが、その後の調査によって、学校の対応が不十分だったことが明らかになりました。この事件を受けて「いじめ防止対策推進法」が国会で成立し2013（平成25）年から施行されています。この法律では、**「いじめ」の定義**について「いじめられている側の視点に立つ」ことが明確化されました。またいじめに対する国の対処方針として、軽微なものも含めて積極的に学校が認知し、対策を講じることで事態の重大化・深刻化を防ぐことが示されました。

　いじめを発見できる機会は学校内だけでなく、家庭や地域にもあります。また幼少期から園などにおいても「いじめはいけない」ということを保育や生活のなかで子どもたちに伝えていくこと、困ったことがあったら保育者や教員や親などまわりの大人に相談したり頼ったりしてほしいことを繰り返し子どもたちに伝えていくことが大切になります。

2. 10代の自殺

1 増える10代の自殺

　近年、子ども・若者の自殺が増加していると指摘されています。図表29-3をみるとわかる通り、年齢階級別に自殺死亡率をみると、20代以上については年々減少しているのに対して、10代だけは微増傾向にあることがわかります。また2020（令和2）年はコロナ禍の影響もあってか、ほかの年代の自殺死亡率も増加しました。厚生労働省や文部科学省の調

図表29-3 年齢階級別自殺死亡率の年次推移

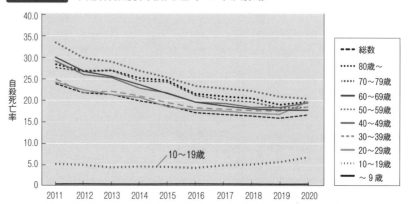

資料：警察庁自殺統計原票データ、総務省「人口推計」及び「国勢調査」より厚生労働省作成
出典：厚生労働省「令和2年中における自殺の状況」2021年

査によると、小中高生の自殺者数は2020年には過去最高の479人になりました。こうした自殺の増加の背景には、**コロナ禍による学校休校や将来への不安の増大**なども考えられますが、10代の子ども・若者にとっての相談先のなさや相談しづらさもあります。

　さらに、先進7か国（G7）のなかで、15歳～39歳の死因の第1位が「自殺」である国は日本だけであり、海外からは「日本＝若者の自殺が多い国」という印象をもたれているともいえます。

2　10代の自殺の原因

　10代の自殺の原因の第1位は「学校問題」、第2位は「健康問題」、第3位は「家庭問題」となっています。「学校問題の悩み」の内訳としては「進路に関する悩み」が最も多く、次いで「学業不振」となっています（図表29-4）。

　こうした状況を踏まえ、国は自殺予防の施策として、「**GIGAスクール構想***」で配られた情報端末の活用を提言し、SNSでの相談体制の充実や、子どもの気持ちの変化をとらえるアプリ（アプリケーション）の開発導入などを通じて、心身の変化をとらえるようにするとしています。

　さらに、小学生・中学生に焦点を絞って自殺の原因をみてみると、図表29-5にあるように、「家族からのしつけ・叱責」「親子関係の不和」が上位を占めています。本書でも述べてきた「子ども虐待」の問題も、子どもの自殺の問題と密接に関係しているといえます。虐待の予防、自殺の予防といった視点も、子育て家庭の支援では大切になります。

3　自傷行為や自殺企図

　自傷行為とは、自らの身体を傷つけたり、身体に害になるようなこと

✦ 補足

コロナ禍と小中高生への影響

新型コロナウイルス感染症の影響が長期化するなか、感染拡大にともなう臨時休校や、学校行事の中止など、子どもたちの日常は大きく変化した。こうした影響は、とりわけ年収の低い世帯やひとり親世帯など、もともと厳しい状況に置かれていた子どもに対してより大きな影響を与えていることが危惧されている。

✖ 用語解説

GIGAスクール構想

文部科学省が推進する「GIGAスクール構想」は、社会の変化を受けて小中高等学校などの教育現場で児童生徒各自がパソコンやタブレットといったICT端末を活用できるようにする取り組みである。「GIGA」は、「Global and Innovation Gateway for All（全ての児童生徒のための世界につながる革新的な扉）」を意味する。

図表29-4 10代の自殺者における原因・動機別件数の推移

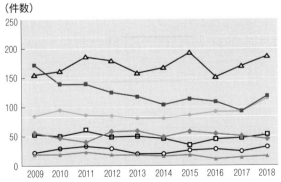

出典：厚生労働省『自殺対策白書（令和元年版）』2020年

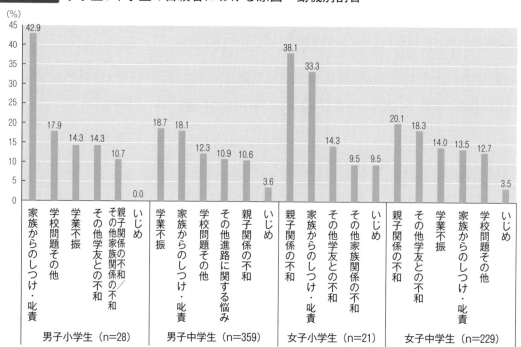

図表29−5 小学生、中学生の自殺者における原因・動機別割合

出典：図表29-2と同じ

◆ 補足

自傷行為

自傷行為の背景には、孤独感や無力感、絶望感や自分で自分をコントロールできない感覚などがあり、さらにその背景には、被虐待経験や人間関係での傷つき経験があると言われている。具体的には次のような行動があげられる。

・薬物を過剰に摂取する（オーバードーズ）
・みずからの身体を切りつける（リストカットなど）
・みずからの身体に火傷をさせる
・みずからの頭を強く打ちつける、または身体を硬いものに打ちつける
・みずからの身体を殴る
・みずからの身体に尖ったものを刺す
・異物を飲み込む

図表29−6 子どもの自傷行為の実態

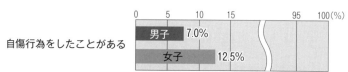

自傷行為をしたことがある

（全国高等学校PTA連合会2006年意識調査、高2　6,406人）

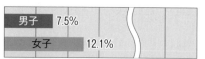

自分の身体をわざと切ったことがある

（松本俊彦・今村扶美 2005～2006年調査、中・高校生　2,974人
中学生・高校生における自傷行為、Psychiatry and clinical neurosciences 62：2008）

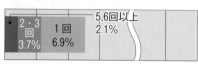

自分の体をカッターなどで傷つけたことがある

（兵庫・生と死を考える会 2004年調査、小5～中2　2,189人
いのちの大切さを実感させる教育のあり方、㈶21世紀ヒューマンケア研究機構、2005）

出典：文部科学省「教師が知っておきたい子どもの自殺予防」のマニュアル

をしたりすることです。こうした自傷行為をしている中・高校生は10％を下らないという報告があります（図表29-6）。また、過去に1回でも自傷行為をしたことのある人は、ない人に比べてその後、はるかに高い確率で自殺によって死亡しているといわれています。たとえそのときは命を落とすことのない自傷行為であったとしても、適切なケアを受けられないと、実際に死亡する行為に発展していく危険が高いといえます。自傷行為や自殺企図で苦しむ子どもにとって相談しやすい体制づくりは、各地域や学校などにおいて積極的に取り組むべき課題の一つです。

3．性的マイノリティの子どもたちへの支援

1 性的マイノリティとは

「同性に恋をした」「体は男だけど、自分が男だと思えない」など、性自認が「多数派」と違い「少数派」である人のことを「**性的マイノリティ***」といいます。とくに子どものうちは、親にも言えず、1人で悩む場合が多くあります。

性的マイノリティの人は、人口の3～5％いると言われています。学校のクラスにたとえると、クラスに1人か2人いる計算になります。

性的マイノリティの人に対して、「ふつう」ではないとして、偏見をもち、差別、蔑視したり、いじめたり排除したりすることをなくし、多数派と異なる生き方を認める社会を構築していく必要があります。

2 性的マイノリティの子どもたちへの合理的配慮

性的マイノリティの子どもたちは、どんな状況にあるのでしょうか。たとえば、小さなころに自分の体や恋愛に違和感があっても、子どもなりに自分に何が起きているのかを理解するまでに時間がかかるといえます。たとえば、体は女性だけどスカートをはきたくないとか、体は男性だけどお人形遊びなど女の子と遊ぶほうが楽しいなど、幼児期から少しずつ違和感があり、小学校に入って体育の着替えのときや思春期の体の変化などによって、自分の違和感を強く感じるようになっていきます。

こうした悩みや違和感に直面する子どもにとって大切になるのが、まわりの理解やサポートです。まずは親・家族の理解が大切になりますが、同じように学校の理解、学校と保護者との対話や相互理解、情報共有も大切になります。また制服や体操服の選択の問題をどう解決するかも大切になりますし、ほかの子どもたちへの説明や性的マイノリティに関す

✳ 用語解説
性的マイノリティ
（性的少数者、セクシャルマイノリティ）
性的マイノリティとは、同性が好きな人や、自分の性に違和感を覚える人、または性同一性障害などの人々のことをいう。「異性を愛するのが普通だ」とか、「心と体の性別が異なることなどない、性別は男と女だけである」としている人からみて少数者という意味である。最近では、以下の言葉の頭文字をとって「LGBT」とも呼ばれている。L（レズビアン：女性の同性愛者）、G（ゲイ：男性の同性愛者）、B（バイセクシャル：両性愛者）、T（トランスジェンダー：生まれたときの法的・社会的性別とは違う性別で生きる人、生きたいと望む人）。また、LGBTのいずれにも該当しない人を含めるため「LGBTQ」と表記することもある。

る正しい理解を促すような教育のあり方も重要な課題です。

　このレッスンで触れてきた、不登校、自殺、自傷行為、いじめ、性的マイノリティの問題はどれも密接に関連しています。

　すべての子どもの「自分らしくありたい」「自分にとって居心地のよい場で暮らしたい」という思いを実現できる保育所・幼稚園・認定こども園・学校、地域、社会をみんなでつくっていきたいものです。

演 習 課 題

①過去にあった小学校・中学校・高校等でのいじめ事件について調べ、その報告書や裁判記録などを読んで、問題点と解決策について、話し合ってみましょう。

②あなたの身近にある「いじめ」や「差別」には、どのようなものがあるでしょうか。「障害」「外国籍」「性的マイノリティ」などグループごとにテーマを決め、それぞれの差別や排除の構造と解決策について調べて話し合ってみましょう。

③性的マイノリティの子どもへの合理的配慮について、全国で実際にどのような取り組みが行われているか、保育所・幼稚園、小学校、中学校、高校それぞれの実践について、グループごとにテーマを決めて調べてみましょう。

これからの子ども家庭福祉の展望

ここでは「ウェルフェアからウェルビーイングへ」という流れをさらに発展させ
るべく、子ども家庭福祉政策が社会福祉全体に関わる改革と歩調を合わせていく
ことの意義を学びます。そして子どもが暴力にさらされ続けている現実に歯止め
をかけること、暴力加害者を冷遇することにとらわれないようにすると同時に、
子どもの声を聴くことを当たり前のこととしていく必要性について確認しましょう。

1. つながることの大切さ

1 政策動向から学ぶ

　今の子ども家庭福祉の核となっている、子どもを権利の主体としてみ
なす考え方も昔からあったわけではありません。保護者支援・家庭養育
支援が重視されるようになったのも、比較的最近のことです。子ども家
庭福祉は、時代や社会の流れのなかでアップデートを繰り返していくも
のなのです。

　いろいろなものが急速に変化する今の時代に、これからの子ども家庭
福祉を展望することは、簡単なものとはいえません。わたしたちにでき
ることは、「**ウェルフェアからウェルビーイングへ**」という大きな潮流
があることをしっかりと頭に入れながら、それが具体的にどのように促
進され、あるいは修正されていくのかを、社会の変化・時代の変化を意
識しながら思考・判断していくことです。

参照
ウェルフェアからウェル
ビーイングへ
→レッスン2

　こうした変化についていくためには、子どもや子育ての実際をよく理
解すると同時に、子ども家庭福祉を取り巻く社会福祉のあり様がどのよ
うに変化しているのかを知ることが有用です。レッスン1でも学習した
とおり、保育は、子ども家庭福祉や社会福祉という大きな枠組みのなか
で形づくられるものだからです。

　ここでは、子ども家庭福祉を含む社会福祉界全体の動向をとらえるた
めに、新福祉ビジョンとその後の社会福祉政策の展開状況について確認
しておきましょう。

2 新福祉ビジョンと地域共生社会

　新福祉ビジョンとは、2015年9月に厚生労働省内に設置されたプロジェ
クトチームによりまとめられた、「誰もが支え合う地域の構築に向けた

福祉サービスの実現──新たな時代に対応した福祉の提供ビジョン」の通称です。このビジョンでは、①すべての人が世代や背景を問わずに安心して暮らし続けられる地域包括支援体制の実現、②効果的・効率的なサービス提供のための生産性の向上、③総合的な人材の育成・確保を図りながら地域包括支援体制を支える環境を形成することを改革骨子とするものです。

　その後、このビジョンに基づき、必要な検討が有識者会議等で行われ、制度・分野の枠や、支える側・支えられる側という関係性を超えて、すべての人が地域のなかで生きがいや役割をもち、助け合いながら暮らしていける社会を意味する「地域共生社会」を実現することが目標として掲げられ、制度・分野を横断したサービス提供が可能になるよう、「社会福祉法」の改正も行われています。

3　福祉ニーズの多様化・複雑化と専門職のあり方

　こうした潮流の背景には、福祉ニーズの多様化・複雑化という問題があります。

　たとえば、「母子家庭の母親が難病で長期間にわたって闘病をしており、同居している母方祖母がもっぱら孫の養育をしてきたが、その祖母が要介護状態となってしまったことで、中学生になる孫が学校を休みながら家事をこなし、きょうだいのめんどうをみるようになった」という例を考えてみましょう。この世帯は、祖母の介護、母の療養、養育者の不在などのさまざまな生活課題を抱えています。さらに、地域の支え合いの文化が失われつつある現代社会では、いわゆる**ヤングケアラー**[*]の問題を含んだこの世帯の実情は誰にも知らされず、地域のなかで孤立しかけているかもしれません。

　保育者として関わりをもった子育て世帯が、このような多様で複雑な生活課題を抱えていた場合、どうするでしょうか。従来型の発想に基づけば、「子どもの問題は保育士が対応しますが、高齢者の問題は別の施設を紹介します」「難病のことは都道府県で対応しているので、そちらに相談してみてください」「学校のことは中学校の先生に考えてもらってください」というような対応が標準的なのかもしれません。しかし、こうした対応はしばしばうまく機能せず、包括性・総合性を欠いたものとなりがちです。その場合、この世帯に必要な支援は行われず、問題はさらに悪化し、「地域にある社会資源だけでは手に負えない」という事態につながらないとも限らないのです。

　だからこそ保育士には、世帯全体を理解する力、関連する社会資源を

✳ 用語解説
ヤングケアラー
一般的には大人が担うと考えられる家事や家族の世話などを日常的に行っている子どものことをヤングケアラーという。本来守られるべき子どもの権利が損なわれてしまうこともあり、近年、社会的支援策が考えられるようになっている。

探してつながる力を有し、それをできるだけタイムリーに発揮していくことが必要となります。

4　It takes a village（村中みんなで）

　このフレーズは、アメリカ合衆国元大統領の夫人であり、自身も大統領選挙に出馬した、ヒラリー・ロダム・クリントンがその著書のタイトルに使用したことで、よく知られるようになったものです。もともとはアフリカで使われている格言だといいます。何かを成し遂げるには、みんなの力が必要だという意味ですが、このことは近年の社会福祉改革の動向をよく表すものでもあります。

　先述したように、福祉ニーズの多様化・複雑化に対応するためには、各専門職が自分の専門領域だけにこだわることなく、包括的な支援体制を築いていくということが欠かせません。地域共生社会の実現のためには「村中みんな」——すなわち地域住民みんなの力を借りた、いわゆる助け合いを活性化していくことも大切です。

　専門家以外の人たちが子育てに関わる方法はいろいろあります。**里親やファミリー・サポート・センター**の提供会員になって、保護者だけでは養育しきれない時期・時間帯に代替的に養育を行うことがあってもいいでしょう。地域によっては、一定のトレーニングを受けた**地域住民が家庭訪問**をするような取り組みもありますので、そこに参加することもできるでしょう。また、コンビニエンスストアなどの店舗や、地域ごとに設置される公共施設（図書館など）のスタッフとして働きながら、そこによく来る子どもや保護者と顔見知りになり、気軽に声をかけ合えるような関係を築いていくことも、子育ち・子育てにとってプラスに作用するものです。直接的な子育て支援ができなくても、子ども食堂などに食料を寄付することも、「村中みんなで」子育てに関わっていくための一つの方法といえるでしょう。そうしたことをしていくなかで、助け合うことが当たり前の地域文化となり、支えられた側が誰かを支える側に転じていくようなことが、地域共生社会の実現過程では起こってきます。

　ただし、実際には公的なサービスが不足している部分も多くあります。地域住民の助け合いは、決して公的な役割を縮小していくことを意味するわけではなく、そこは誤解をしないよう、将来を展望することが必要です。

◆ 補足

"It takes a village" の日本語版は、繁多進・向田久美子訳『村中みんなで——子どもたちから学ぶ教訓』として、あすなろ書房から1996年に出版されている。

参照
里親
→レッスン23

ファミリー・サポート・センター
→レッスン16

◆ 補足
地域住民による家庭訪問
たとえば、特定非営利活動法人ホームスタート・ジャパンでは、一定のトレーニングを受けた子育て経験者が子育て家庭を訪問し、保護者の気持ちを受け止めたりする家庭訪問型子育て支援を展開している。

2．すべての人が個人として尊重される社会へ

1　子どもを守りきる

　子どもが暴力被害を受けている事実にふれることは、特に子どもの福祉に関心を抱く人たちにとって、大変心の痛むものです。その問題の深刻さを考慮し、1999（平成11）年には「児童買春、児童ポルノに係る行為等の規制及び処罰並びに児童の保護等に関する法律」、2000（平成12）年には「児童虐待の防止等に関する法律」、また子どもの福祉に深く関連する配偶者間暴力に対応するため、2001（平成13）年には「配偶者からの暴力の防止及び被害者の保護等に関する法律」が制定されています。さらに、学校におけるいじめに対しては、2013（平成25）年に「いじめ防止対策推進法」が制定されました。

　このようにして、子どもが暴力被害を受けることに対して毅然として対応することが国の姿勢として明らかにされてきています。

2　体罰を禁止する

　子どもに対する暴力の一形態として、体罰の存在を忘れることはできません。体罰はわたしたちの暮らしのなかで広く行われてきたものですが、子どもを暴力被害から守るのであれば、体罰に対するわたしたちの態度を改めていかなければなりません。

　体罰禁止はスウェーデンなどで比較的早くから取り組まれてきたものですが、そうした取り組みは世界中で昔から当たり前のように行われてきたものとはいえません。そのような状況を大きく変える転機となった出来事として、国連子どもの権利委員会が体罰を「有形力が用いられ、かつ、どんなに軽いものであっても何らかの苦痛または不快感を引き起こすことを意図した罰」と定義し、それを禁止し、また体罰を容認するような伝統に対しても措置をとるなかで、子どもをあらゆる暴力から守るべきことを公式な文書として、2006（平成18）年に発表したことがあげられます。

　このような**国際的な潮流**や、わが国において体罰がエスカレートするなか深刻な虐待が発生している実態があること、また体罰が子どもの育ちに対して否定的に作用するとの研究成果が発表されてきたことにかんがみて、2019年6月に「児童虐待の防止等に関する法律」などを改正し（2020年4月施行）、親権者等による体罰の禁止が法制化されました。

◆補足
国際的な潮流
子どもに対する暴力、虐待、体罰をなくすための各種事業を展開している、特定非営利活動法人子どもすこやかサポートネットでは、そのホームページにおいて、各国においてどのように体罰禁止を法制化しているのか、情報提供を行っている（https://www.kodomosukoyaka.net/activity/law.html　2021年4月28日確認）。

3　禁止と監視に依存しない

こうした一連の取り組みが展開されてきたにもかかわらず、実際に子どもに対する暴力が発生しにくい社会が実現しているかといわれれば、答えは「ノー」でしょう。

現代社会において、子どもへの暴力を早期に発見し、それを社会的に共有し、必要な対応を図ることは重要ですが、そこにばかり関心が集まると、暴力を見つけ対応することが目標であるかのようになってしまいかねません。それは子どもに対する暴力防止の一部でしかありません。むしろ関心を向けるべきは、暴力そのものが起きにくいような社会をつくることです。先ほど述べた体罰禁止についても、体罰が使用された事例の摘発にばかり関心をもつのではなく、体罰に頼らない子育てを社会全体で推進することを指向することが大切です。

そのために、あらためて地域共生社会の実現という目標を思い出し、その取り組みと子どもを守りきるという課題を結びつけてみましょう。子どもに対する暴力が発生しにくい社会というのは、禁止と監視の網の目が張り巡らされ、その網の目に引っかかった「加害者」を冷遇するような社会ではなく、困ったときにすぐに誰かが助けの手を差し伸べられる社会なのです。

4　子どもの声を一緒に聴くこと

保護者支援あるいは家庭での養育支援に関する話をすると、「それ以上に大事なのは、子ども自身を支援することではないか」ということがしばしば議論になります。確かに、子どもの周りにいる大人を支援する話ばかりが先行し、子ども自身が今起きていることをどのように感じ、考えているのかを聴き取ることが行われないのだとしたら、それは問題だといってよいでしょう。

すでに学習した通り、子どもはどんなに幼くとも、子育ての客体として生きているわけではなく、一人の個人として育ちゆく主体です。ここが逆転し、かつ不可逆的なものとなると、それは子ども一人ひとりが個人として尊重されるということが危うくなってきます。だからこそ、子育てをみんなですると同時に、**子どもの声を聴く**ことをわたしたちの生き方として採用していくことが重要です。

すでに社会的養護では、子どもの声を聴きとることが権利擁護システムの一部に組み込まれるようになっています。今後はその取り組みをさらに広げ、「子どもに関わることを決めるときには、必ず子どもの声を聴く」ということが人々のライフスタイルの一部として定着するのを

◆補足
子どもの声を聴く
厚生労働省子ども家庭局が子どもの権利擁護に関するワーキングチーム設置し、子どもの権利擁護に関する検討等を行ってきた。子どもの権利擁護に関するワーキングチームは2021年5月に検討結果をとりまとめ、子どもの意見表明権を保障し、意見表明を支援するための人材を養成・配置すべきことなどを提言している。この提言などが踏まえられるかたちで、今後制度的な対応を含め、国レベルで必要な措置が講じられる見通しである。

めざしていくことになるでしょう。

| 演 | 習 | 課 | 題 |

①「子どもは周囲に迷惑をかける存在なのだから、子育て家庭はもっと
　周りの人たちに対して謙虚になるべきだ」といった主張がなされる背
　景について調べたうえで、子育ち・子育てにやさしいまちづくりをど
　のように推進したらよいか考えてみましょう。
②体罰に頼らない子育ての実現のために、各地でどのような取り組みが
　行われているのか調べてみましょう。
③子どもの声を聴いて行政計画をつくった例があるかどうか、調べてみ
　ましょう。

参考文献‥‥‥

レッスン28
　埋橋孝文　「社会政策における国際比較研究」『社会政策』　1（1）　2008年　68頁
　太谷亜由美　「比較考察――イギリス、ニュージーランド、オーストラリアにおける
　　　普遍的就学前教育の展開」『生活経済学研究』　37　2013年　81-95頁
　栗山直子　「ニューサウスウェールズ州の保育」『オーストラリア研究紀要』39　2013
　　　年　43-53頁
　渡邊守　「オーストラリアにおける社会的養護および子どもの権利動向とグループホー
　　　ムの実践例」　山縣文治・林浩康編著　『社会的養護の現状と近未来』　明石書店
　　　2007年　248-278頁

レッスン29
　NPO法人3keys「不登校やいじめの数って？〜文部科学省の資料では見えない現状」
　　　https://3keys.jp/issue/b01/　（2021年8月31日確認）
　不登校新聞　https://futoko.publishers.fm/article/20440/　（2021年8月31日確認）
　文部科学省初等中等教育局児童生徒課　「平成29年度児童生徒の問題行動・不登校等
　　　生徒指導上の諸課題に関する調査結果について」　2018年
　文部科学省初等中等教育局児童生徒課　「令和元年度　児童生徒の問題行動・不登校等
　　　生徒指導上の諸課題に関する調査結果について」　2020年

レッスン30
　北川聡子・小野善郎編　『子育ての村ができた！――発達支援、家族支援、共に生き
　　　るために』　2020年　福村出版
　永田祐・谷口郁美監修、佐藤桃子編　『子どもと地域の架け橋づくり――滋賀発 子ど
　　　もの笑顔はぐくみプロジェクトがつなぐ地域のえにし』　全国コミュニティライフ
　　　サポートセンター　2020年
　村上靖彦　『子どもたちがつくる町――大阪・西成の子育て支援』　世界思想社　2021
　　　年

_____
おすすめの1冊

日本財団子どもの貧困対策チーム『徹底調査子供の貧困が日本を滅ぼす──社会的損失40兆円の衝撃』　文藝春秋　2016年

　近年の日本における最重要課題のひとつ「子どもの貧困」について、詳細なデータ分析、当事者インタビュー、学術的研究の紹介、国内外の先進的な取り組みの現状と課題など、多様な角度から包括的に論じられている。「子どもの貧困」の現状理解と問題解決に必要なヒントを数多く示してくれる1冊である。

コラム

専門職連携のために──保育士の専門性とは何か、考えよう

　現代社会において、保育士が対応を求められる子育て課題は、子どもの発達やしつけ方に関する相談といったものから、虐待や貧困といった家族の課題まで、実に幅広いものとなっています。

　深刻な課題を抱える家族は、その背景に経済的な問題や保護者自身の疾病・障害、地域社会での孤立など、子育て以外の生活上の課題を抱えている場合が多いとされています。

　全国の児童相談所に寄せられる児童虐待の相談対応件数が増加傾向にある背景には、「児童虐待の防止等に関する法律」をはじめ、虐待防止の取り組みにより潜在的なケースが顕在化してきたことが大きな要因であるといえます。

　その一方で、都市化、核家族化の進行、子どもの貧困など、子育て世帯を取り巻く状況の厳しさにより虐待ケースの数自体が増加していることも予測されます。また、相談件数としてあがっている虐待ケースは氷山の一角であり、虐待にまで至らなくとも、グレーゾーンにある家族が多く存在すると考えられています。

　子どもと家族に最も身近な場所である保育所では、表面化している問題の背景にあるさまざまな課題を見定めたうえでの対応が求められます。また、その場合、保育所内の職員連携、そして児童相談所などの他機関との連携を取りつつ子育てを支えていくことが求められています。

　ここで、保育士に求められる連携とは何かについて考えてみましょう。松岡千代は、専門職間連携とは、「2人以上の異なった専門職が共通の目標達成をするために行われるプロセス」だとしています。「子どもの安全が確保されること」、「保護者の不安が軽減されること」、などなど、状況によって「共通の目標」は変わってくるでしょう。その目標を見極めるためには、子どもや家族の状況の見立て＝アセスメントの力を持っておくことが求められます。

　また、他の専門職との連携は、「相手はどのような専門性を持っているか」を理解していることはもちろん、「自分の専門性はどのようなものか」を自分自身理解しているだけでなく、他者に理解してもらえるように説明できなくては成り立ちません。

「子どもの最善の利益」の保障のために、私たちはどうしても「どうすれば子どもと信頼関係を築けるか」、「どうすれば保護者の本当の想いを語ってもらえるか」、「どうすれば他職種との連携がうまくいくか」という「方法」を知りたい、身につけたいと考えがちです。しかし、保育士の専門性とはどのようなものか、そして、どのような援助理論をベースに子どもや家族と向き合っていこうとしているのかといった根本的な問いに対する答えを自分のなかにしっかり持ち、それを他者に説明できることこそが、実は重要であり、そしてよりよい連携に向けた第一歩なのです。

　授業や実習を通して、皆さんは保育士の専門性についてどのように理解しましたか。また、それをどのように説明すれば、まわりに正しく伝わるでしょうか。ともに学ぶ仲間どうしで、考えてみてください。

出典：松岡千代「ヘルスケア領域における専門職間連携──ソーシャルワークの視点からの理論的整理」『社会福祉学』40(2)、2000年、17-38頁

さくいん

監修者

倉石哲也（くらいし てつや）　武庫川女子大学 教授

伊藤嘉余子（いとう かよこ）　大阪公立大学 教授

執筆者紹介（執筆順、＊は編著者）

伊藤嘉余子＊（いとう かよこ）
担当：はじめに、第2章、第4章レッスン21、レッスン22、第5章レッスン29
大阪公立大学 教授
主著：『社会的養護』（編著）　ミネルヴァ書房　2018年
　　　『社会的養護の子どもと措置変更──養育の質とパーマネンシー保障から考える』（編著）　明石書店　2017年

澁谷昌史＊（しぶや まさし）
担当：第1章、第5章レッスン30
関東学院大学 教授
主著：『子ども家庭福祉（改訂）』（編著）　光生館　2016年
　　　『子どもの養育・支援の原理──社会的養護総論』（編著）　明石書店　2012年

石田慎二（いしだ しんじ）
担当：第3章、第4章レッスン27
帝塚山大学 教授
主著：『社会福祉（新プリマーズ・第5版）』（編著）　ミネルヴァ書房　2017年
　　　『保育所経営への営利法人の参入──実態の検証と展望』　法律文化社　2015年

福田公教（ふくだ きみのり）
担当：第4章レッスン16〜20、23〜25、第4章コラム
関西大学 准教授
主著：『子どもを支える 家庭養護のための里親ソーシャルワーク』（編著）　ミネルヴァ書房　2020年
　　　『児童家庭福祉（第4版）』（編著）　ミネルヴァ書房　2015年

石田賀奈子（いしだ かなこ）
担当：第4章レッスン26、第5章レッスン28、コラム
立命館大学 准教授
主著：『新版　よくわかる子ども家庭福祉』（共著）　ミネルヴァ書房　2019年
　　　『社会的養護』（共著）　ミネルヴァ書房　2018年

編集協力：株式会社桂樹社グループ
装画：後藤美月
本文イラスト：宮下やすこ
本文デザイン：中田聡美

MINERVA はじめて学ぶ子どもの福祉 ①

子ども家庭福祉　第2版

2017年2月25日　初　版第1刷発行	〈検印省略〉
2021年9月20日　初　版第2刷発行	
2022年5月20日　第2版第1刷発行	定価はカバーに 表示しています

監 修 者　　倉　石　哲　也
　　　　　　伊　藤　嘉余子

編 著 者　　伊　藤　嘉余子
　　　　　　澁　谷　昌　史

発 行 者　　杉　田　啓　三

印 刷 者　　藤　森　英　夫

発行所　株式会社　ミネルヴァ書房
　　　　607-8494　京都市山科区日ノ岡堤谷町1
　　　　電話代表　(075) 581-5191
　　　　振替口座　01020-0-8076

Ⓒ伊藤・澁谷ほか，2022　　　　　　　　亜細亜印刷

ISBN978-4-623-09293-2

Printed in Japan

倉石哲也/伊藤嘉余子 監修

MINERVAはじめて学ぶ 子どもの福祉

全12巻／B5判／美装カバー

ミネルヴァ書房

http://www.minervashobo.co.jp/